성경요절 원어로 읽기

구약편

박 유 미 지음

총신대학교 성지언어연구소

그리심

성경요절 원어로 읽기

2012년 7월 15일 초 판 1쇄 인쇄
2012년 7월 20일 초 판 1쇄 발행

저 자 • 박 유 미

발행인 • 조 경 혜
발행처 • 도서출판 그리심
156-763 서울시 동작구 사당5동 인정apt. b-01
등록번호 • 제 7-258호(1998. 4. 23)
출 판 사 • 전화 523-7589 팩스 523-7590
홈페이지 • http://grisim.biz
전자우편 • grisimcho@hanmail.net

• 저자와 협의하여 검인을 생략함.

값 : 책 뒷면에

ISBN 978-89-5799-303-3 93230

히브리어와 가까워지고

히브리어 성경을 읽기를 원하는

많은 신학생들과

목회자들에게

좋은 디딤돌이 되기를 바라는 마음으로…

서 문

한 권의 책이 나온다는 것은 참 많은 이야기를 담고 있는 것 같다. 2010년 봄에 언어연구소 소장님이신 박형대 교수님과 이런 저런 이야기를 하다가 히브리어 동계 강좌를 막 마친 학생들이 히브리어를 잊어버리지 않고 쉽게 읽을 수 있는 방법의 하나로 구약 성경에서 가장 유명한 구절 100개를 뽑아 히브리어로 읽을 수 있게 하면 좋겠다는 생각을 하였다. 그래서 언어연구소의 프로젝트의 하나로 2010년 4월 27일부터 2011년 10월 22일까지 1년 6개월 동안 언어연구소 홈페이지에 일주일에 한 개 혹은 두 개를 올린 것이 이 책으로 나오게 된 것이다. 처음 시작할 때는 과연 언제 100개를 다 채울 수 있을까 걱정도 되었고 중간에는 일이 많아 쉬기도 하였지만 그래도 시간의 힘은 놀라워서 결국은 마칠 수 있게 되었으며 이렇게 마칠 수 있게 된 것에 대해 하나님께 감사를 드린다. 여담으로 박형대 교수님도 신약을 같이 시작하였는데 바쁘신 관계로 아직도 다 못 마치고 계시기 때문이다.

사실 구약 성경을 히브리어로 읽는 것은 대부분의 신학생들과 목회자들이 하고 싶은 일 중의 하나이지만 히브리어에 익숙해지는데 많은 시간과 노력이 필요하기 때문에 사역과 공부 혹은 목회로 늘 바쁜 현실적 여건 때문에 대부분 엄두를 내지 못하고 포기한다. 이런 현실을 감안하여 이 책은 히브리어 동계강좌의 문법을 들은 사람 정도의 수준이면 그냥 읽어가면서 구절을 해석하고 이해할 수 있도록 단어들과 구문을 자세하게 분석하고 설명하였다. 그리고 설명도 단순한 분석과 문법 설명 이외에도 기본적인 구문론적 설명을 하여서 초급 히브리어를 마치고 바로 히브리어 성경을 해석하려 했을 때 느껴지는 어려움을 해소해 보려고 하였다. 다시 말해서 구절을 해설해 놓은 것을 읽다보면 히브리어의 구문이 어떤 구조를 가지고 있으며 어떻게 해석해야 하는지를 익힐 수 있게 되는 것이다. 이렇게 하루에 한 개씩 100일 동안을 보면 100개의 구절을 익히게 되면 히브리어 구문에 익숙해지고 그렇게 되면 히브리어 본문을 읽는데 어려움을 덜 느끼게 될 것으로 생각이 된다.

그리고 이렇게 구약의 중요한 구절들을 히브리어로 직접 읽음으로 그 구절의 뜻을 명확히 할 수가 있게 되면 설교할 때도 매우 유익을 줄 수 있을 것으로 생각된다. 그렇기 때문에 각 절에 대해 히브리 설명뿐만 아니라 간단한 주석과 신학적 목회적 해석을 달아서 더욱 도움이 될 수 있도록 구성하였다. 다만 해설에 대한 부분은 각주를 달지 않고 참고문헌에 참고한 자료들을 넣어 놓았으니 좀더 연구하고자 원하는 독자는 참고문헌을 참조하시면 좋겠다.

일 년 반 동안의 긴 작업을 하면서 각각의 히브리어 구절들은 히브리어와 친해지게 할 뿐만 아니라 많은 깨달음을 주었고 바른 신학을 할 수 있는 자양분이 되었다는 생각이 든다. 이 책의 독자들도 큐티를 하듯 하루에 한 절씩 히브리어로 묵상을 하며 공부를 하다보면 100개를 다 마쳤을 즈음에는 히브리어에 많이 익숙해지리라 생각을 한다. 그리고 이 책의 분량이 한 학기 히브리어 강독분량 정도 되기 때문에 히브리어 강독 교재로 사용해도 좋을 것으로 생각된다. 실제로 이번 학기 히브리어 강독 교재로 사용해 보았는데 상당히 효과적이고 유익한 시간이었다. 아무쪼록 이 책이 히브리어와 가까워지고 히브리어 성경을 읽기를 원하는 많은 신학생들과 목회자들에게 좋은 디딤돌이 되기를 바라는 마음이 간절하다.

이 프로젝트를 진행해 주신 총신대 언어연구소와 소장이신 박형대 교수님과 연구소 식구들과 이 요절을 함께 읽어 주고 공부한 신대원 학생들에게 감사드리며 또한 급히 책이 나와야 함에도 불구하고 흔쾌히 수고해 주신 그리심 출판사 식구들에게도 감사를 드리며 마지막으로 늘 나의 든든한 후원자가 되어 주는 나의 남편과 아이들에게 감사드린다.

2012년 7월 12일

박 유 미

목 차

성경요절 원어로 읽기

[구약편]

1. 창세기 1장 26절

וַיֹּאמֶר אֱלֹהִים
נַעֲשֶׂה אָדָם בְּצַלְמֵנוּ כִּדְמוּתֵנוּ
וְיִרְדּוּ בִדְגַת הַיָּם וּבְעוֹף הַשָּׁמַיִם
וּבַבְּהֵמָה וּבְכָל־הָאָרֶץ
וּבְכָל־הָרֶמֶשׂ הָרֹמֵשׂ עַל־הָאָרֶץ׃

그리고 하나님께서 말씀하셨다.
우리가 사람을 만들자 우리의 형상을 따라 우리의 모양을 따라
그리고 그들이 다스릴 것이다. 바다의 물고기와 하늘의 새와
가축과 땅의 모든 것과 땅 위를 기어 다니는 기는 모든 것을

וַיֹּאמֶר אֱלֹהִים 그리고 하나님께서 말씀하셨다.

여기서는 אָמַר(말하다)의 바브(ו) 연속법에 칼 미완료 3인칭 남성 단수형으로 과거로 번역하여 '그리고 말씀하셨다' 이고 אֱלֹהִים(하나님)이 주어이다. 이 구문은 히브리어 본문에서 직접화법을 이끌 때 사용된다.

נַעֲשֶׂה אָדָם 우리가 사람을 만들자.

נַעֲשֶׂה는 동사 עָשָׂה(만들다)의 칼 미완료 1인칭 복수 청유형(cohortative)으로 '우리가 만들자' 로 해석해야 한다. 그리고 אָדָם(사람)은 목적어이다.

בְּצַלְמֵנוּ כִּדְמוּתֵנוּ 우리의 형상을 따라 우리의 모양을 따라.

이 문장에서는 전치사 בּ와 כּ가 같은 의미로 해석되어 '~처럼, 혹은 ~을 따라서' 로 번역된다. 그리고 צַלְמֵנוּ는 명사 צֶלֶם(형상, image)에 1인칭 복수접미를 붙여서 '우리의 형상' 으로 번역한다. 그리고 דְמוּתֵנוּ도 דְּמוּת(모양, likeness)에 1인칭 복수접미를 붙인 명사로 '우리의 모양' 으로 번역된다.

וַיִּרְדּוּ 그리고 그들이 다스릴 것이다

וְיִרְדּוּ는 접속사(ו)를 가진 רָדָה(다스리다)의 칼 미완료 3인칭 남성 복수로 이 동사는 전치사 בְּ와 함께 숙어적으로 '~을 다스리다'라는 뜻을 가지므로 '그리고 그들이 다스릴 것이다'로 번역된다.

בִדְגַת הַיָּם וּבְעוֹף הַשָּׁמַיִם 바다의 물고기와 하늘의 새와

דְגַת는 דָּגָה(물고기)의 여성 단수 연계형으로 דְגַת הַיָּם는 '바다의 물고기'이고 עוֹף(새)는 남성 단수 연계형으로 עוֹף הַשָּׁמַיִם는 '하늘의 새'로 모두 목적어이다. 그리고 목적어들 앞에 붙은 전치사 בְּ는 숙어적으로 사용된 것이다.

וּבַבְּהֵמָה וּבְכָל־הָאָרֶץ 가축과 땅의 모든 것과

בְּהֵמָה는 '가축'이며 בְּכָל־הָאָרֶץ에서 בְּ는 동사 וְיִרְדּוּ와 연결되는 전치사이고 כָּל(모든 것)은 명사 연계형이고 הָאָרֶץ(땅)의 명사 절대형으로 '땅의 모든 것'이다.

וּבְכָל־הָרֶמֶשׂ הָרֹמֵשׂ עַל־הָאָרֶץ 땅 위를 기어다니는 기는 모든 것을

בְּכָל־הָרֶמֶשׂ에서 בְּ는 동사 וְיִרְדּוּ와 연결되는 전치사이고 רֶמֶשׂ는 '기는 것'을 뜻하는 명사이다. 그리고 הָרֹמֵשׂ עַל־הָאָרֶץ에서 רֹמֵשׂ는 רָמַשׂ(기다, 가볍게 움직이다)의 칼 분사 남성 단수 절대형으로 현재의 상태를 표현하여 '기어 다니는'으로 번역되며 뒤에 עַל־הָאָרֶץ(땅-위에)를 부사구로 취하는 형용사구로 앞의 כָּל־הָרֶמֶשׂ를 꾸며준다. 이것을 분사의 수식적 용법이라고 한다.

▶ 이 절은 천지의 모든 동물 하나하나까지도 하나님께서 만드셨다는 것을 강조하기 위해 '그 종류대로'라는 표현대신 동물의 종류를 열거하신 것이다. 이것은 진화론에서 가장 고등하다고 여겨지는 포유류부터 가장 열등하다고 여겨지는 단세포 생물까지 모두 우연히 생겨난 것이 아니라 하나님의 설계대로 만들어진 아름답고 정교한 창조물임을 우리에게 말씀하고 있다. 그러므로 창조된 각 존재는 모두 그 나름대로의 존재 이유가 있고 목적이 있는 것이며 우연히 세상에 던져진 존재는 없는 것이다.

2. 창세기 12장 1절

וַיֹּאמֶר יְהוָה אֶל־אַבְרָם
לֶךְ־לְךָ
מֵאַרְצְךָ וּמִמּוֹלַדְתְּךָ וּמִבֵּית אָבִיךָ
אֶל־הָאָרֶץ אֲשֶׁר אַרְאֶךָּ

여호와께서 아브람에게 말씀하셨다
너는 가라
너의 땅으로부터 그리고 너의 친척으로부터 그리고 너의 아버지의 집으로부터
내가 너에게 보여줄 땅으로

וַיֹּאמֶר יְהוָה אֶל־אַבְרָם 여호와께서 아브람에게 말씀하셨다

וַיֹּאמֶר는 אָמַר(말하다)의 바브연속법 칼 미완료 남성 3인칭 단수로 יְהוָה(여호와)를 주어로 갖는다. אֶל־אַבְרָם은 목적어로 '~에게' 라는 뜻의 전치사 אֶל을 동반하고 있다.

לֶךְ־לְךָ 너는 가라

לֶךְ는 הָלַךְ(가다)의 칼 명령 남성 단수로 '(너는)가라' 이고 לְךָ는 전치사 לְ(~에게, ~를 위하여)에 2인칭 남성 단수 대명사 접미를 붙인 것으로 여기서는 주어를 강조하는 역할을 한다.[1] 일반적으로 명령형은 주어를 해석하지 않지만 여기서는 강조가 되어 있기 때문에 해석해 주었다.

מֵאַרְצְךָ וּמִמּוֹלַדְתְּךָ וּמִבֵּית אָבִיךָ 너의 땅으로부터 그리고 너의 친척으로부터 그리고 너의 아버지의 집으로부터

1) 전치사 לְ의 인칭이 주어의 인칭과 같고 주어의 주어가 스스로 행동하고 있을 때 이런 경우를 '재귀적 용법의 לְ' 라고 하며 영어에서는 번역을 하지 않지만 강조적 기능이 있기 때문에 여기서는 주어로 번역을 해 주었다. Williams, § 272.

전치사 מִן과 같이 나온 세 개의 명사[2] אֶרֶץ(땅: 여성 단수) מוֹלֶדֶת(친척: 여성 단수) בֵּית אָב(아버지의 집)는 모두 떠나야 할 대상이고 이 세 단어는 모두 남성 2인칭 단수 대명사 접미를 가지고 있다. בֵּית는 남성 단수 연계형이고 אָבִיךָ는 남성 단수 절대형으로 두 단어가 마켑으로 연결되어 한 단어(너의 아버지의 집)처럼 사용된다.

אֶל־הָאָרֶץ אֲשֶׁר אַרְאֶךָּ 내가 너에게 보여줄 땅으로

אֶל־הָאָרֶץ는 동사 לֶךְ의 목적지로 전치사 אֶל(~로)를 붙여 '그 땅으로' 번역된다. 그리고 אֲשֶׁר אַרְאֶךָּ는 הָאָרֶץ(땅)를 설명하는 형용사절이며 אֲשֶׁר는 관계대명사이다. אַרְאֶךָּ는 רָאָה(보다)의 히필 미완료 1인칭 단수형에 2인칭 남성 단수 대명사 접미를 가지고 있어 한 단어 안에 주어와 목적어를 모두 가지고 있다. 그리고 동사의 형태가 히필형이므로 사역의 의미로 해석해야한다. 직역하면 '내가 너를 보게 만들 것이다' 이다.

▶ 이 절은 하나님께서 아브라함에게 나타나셔서 그의 고향과 친척과 아버지의 집 이렇게 삼중적으로 그의 모든 기득권과 가업과 친척과의 친밀함과 고향에서의 모든 인간관계를 버리고 그가 아직 알지도 못하는 미래에 하나님께서 보여주실 땅으로 떠나라고 명령을 하신다. 이렇게 아브라함은 앞으로 자신이 살 곳이 어떤 곳이고 어떤 기후에 어떤 환경과 어떤 사람이 있는지도 모른채 떠나라는 명령을 받았지만 그는 하나님만을 믿고 이 명령대로 정말 떠난다. 이런 아브라함의 태도는 우리가 가진 작은 기득권도 포기하기 어려워하는 우리에게 큰 도전을 준다.

---

2) 일반적으로 목적어가 여러 개 나올 때 각각의 목적어에 전치사를 반복해서 붙인다. Williams, § 238.

3. 창세기 12장 2절

וְאֶעֶשְׂךָ לְגוֹי גָּדוֹל
וַאֲבָרֶכְךָ וַאֲגַדְּלָה שְׁמֶךָ
וֶהְיֵה בְּרָכָה

그리고 내가 너를 큰 민족으로 만들 것이다
그리고 내가 너를 축복할 것이고 내가 너의 이름을 크게 할 것이다.
복이 되어라

וְאֶעֶשְׂךָ לְגוֹי גָּדוֹל 그리고 내가 너를 큰 민족으로 만들 것이다

וְאֶעֶשְׂךָ는 עָשָׂה(만들다)의 칼 미완료 1인칭 단수에 남성 2인칭 단수 대명사 접미를 가지고 있는 형태로 '내가 너를 만들 것이다' 로 번역되는데 이것은 단순한 미래의 의미가 아니라 화자의 의지 즉, 1인칭의 의지를 표현하는 의지미래이다. 그리고 וְ는 단순접속사로 '그리고' 로 번역된다.

그리고 לְגוֹי גָּדוֹל은 동사의 목적어로 전치사 לְ는 동사의 행동의 결과를 나타내는 용법으로 사용되었다.[3] גָּדוֹל(큰)은 형용사로 גוֹי(민족)을 수식하고 있으며 둘 다 남성 단수형이다. 그러므로 '큰 민족으로' 로 번역이 된다.

וַאֲבָרֶכְךָ וַאֲגַדְּלָה שְׁמֶךָ 그리고 내가 너를 축복할 것이고 내가 너의 이름을 크게 할 것이다.

אֲבָרֶכְךָ는 בָּרַךְ(축복하다)의 피엘[4] 미완료 1인칭 단수이고 2인칭 남성 단수 대명사 접미를 가지고 있으며 וַ는 단순 접속사이므로 '그리고 내가 너를 축복할 것이다' 로 번역된다. וַאֲגַדְּלָה는 גָּדַל(qal. 크게 되다. pi. 크게 만들다)의 피엘 미완료 1인칭 단수 청유형으로 화자의 의지를 표현한다. 그리고 וַ는 단순 접속사이므로 직역하면 '그리고 내가 (반드시)크게 만들 것이다' 이다. שְׁמֶךָ는 목적어로 שֵׁם에 남성 2인칭 단수 대명사 접미를

3) Williams, § 278.
4) 이 동사는 주로 피엘형으로 쓰인다

붙인 형태로 '너의 이름을' 이다.

וֶהְיֵה בְּרָכָה 복이 되어라

הְיֵה는 **הָיָה**(~이 있다, 되다)의 칼 명령 남성 단수 형태로 직역하면 '되어라, 있어라' 이다. **בְּרָכָה**(축복)는 여성 단수 명사형으로 이 문장의 보어의 역할을 한다. 그리고 주어는 이 말을 듣고 있는 아브라함으로 아브라함에게 복이 되라고 하나님께서 명령하시는 것이다.

▶ 이 절은 창 12:1에서 아무런 정보도 보장도 없이 무작정 하나님의 명령을 따라 떠났을 때 하나님께서 그에게 주실 축복을 알려주시는데 가장 핵심은 아브라함이 복이 된다는 것이다. 이것은 그 자신이 복을 받는다는 의미를 포함할 뿐만 이라 그로 인해 다른 사람들이 복을 받을 수 있다는 것을 뜻한다. 즉, 아브라함을 선대하면 하나님께서 선대한 사람도 복을 주시며 아브라함이 복을 빌어주면 하나님께서 그것에 응답하여 복을 주시겠다는 것으로 하나님께서는 자신을 믿고 따르는 사람에게 엄청난 축복을 주신 것이다.

4. 창세기 15장 6절

וְהֶאֱמִן בַּיהוָה
וַיַּחְשְׁבֶהָ לּוֹ צְדָקָה

그리고 그가 여호와를 믿었다
그리고 그가 그를 의롭다고 생각하셨다

וְהֶאֱמִן בַּיהוָה 그리고 그가 여호와를 믿었다

וְהֶאֱמִן는 אָמַן의 히필 완료 3인칭 남성 단수로 전치사 בְּ와 함께 사용하여 '그가 ~를 믿다' 로 해석된다. 이 동사는 대부분은 니팔형과 히필형으로 쓰이며 기본적으로 '확증하다. 지지하다, 굳건하다' 라는 뜻을 가지고 있다. 이것은 단순히 한 번 믿어보는 감정의 문제가 아니라 여호와라는 존재를 확실히 신뢰하며 그를 따라가기도 굳게 마음을 정했다는 것을 뜻한다. 그리고 בַּיהוָה는 목적어이다.

וַיַּחְשְׁבֶהָ לּוֹ צְדָקָה 그리고 그가 그를 의롭다고 생각하셨다.

וַיַּחְשְׁבֶהָ는 חָשַׁב(생각하다)의 바브연속법 칼 미완료 3인칭 남성 단수형에 3인칭 여성 단수 접미(הָ)를 붙인 형태로 전치사 לוֹ와 함께 사용하여 '그가 그를 ~로 생각하셨다' 로 번역한다. לוֹ는 전치사 לְ에 3인칭 남성 단수 대명사 접미를 붙인 형태이다. 그리고 동사의 여성 단수 접미(הָ)는 여성 단수형인 צְדָקָה(의, 의로움)를 지시하고 있다.

▶ 이 절은 아브라함이 하나님을 믿고 하나님은 아브라함을 의롭다고 여기시는 상호적 관계를 잘 보여준다. 아브라함은 그동안의 하나님의 인도하심을 통해 하나님을 신뢰하게 되었고 다른 신이 아닌 오직 여호와만을 따르기로 굳게 마음을 먹고 그가 하신 약속도 언젠간 이루어주실 것을 믿게 되었다. 이렇게 아브라함이 하나님을 신뢰하고 그를 의지하자 하나님께서는 그를 자신의 의로운 자녀로 여겨주신 것이다. 이것은 아브라함의 본성의 변화가 아니라 하나님의 생각의 변화를 표현한 것으로 인간의 의로움이란 오직 하나님의 칭의로만 가능한 것이다.

5. 창세기 22장 12절

וַיֹּאמֶר אַל־תִּשְׁלַח יָדְךָ אֶל־הַנַּעַר
וְאַל־תַּעַשׂ לוֹ מְאוּמָה
כִּי עַתָּה יָדַעְתִּי כִּי־יְרֵא אֱלֹהִים אַתָּה
וְלֹא חָשַׂכְתָּ אֶת־בִּנְךָ אֶת־יְחִידְךָ מִמֶּנִּי׃

그리고 그가 말했다. 너의 손을 그 아이에게 뻗지 말아라
그리고 그에게 아무것도 하지 말라
참으로 지금 네가 하나님을 두려워하는 것을 내가 알았다.
그리고 너의 아들 너의 독자를 나에게 아끼지 않은 것을

וַיֹּאמֶר אַל־תִּשְׁלַח יָדְךָ אֶל־הַנַּעַר 그리고 그가 말했다. 너의 손을 그 아이에게 뻗지 말아라

이 문장은 וַיֹּאמֶר로 시작되는 직접화법 문장으로 וַיֹּאמֶר는 동사 אָמַר(말하다)의 바브연속법 칼 미완료 3인칭 남성 단수형으로 '그리고 그가 말했다'로 번역되며 직접화법을 이끄는 역할을 한다. אַל־תִּשְׁלַח는 동사 שָׁלַח(보내다, 뻗다)의 칼 미완료 2인칭 남성 단수형에 부정사 אַל(not)을 붙인 것으로 이 경우는 부정 명령형으로 번역된다. 그리고 יָדְךָ는 יָד(손)에 2인칭 남성 단수 대명사 접미를 붙인 형태로 '너의 손'이다. 그러므로 אַל־תִּשְׁלַח יָדְךָ은 '너의 손을 뻗지 말라'로 번역한다. אֶל־הַנַּעַר은 נַעַר(아이)에 전치사 אֶל(~에게)을 붙인 것으로 '아이에게'로 번역된다.

וְאַל־תַּעַשׂ לוֹ מְאוּמָה 그리고 그에게 아무것도 하지 말라

וְאַל־תַּעַשׂ לוֹ에서 וְאַל־תַּעַשׂ는 동사 עָשָׂה(행하다)의 칼 미완료 2인칭 남성 단수형에 부정사 אַל(not)을 붙인 것으로 '너는 행하지 말라'로 번역된다. לוֹ는 전치사 לְ(~에게)에 3인칭 남성 단수 대명사 접미를 붙인 것으로 '그에게'로 번역된다. 그러므로 וְאַל־תַּעַשׂ לוֹ는 '너는 그에게 하지말라'이다. 그리고 מְאוּמָה는 '어떤 것'이란 뜻이지만 부정어와 함께 사용되면 '아무것도'로 번역된다.

כִּי עַתָּה יָדַעְתִּי כִּי־יְרֵא אֱלֹהִים אַתָּה 참으로 지금 네가 하나님을 두려워하는 것을 내가 알았다.

이 문장은 강조 구문으로 כִּי는 강조의 역할을 하므로 '참으로'로 번역된다. עַתָּה는 '지금'을 뜻하는 부사로 여기서 강조의 기능을 한다. יָדַעְתִּי는 동사 יָדַע(알다)의 칼 완료 1인칭 단수형으로 '나는 알았다'로 번역된다. 목적어는 כִּי 이하에 나오는 문장 전체로 כִּי는 '~하는 것'이란 뜻으로 번역된다.

יְרֵא אֱלֹהִים אַתָּה에서 יְרֵא는 동사 יָרֵא(두려워하다)의 분사 단수 연계형으로 목적어 אֱלֹהִים(하나님)과 함께 사용하여 직역하면 '하나님 경외'이며 '하나님을 경외'로 번역할 수 있다. אַתָּה는 이 구문의 주어로 '너는'이다. 그러므로 כִּי־יְרֵא אֱלֹהִים אַתָּה는 '네가 하나님을 경외하는 것'으로 번역된다.

וְלֹא חָשַׂכְתָּ אֶת־בִּנְךָ אֶת־יְחִידְךָ מִמֶּנִּי
그리고 너의 아들 너의 독자를 나에게 아끼지 않은 것을

이 구문은 앞의 כִּי에 계속 연결되는 것으로 '~하는 것'으로 해석된다.

וְלֹא חָשַׂכְתָּ는 동사 חָשַׂךְ(주지 않고 두다)의 칼 완료 2인칭 남성 단수형에 부정사 לֹא(not)를 붙인 것으로 직역하면 '너는 두지 않았다'이며 개역개정에서는 이 동사를 설명하여 '아끼지 않다'로 번역하였다.

אֶת־בִּנְךָ אֶת־יְחִידְךָ는 문장의 목적어로 אֶת־בִּנְךָ는 בֵּן(아들)에 2인칭 남성 단수 대명사 접미를 붙인 형태에 목적격 불변사 אֶת를 붙인 것으로 '너의 아들을'로 번역된다. 그리고 אֶת־יְחִידְךָ는 형용사 יָחִיד(유일한)에 2인칭 남성 단수 대명사 접미를 붙인 형태에 목적격 불변사 אֶת를 붙인 것으로 여기서 형용사인 יָחִיד는 명사적 용법으로 사용되어 '너의 독자를'로 번역된다. 그리고 מִמֶּנִּי는 전치사 מִן(~로부터)에 1인칭 단수 대명사 접미를 붙인 것으로 여기서는 문맥상 '나에게'로 번역된다.

▶ 이 절은 아브라함의 믿음을 하나님께서 확증해 주시는 부분으로 늘 흔들리며 인간적인 궁리를 하던 아브라함이 100세에 이삭을 얻음으로 불가능한 것을 가능하게 하시는 하나님의 능력을 체험하게 되었다. 그리고 이런 체험을 통해 이제는 100세에 얻은 아들을 바치는 것도 두려워하지 않게 되었다. 이제 아브라함에게는 하나님 이외에는 두려워할 아무것도 없었기 때문이다. 그렇기 때문에 하나님께서는 아브라함에 이제야 하나님을 경외하는 줄 알았다고 인정해 주신 것이다. 과연 지금 우리에게 제일 두려운 대상은 무엇일까 생각해 볼 필요가 있을 것이다.

6. 창세기 32장 28절

וַיֹּאמֶר
לֹא יַעֲקֹב יֵאָמֵר עוֹד שִׁמְךָ כִּי אִם־יִשְׂרָאֵל
כִּי־שָׂרִיתָ עִם־אֱלֹהִים וְעִם־אֲנָשִׁים וַתּוּכָל

그리고 그가 말씀하셨다.
다시는 너의 이름이 야곱이라 불리지 않고 이스라엘이라 불릴 것이다.
왜냐하면 너는 하나님과 사람들과 함께 싸웠고 너는 이겼기 때문이다.

וַיֹּאמֶר 그리고 그가 말씀하셨다.

וַיֹּאמֶר는 אָמַר(말하다)의 바브연속법 칼 미완료 3인칭 남성 단수형으로 '그가 말했다'로 번역되며 여기서 그는 하나님이다. 이 구문은 직접화법을 이끄는 기능을 한다.

לֹא יַעֲקֹב יֵאָמֵר עוֹד שִׁמְךָ כִּי אִם־יִשְׂרָאֵל

다시는 너의 이름이 야곱이라 불리지 않고 대신 이스라엘이라 불릴 것이다.

לֹא יַעֲקֹב יֵאָמֵר עוֹד שִׁמְךָ는 부정사 לֹא(not)로 시작하는 부정문으로 동사+주어로 구성된 기본적 구문과 달리 목적어인 יַעֲקֹב이 동사 앞으로 먼저 나와 목적어를 강조하고 있다. 동사 יֵאָמֵר는 אָמַר(말하다)의 니팔 미완료 3인칭 남성 단수형으로 '그가 불릴 것이다'라는 수동태로 번역된다. עוֹד는 '다시'라는 부사이고 שִׁמְךָ는 שֵׁם(이름)에 2인칭 남성 단수 대명사 접미가 붙은 형태로 '너의 이름'으로 번역되며 문장의 주어이다. 전체적으로 '다시는 너의 이름이 야곱이라 불리지 않을 것이다'로 번역한다.

כִּי אִם־יִשְׂרָאֵל에서 כִּי אִם은 숙어적으로 '대신, ~이 아니라'라고 번역되는 접속사로 사용되는 경우가 있다. 그러므로 직역하면 '대신 이스라엘'이지만 구문상 야곱과 마찬가지로 동사 יֵאָמֵר에 걸리는 목적어 이므로 '대신 이스라엘이라 불릴 것이다'로 번역해야 한다.

כִּי־שָׂרִיתָ עִם־אֱלֹהִים וְעִם־אֲנָשִׁים וַתּוּכָל

왜냐하면 너는 하나님과 사람들과 함께 싸웠고 너는 이겼기 때문이다.

כִּי־שָׂרִיתָ 에서 כִּי(왜냐하면)는 이유를 나타내는 접속사이고 שָׂרִיתָ는 שָׂרָה(싸우다, 주장하다)의 칼 완료 2인칭 단수 남성형으로 '너는 싸웠다' 로 번역된다. וְעִם־אֲנָשִׁים עִם־אֱלֹהִים은 전치사 עִם(~함께)+명사로 אֲנָשִׁים은 אִישׁ(사람)의 남성 복수형이고 אֱלֹהִים은 하나님이므로 '하나님과 사람들과 함께' 이다.
וַתּוּכָל는 יָכֹל(할 수 있다, 이기다)의 바브연속법 칼 미완료 2인칭 남성 단수로 번역하면 '그리고 너는 이겼다' 이다.

▶ 이 절은 야곱이 얍복강가에서 하나님과 밤새도록 씨름을 하고 이긴 후에 하나님께서 야곱에게 주시는 축복으로 '속이는 자' 라는 뜻의 야곱에서 '하나님과 싸우는 자' 라는 뜻인 '이스라엘' 로 이름이 바뀌었다. 이제 그는 무언가를 얻고자 남을 속이는 사람이 아니라 하나님과 씨름하며 그와 동행하며 하나님으로부터 축복을 얻는 사람이 되었다는 것을 의미한다.

7. 창세기 45장 5절

וְעַתָּה אַל־תֵּעָצְבוּ
וְאַל־יִחַר בְּעֵינֵיכֶם כִּי־מְכַרְתֶּם אֹתִי הֵנָּה
כִּי לְמִחְיָה שְׁלָחַנִי אֱלֹהִים לִפְנֵיכֶם

그러나 지금 당신들은 슬퍼하지 말라
그리고 당신들은 분노하지 말라 당신들이 나를 여기에 판 것에 대해
왜냐하면 생명을 보존하기 위해 하나님께서 나를 당신들 앞에
보내셨기 때문이다.

וְעַתָּה אַל־תֵּעָצְבוּ 그러나 지금 당신들은 슬퍼하지 말라

이 구문은 부사인 עַתָּה가 먼저 나와 강조를 하고 있으며 부정 명령문이 연속되어 나타난다. וְעַתָּה에서 וְ는 '그리고' 보다는 문맥상 '그러나'가 적합하다. 왜냐하면 앞에서 요셉이 자신을 당신들이 애굽에 판 자라고 자신을 소개하였지만 여기서는 슬퍼하지 말라고 위로 하고 있기 때문이다. עַתָּה는 '지금'으로 번역되며 현재의 상황을 강조하고 있다. 즉, 과거에는 형들이 잘못하였지만 현재 자신은 형들의 잘못을 용서하고 있다는 것을 강조하는 것이다.

אַל־תֵּעָצְבוּ에서 תֵּעָצְבוּ은 עָצַב(슬프게 하다)의 니팔 미완료 2인칭 남성 복수형으로 직역하면 '당신들은 슬퍼할 것이다'이다. 그러나 אַל+미완료형은 부정 명령문으로 해석되므로 '당신들은 슬퍼하지 말라'로 번역된다.

וְאַל־יִחַר בְּעֵינֵיכֶם כִּי־מְכַרְתֶּם אֹתִי הֵנָּה

그리고 당신들은 분노하지 말라 당신들이 나를 여기에 판 것에 대해

וְאַל־יִחַר בְּעֵינֵיכֶם에서 יִחַר는 חָרָה의 칼 미완료 3인칭 남성 단수 jussive형으로 직역하면 '불타다, 흥분하다'이지만 בְּעֵינֵי와 함께 나올 경우 숙어적으로 '분노하다'로 번역된다. 그리고 이 동사의 주어는 כִּי 이하의 문장 전체가 되는 것으로 간주하기 때문에 3인칭 남성 단수형으로 사용되었다. אַל+미완료형은 부정 명령문으로 번역하여야 한다. 그러므로 해석하면 '당신들은 분노하지 말라'로 창 31:35에서도 동일한 구문 구조를(כִּי

אַל־יִחַר בְּעֵינֵי אֲדֹנִי) '내주는 분노하지 마소서' 로 번역하였다.

בְּעֵינֵיכֶם은 전치사 בְּ(~안에)에 עַיִן(눈)의 복수 연계형에 2인칭 남성 복수 대명사 접미를 붙인 형태로 직역하면 '당신들의 눈들 안에' 이다. 하지만 여기서는 숙어적으로 사용되어 직접적으로 번역되지는 않는다.

כִּי־מְכַרְתֶּם אֹתִי הֵנָּה은 구문상 동사의 주어로 역할을 한다. כִּי는 여기서 관계대명사로 기능하여 주어가 되는 명사 문장을 이끌고 있으며 '~에 대해' 정도로 번역하면 좋을 것으로 생각된다. מְכַרְתֶּם은 מָכַר(팔다)의 칼 완료 2인칭 남성 복수형으로 '당신들이 팔았다' 로 번역된다. אֹתִי는 목적격 조사 אֵת에 1인칭 단수 접미를 붙여 '나를' 로 번역된다. 그리고 הֵנָּה는 부사로 '여기에' 라는 장소를 나타낸다.

כִּי לְמִחְיָה שְׁלָחַנִי אֱלֹהִים לִפְנֵיכֶם

왜냐하면 생명을 보존하기 위해 하나님께서 나를 당신들 앞에 보내셨기 때문이다.

이 구문은 이유를 설명하는 절이다. 여기서 כִּי는 접속사로 '왜냐하면' 으로 번역된다. לְמִחְיָה는 명사 מִחְיָה(생명을 보존, 유지)에 전치사 לְ를 붙인 형태로 '생명을 보존하기 위해' 로 번역되며 동사보다 앞에 나와서 강조가 되고 있다.

שְׁלָחַנִי אֱלֹהִים לִפְנֵיכֶם에서 שְׁלָחַנִי는 שָׁלַח(보내다)의 칼 완료 3인칭 남성 단수에 1인칭 단수 대명사 접미를 붙여 '그가 나를 보내셨다' 로 번역되며 동사의 주어는 אֱלֹהִים(하나님)이다. לִפְנֵיכֶם은 לִפְנֵי(~앞에)에 2인칭 남성 복수 대명사 접미를 붙여 '당신들 앞에' 라고 번역되며 이것은 장소적 개념이 아니라 시간적으로 '먼저' 라는 의미로 사용되었다.

▶ 이 절은 그동안 형들을 어렵게 하던 요셉이 자신을 드러냈을 때 형들이 이전에 요셉을 죽이려고 한 죄 때문에 두려워할 때 요셉이 한 말이다. 요셉은 자신이 애굽에 있는 것이 하나님의 예비하심이라고 고백을 하며 형들에게 보복하지 않겠다고 안심시키는 것이다. 왕자처럼 살다가 갑자기 노예로 전락한 요셉은 아마 오랜 세월동안 '왜 하나님께서 나에게 이런 일이 일어나게 하셨는가' 하고 질문하며 괴로워하였을 것이다. 하지만 기근이 오고 형들을 만나는 순간 그는 하나님의 선하신 뜻을 깨닫게 되며 자신의 오랜 의문이 풀리며 하나님의 큰일에 자신이 한 부분 참여하였음에 알고 감사했기에 형들을 용서할 수 있었을 것이다.

8. 출애굽기 3장 15절

וַיֹּאמֶר עוֹד אֱלֹהִים אֶל־מֹשֶׁה
כֹּה־תֹאמַר אֶל־בְּנֵי יִשְׂרָאֵל
יְהוָה אֱלֹהֵי אֲבֹתֵיכֶם
אֱלֹהֵי אַבְרָהָם אֱלֹהֵי יִצְחָק וֵאלֹהֵי יַעֲקֹב
שְׁלָחַנִי אֲלֵיכֶם
זֶה־שְּׁמִי לְעֹלָם וְזֶה זִכְרִי לְדֹר דֹּר

하나님이 다시 모세에게 말씀하셨다.
너는 이스라엘 자손에게 이렇게 말할 것이다
아브라함의 하나님, 이삭의 하나님, 그리고 야곱의 하나님
그가 나를 너희들에게 보냈다
이것이 영원한 나의 이름이다 그리고 이것이 대대로 나의 칭호이다

וַיֹּאמֶר עוֹד אֱלֹהִים אֶל־מֹשֶׁה 하나님께서 다시 모세에게 말씀하셨다

וַיֹּאמֶר는 אָמַר(말하다)의 바브연속법 칼 미완료 3인칭 남성 단수형으로 '그리고 그가 말했다'로 번역한다. 이 문장에서 주어는 אֱלֹהִים이다. עוֹד는 부사로 '다시'이다. אֶל־מֹשֶׁה는 전치사 אֶל(~에게)+ 고유명사 מֹשֶׁה(모세)로 '모세에게'이다.

כֹּה־תֹאמַר אֶל־בְּנֵי יִשְׂרָאֵל 너는 이스라엘 자손에게 이렇게 말할 것이다

כֹּה־תֹאמַר에서 כֹּה는 부사로 '이렇게'라고 번역하고 תֹאמַר는 אָמַר(말하다)의 칼 미완료 2인칭 남성 단수형으로 의미상 화자의 강한 의지를 전달한다. '너는 이렇게 말할 것이다'로 번역한다. 이 구문은 주로 선지자들이 하나님의 말씀을 정확히 인용할 때 사용된다. אֶל־בְּנֵי יִשְׂרָאֵל은 전치사 אֶל(~에게)+ בְּנֵי יִשְׂרָאֵל로 בְּנֵי는 בֵּן(아들)의 복수 연계형으로 '이스라엘의 자손에게'로 해석된다.

יְהוָה אֱלֹהֵי אֲבֹתֵיכֶם אֱלֹהֵי אַבְרָהָם אֱלֹהֵי יִצְחָק וֵאלֹהֵי יַעֲקֹב 여호와, 너희들의 조상의 하나님, 아브라함의 하나님, 이삭의 하나님, 그리고 야곱의 하나님

이 문장은 명사문장으로 하나님이 자신을 소개하고 있는 독립 구문이며 전체 문장에서 주어가 된다. אֱלֹהֵי אֲבֹתֵיכֶם는 אֱלֹהִים의 복수 연계형이고 אֲבֹתֵיכֶם은 אָב의 남성 복수형에 2인칭 복수 대명사 접미(יכֶם)가 붙어있어 '너희들의 조상들의 하나님'이라고 번역된다. אַבְרָהָם יִצְחָק יַעֲקֹב은 고유명사로 '아브라함', '이삭', '야곱'이다.

שְׁלָחַנִי אֲלֵיכֶם 그가 나를 너희들에게 보냈다

שְׁלָחַנִי는 שָׁלַח(보내다, 가게하다)의 칼 완료 3인칭 남성 단수형에 1인칭 단수 대명사 접미를 붙여서 '그가 나를 보냈다'로 번역한다. אֲלֵיכֶם은 אֶל의 2인칭 남성 복수 대명사 접미를 붙여서 '너희들에게'로 번역한다. 이 구문은 모세의 선지자로서의 정체성을 선언하는 구문이다.

זֶה־שְּׁמִי לְעֹלָם וְזֶה זִכְרִי לְדֹר דֹּר

이것이 영원한 나의 이름이다 그리고 이것이 대대로 나의 칭호이다

두 문장은 정확히 평행이 되는 구문으로 동사가 없는 두 개의 명사 문장이다. זֶה־שְּׁמִי에서 זֶה는 주어이고 שְּׁמִי는 보어로 שֵׁם(이름)에 1인칭 대명사 접미가 붙은 형태로 '이것이 나의 이름이다'이다. 그리고 לְעֹלָם은 עוֹלָם(영원)에 לְ를 붙여서 '영원히'라는 부사구로 사용된다. וְזֶה זִכְרִי לְדֹר דֹּר도 동일한 구문이며 זִכְרִי는 זֵכֶר(칭호, 엄숙한 이름)에 1인칭 대명사 접미가 붙어 있는 것으로 '나의 칭호'이다. 그리고 לְדֹר דֹּר는 전치사 לְ에 명사 דּוֹר(세대)를 반복하여 '대대로'라는 부사구의 기능을 한다.

▶ 이 절은 하나님께서 모세를 통해서 이스라엘 백성에게 자신이 아브라함과 이삭과 야곱과 언약한 하나님이심을 알려주시는 것이다. 이 당시는 다신(多神) 사회이기 때문에 모세에게 나타난 하나님이 어떤 분이신지를 언약적 관점에서 소개를 한 것이다. 그리고 이것은 조상들에게 약속하신 것을 이제 성취하실 것이라는 것을 알려주는 것이기도 하다.

9. 출애굽기 14장 13절

וַיֹּאמֶר מֹשֶׁה אֶל־הָעָם
אַל־תִּירָאוּ הִתְיַצְּבוּ
וּרְאוּ אֶת־יְשׁוּעַת יְהוָה אֲשֶׁר־יַעֲשֶׂה לָכֶם הַיּוֹם
כִּי אֲשֶׁר רְאִיתֶם אֶת־מִצְרַיִם הַיּוֹם
לֹא תֹסִיפוּ לִרְאֹתָם עוֹד עַד־עוֹלָם

모세가 백성들에게 말했다.
너희들은 두려워하지 말라 너희들은 서 있어라
그리고 너희들은 그날에 너희를 위해 하실 여호와의 구원을 보라
왜냐하면 그날에 너희들이 애굽 사람을 보았던 것을
다시는 영원히 너희들이 그들을 보는 것을 다시는 하지 않을 것이다

וַיֹּאמֶר מֹשֶׁה אֶל־הָעָם 모세가 백성에게 말했다.

וַיֹּאמֶר מֹשֶׁה 는 אָמַר(말하다)의 바브연속법 칼 미완료 3인칭 남성 단수형으로 주어는 מֹשֶׁה 이다. '모세가 말했다' 로 번역된다. אֶל־הָעָם 은 전치사 אֶל(~에게) + הָעָם(백성)으로 '백성에게' 로 목적어이다.

אַל־תִּירָאוּ הִתְיַצְּבוּ 너희들은 두려워하지 말라 너희들은 서 있어라

אַל־תִּירָאוּ 는 אַל(not)로 시작하는 금지 명령문이다. תִּירָאוּ 는 יָרֵא(두려워하다)의 칼 미완료 2인칭 남성 복수 jussive형으로 '너희들은 두려워하지 말라' 로 번역된다. הִתְיַצְּבוּ 는 יצב(서있다, 나타나다)의 히트파엘 명령령 남성 2인칭 복수형으로 이 단어는 히트파엘 형태만 있다. 번역하면 '너희들은 서 있어라' 이다.

וּרְאוּ אֶת־יְשׁוּעַת יְהוָה אֲשֶׁר־יַעֲשֶׂה לָכֶם הַיּוֹם
그리고 너희들은 그날에 너희를 위해 하실 여호와의 구원을 보라

וּרְאוּ 는 접속사 וּ 에 רָאָה(보다)의 칼 명령형 2인칭 남성 복수형을 붙인 형태로 '그리고 너희들은 보라' 이다.

אֶת־יְשׁוּעַת יְהוָה은 목적격 불변사 אֶת가 이끄는 목적어이고 יְשׁוּעַת는 יְשׁוּעָה(구원)의 여성명사 단수 연계형이므로 이 구절은 '여호와의 구원을' 이라고 번역한다. 그리고 אֲשֶׁר이하의 구문은 앞의 אֶת־יְשׁוּעַת יְהוָה를 설명하는 종속절이다. יַעֲשֶׂה는 עָשָׂה(행하다, 만들다)의 칼 미완료 3인칭 남성 단수형으로 '그가 행하실 것이다' 로 번역한다. לָכֶם은 부사구로 전치사 לְ에 2인칭 남성 복수 대명사 접미를 붙여 '너희들을 위해' 로 번역한다. 그리고 הַיּוֹם은 시간을 나타내는 부사구로 과거의 시간을 의미할 때는 '그날에' 로 번역이 된다.

כִּי אֲשֶׁר רְאִיתֶם אֶת־מִצְרַיִם הַיּוֹם 왜냐하면 그날에 너희들이 애굽사람을 보았던 것을

이 문장은 כִּי(왜냐하면)가 이끄는 이유를 나타내는 구문이다.

אֲשֶׁר רְאִיתֶם אֶת־מִצְרַיִם הַיּוֹם에서 אֲשֶׁר는 관계사로 여기서는 관계대명사의 독립적 용법으로 명사절을 만들어 전체 문장의 목적어 역할을 하고 있는데 이럴 때는 '~하는 것' 으로 번역된다. רְאִיתֶם은 רָאָה(보다)의 칼 완료 2인칭 남성 복수형으로 '너희들이 보았다' 이다. 그리고 אֶת־מִצְרַיִם(애굽, 애굽사람)은 목적어이고 הַיּוֹם(그날에)은 시간을 나타내는 부사구로 사용된다.

לֹא תֹסִיפוּ לִרְאֹתָם עוֹד עַד־עוֹלָם

다시는 영원히 너희들이 그들을 보는 것을 다시는 하지 않을 것이다

תֹסִיפוּ는 יָסַף(더하다, 계속하다)의 히필 미완료 남성 2인칭 복수형으로 앞에 부정어 לֹא가 붙어 '너희들은 다시는 하지 않을 것이다' 로 해석된다. 그리고 לִרְאֹתָם는 רָאָה(보다)의 칼 부정사형으로 접미에 3인칭 남성 복수 대명사 접미가 붙어서 '그들을 보는 것' 으로 번역되며 문장에서 목적어의 역할을 한다. 그리고 עַד־עוֹלָם는 부사구로 직역하면 '영원까지' 이며 보통 '영원히' 로 번역된다. עוֹד는 '다시' 라는 부사로 이 문장에서는 '다시는' 이란 의미의 단어를 두 번이나 사용하여 '너희들이 결코 다시는 영원히 보지 않을 것이다' 라는 강조적 의미가 되었다. 이것은 출애굽이 일시적인 것이 아닌 영원한 구원임을 강조하기 위한 것이다.

▶ 이 절은 앞에는 홍해로 가로 막히고 옆은 산들에 둘러싸이고 뒤에서는 애굽의 군대가 잡으러 오는 상황 속에서 이스라엘 백성들이 절망 속에서 부르짖을 때에 하나님께서

홀로 이스라엘 백성을 구원하실 것임을 선포하는 것이다. 이렇게 인간의 구원은 전적으로 하나님께서 하시는 일이며 우리 인간은 오직 구원하시는 하나님을 보며 그를 신뢰하며 찬양하면 되는 것이다.

10. 출애굽기 20장 3절

לֹא יִהְיֶה־לְךָ אֱלֹהִים אֲחֵרִים עַל־פָּנָיַ

내 앞에서 다른 신들을 너에게 있게 말라

לֹא יִהְיֶה־לְךָ 너에게 있게 말라

לֹא יִהְיֶה־לְךָ는 לֹא(not)+미완료 형태인 부정명령문으로 יִהְיֶה는 הָיָה(~이 되다, ~이 있다)의 칼 미완료 3인칭 남성 단수이지만 여기서는 לֹא와 함께 명령형으로 해석되어 '~를 있게 말라'로 번역된다. 그리고 לְךָ는 전치사 לְ에 2인칭 남성 단수 대명사 접미를 붙여 '너를 위해, 혹은 너에게'로 번역된다.

אֱלֹהִים אֲחֵרִים עַל־פָּנָיַ 내 앞에서 다른 신들을

אֱלֹהִים אֲחֵרִים עַל־פָּנָיַ에서 אֱלֹהִים은 문장의 목적어이고 אֲחֵרִים는 엘로힘을 꾸며주는 형용사 אַחֵר(다른)의 남성 복수형으로 앞의 명사와 성과 수를 일치시켰다. 이를 번역하면 '다른 신들을'이다. עַל־פָּנָיַ는 부사구로 전치사 עַל(~위에, ~에 대항하여)에 פָּנֶה(얼굴)의 복수 연계형에 1인칭 단수 대명사 접미를 붙인 פָּנָיַ를 붙여 직역하면 '나의 얼굴 위에'로 번역되지만 פָּנֶה의 복수 연계형인 פְּנֵי는 일반적으로 전치사처럼 '~앞에'로 해석되므로 '나의 앞에'로 번역된다.

▶ 이 절은 십계명의 첫 번째 계명으로 십계명은 하나님께서 이스라엘 백성의 귀에 직접 하신 것으로 가장 권위적인 계명이다. 그리고 그 중의 첫 계명은 오직 하나님만을 섬기라는 것이다. 이것은 우리가 하나님과 다른 것을 겸하여 섬기는 것은 하나님을 섬기는 것이 아니라고 말씀하시는 것이다.

11. 출애굽기 20장 4절-제2계명

לֹא תַעֲשֶׂה־לְךָ פֶסֶל וְכָל־תְּמוּנָה
אֲשֶׁר בַּשָּׁמַיִם מִמַּעַל וַאֲשֶׁר בָּאָרֶץ מִתָּחַת
וַאֲשֶׁר בַּמַּיִם מִתַּחַת לָאָרֶץ

너를 위해 만들지 말라 우상과 모든 형상을
하늘 위에 있는 것과 땅 아래 있는 것과
땅 아래 물에 있는 것

לֹא תַעֲשֶׂה־לְךָ פֶסֶל וְכָל־תְּמוּנָה 너를 위해 만들지 말라 우상과 모든 형상을

לֹא תַעֲשֶׂה־לְךָ는 **לֹא**(not)+미완료형으로 부정 명령문으로 해석된다.[5] **תַעֲשֶׂה**는 **עָשָׂה**(만들다)의 칼 미완료 2인칭 남성 단수로 **לֹא**와 함께 '너는 만들지 말라' 라고 번역된다. **לְךָ**는 **לְ**(~을 위하여)에 2인칭 남성 단수접미사를 붙여 '너를 위해' 라고 번역된다. **פֶסֶל וְכָל־תְּמוּנָה**는 문장의 목적어이며 **פֶסֶל**은 명사단수로 '우상' 이고 **וְכָל־תְּמוּנָה**에서 **כָל**은 '모든' 이고 **תְּמוּנָה**는 명사 단수로 '형상' 으로 번역된다. 일반적으로 **פֶסֶל**은 깎거나 새겨서 만든 우상을 의미하며 **תְּמוּנָה**는 '사람이나 동물과 닮은 모양' 을 의미한다.

אֲשֶׁר בַּשָּׁמַיִם מִמַּעַל וַאֲשֶׁר בָּאָרֶץ מִתָּחַת 하늘 위에 있는 것과 땅 아래 있는 것과

둘째, 셋째 줄은 앞 문장의 '모든 형상' 을 꾸며주는 관계대명사(**אֲשֶׁר**)절이며 동사가 없는 명사구문이다. **אֲשֶׁר בַּשָּׁמַיִם מִמַּעַל**에서 **בַּשָּׁמַיִם**은 전치사 **בְּ**(~안에)+**הַ**(정관사)+**שָׁמַיִם**(하늘)로 '하늘에' 이고 **מִמַּעַל**은 전치사로 **מִן**(~로 부터)+**מַעַל**(위에)이 합성되어 숙어적으로 '~위에' 이므로 전체적으로 '하늘 위에 있는 것' 으로 번역된다. **וַאֲשֶׁר בָּאָרֶץ מִתָּחַת**도 같은 형식이며 **בָּאָרֶץ**는 전치사 **בְּ**(~안에)+ **הַ**(정관사) + **אֶרֶץ**(땅)으로 번역하면 '땅 안에' 이고 **מִתָּחַת**도 전치사 **מִן**(~로 부터)+ **תַּחַת**(~아래)가 합성되어 숙어적으로 '~아래' 로 번역되어 전체적으로 '땅 아래 있는 것' 으로 번역된다.

---

5) 여기서는 영구적 금지를 나타내는 **לֹא**로 '~해서는 안 된다' 는 의미를 가진다. Williams, §173b.

וַאֲשֶׁר בַּמַּיִם מִתַּחַת לָאָרֶץ 땅 아래 물에 있는 것

בַּמַּיִם는 בְּ(~안에)+ הַ(정관사)+ מַיִם(물)로 '물 안에' 로 해석되며 לָאָרֶץ는 לְ(~위해, ~을 향하여)+ הַ(정관사)+ אֶרֶץ(땅)로 분석되지만 여기서 לְ는 해석이 되지 않지 않으며 전치사 מִתַּחַת와 함께 '땅 아래' 로 번역된다. 즉, 전체 구문은 '땅 아래 물에 있는 것' 이다.

▶ 이 절은 십계명의 두 번째 계명으로 우상과 형상을 만들지 말라는 명령으로 형상을 절대 만들어서는 안된다는 것을 말씀하기 위해 지구상의 모든 생물을 언급하고 계신다. 우상이나 형상은 처음에는 하나님을 상징하는 것으로 간주되지만 시간이 지나면 사람들은 우상을 통해 하나님을 보는 것이 아니라 우상이나 형상 자체만 바라보고 그곳에 힘이 있는 줄 알게 되기 때문에 하나님께서는 그의 백성이 온전히 하나님만을 바라보게 하기 위해서 형상을 만드는 것을 금지시키신 것이다.

12. 출애굽기 20장 7절

לֹא תִשָּׂא אֶת־שֵׁם־יְהוָה אֱלֹהֶיךָ לַשָּׁוְא
כִּי לֹא יְנַקֶּה יְהוָה
אֵת אֲשֶׁר־יִשָּׂא אֶת־שְׁמוֹ לַשָּׁוְא

너는 너의 하나님 여호와의 이름을 헛되게 높이지 말라
왜냐하면 여호와께서는 무죄하다고 생각하지 않으시기 때문이다.
그의 이름을 헛되게 높이는 것을

לֹא תִשָּׂא אֶת־שֵׁם־יְהוָה אֱלֹהֶיךָ לַשָּׁוְא

너는 너의 하나님 여호와의 이름을 헛되게 높이지 말라

이 구문은 **לֹא**(not)+미완료형의 부정명령문이다. **תִשָּׂא**는 **נָשָׂא**(높이다, 들어올리다, 취하다)의 칼 미완료 2인칭 남성 단수형으로 직역하면 '너는 높일 것이다' 이지만 부정사 **לֹא**(not)와 함께 부정명령문으로 해석되어 '너는 높이지 말라' 이다.

אֶת־שֵׁם־יְהוָה אֱלֹהֶיךָ는 문장의 목적어로 기능하며 **יְהוָה אֱלֹהֶיךָ**는 **שֵׁם**(이름)을 꾸며주는 명사들이며 **יְהוָה**는 여호와로 **שֵׁם**과 마켑(־)으로 연결되어 한 단어처럼 움직인다. **אֱלֹהֶיךָ**는 **אֱלֹהִים**(하나님)에 2인칭 남성 단수 대명사 접미를 붙인 형태로 '너의 하나님' 으로 번역된다. 그리고 **אֶת**는 목적어를 이끄는 불변화사이다.

לַשָּׁוְא는 전치사 **לְ**(~에게, ~를 위하여)+남성 단수 명사 **שָׁוְא**(헛됨, 공허, 무익)로 해석하면 부사구로 '헛되이' 이다.

כִּי לֹא יְנַקֶּה יְהוָה 왜냐하면 여호와께서는 무죄하다고 여기지 않기 때문이다.

접속사 **כִּי**로 시작되는 절로 이유를 나타낸다. **יְנַקֶּה**는 **נָקָה**(무죄하다, 깨끗하다)의 피엘 미완료 3인칭 남성 단수형으로 부정사 **לֹא**(not)와 결합하여 직역하면 '그는 무죄하다고 여기지 않을 것이다' 이다. **יְהוָה**는 문장의 주어이다.

אֵת אֲשֶׁר־יִשָּׂא אֶת־שְׁמוֹ לַשָּׁוְא 그의 이름을 헛되게 높이는 것을

이 문장은 앞 문장의 목적어에 해당하는 부분으로 **אֲשֶׁר**가 이끄는 관계대명사절은 명

사절이다. 그리고 אֶת 는 목적어를 이끄는 불변사이다.

יִשָּׂא אֶת־שְׁמוֹ לַשָּׁוְא 는 첫 번째 절의 반복이며 שֵׁם־יְהוָה אֱלֹהֶיךָ (너의 하나님 여호와의 이름)대신에 3인칭 남성 단수 대명사 접미를 가진 שְׁמוֹ (그의 이름)형태를 사용하였다. 그러므로 번역하면 '그의 이름을 헛되게 높이는 것을' 이 된다.

▶ 이 절은 십계명의 세 번째 명령으로 하나님의 이름을 헛되게 높이지 말하는 것이다. 여기서 '헛됨' 은 '공허, 무익' 의 뜻을 가지는데 이것은 함부로 하나님의 이름으로 맹세하거나 하나님의 이름을 들먹이지 말라는 것이다. 이것은 하나님의 말씀을 믿지도 않고 그대로 살지도 않으면서 하나님께 예배만 드리는 것도 해당이 된다.

13. 출애굽기 20장 8절

זָכוֹר אֶת־יוֹם הַשַּׁבָּת לְקַדְּשׁוֹ

너는 안식일을 기억하여 그것을 거룩하게 지켜라

זָכוֹר אֶת־יוֹם הַשַּׁבָּת לְקַדְּשׁוֹ 너는 안식일을 기억하여 그것을 거룩하게 지켜라

이 문장은 십계명의 제3계명으로 문장은 간단하지만 문법적으로 쉽지는 않은 문장이다. זָכוֹר는 문장의 동사로 זָכַר(기억하다)의 칼 부정사 절대형이다. 일반적으로 부정사 절대형은 동사를 강조하거나 행동의 계속을 나타낸다. 하지만 이 본문에서 부정사 절대형은 명령법으로 해석되어야 한다. 드물게 부정사 절대형이 강조적 명령법으로 해석되기 때문이다.[6] 그러므로 번역하면 '너는 기억하라' 이다. 참고로 신명기 5장12절에서는 זָכוֹר가 아니라 שָׁמוֹר(지켜라)를 사용한다.

אֶת־יוֹם הַשַּׁבָּת는 문장의 목적어로 אֶת는 목적어를 이끄는 불변사이고 יוֹם(날)은 연계형이다. הַשַּׁבָּת는 שַׁבָּת(안식 혹은 안식일)에 정관사 הַ를 붙인 형태로 이 구문은 '안식일을' 로 번역된다.

לְקַדְּשׁוֹ는 전치사 לְ(~에게, ~를 위하여)+부정사 연계형 형태로 여기서는 앞의 동사와 행동의 연속을 나타내는 부정사의 계속적 용법으로 사용되었다.[7] קַדְּשׁוֹ는 קַדֵּשׁ에 3인칭 남성 단수 대명사 접미를 붙인 형태로 여기서 대명사 접미는 '그것을' 이라는 목적어로 해석이 된다. 그리고 קַדֵּשׁ는 קָדַשׁ의 피엘 부정사 연계형으로 기본적인 뜻은 '거룩하게 분리하다, 구별하다' 이지만 여기서는 '거룩하게 지키다' 의 의미로 해석이 된다.[8] 그러므로 전체적으로 번역하면 앞의 명령을 계속 이어서 '그것을 거룩하게 지켜라' 라는 명령형이 된다.

▶ 이 절은 십계명의 네 번째 명령으로 안식일은 하나님의 창조와 구원을 기억하고 하나님을 찬양하고 기념하는 날이기 때문에 거룩하게 지키라고 명령하는 것이다.

---

6) Williams, §211.
7) Williams, §198.
8) BDB, p872.

14. 출애굽기 20장 12절

כַּבֵּד אֶת־אָבִיךָ וְאֶת־אִמֶּךָ
לְמַעַן יַאֲרִכוּן יָמֶיךָ עַל הָאֲדָמָה
אֲשֶׁר־יְהוָה אֱלֹהֶיךָ נֹתֵן לָךְ׃

너의 아버지와 너의 어머니를 존경하라
그리하면 땅위에서 너의 날들이 길 것이다
너의 하나님 여호와께서 너에게 주실

כַּבֵּד אֶת־אָבִיךָ וְאֶת־אִמֶּךָ 너의 아버지와 너의 어머니를 존경하라

이 구문은 주절로 명령문이다. כַּבֵּד는 כָּבֵד(무겁다, 존경을 받다)의 피엘 명령 남성 단수형으로 '존경하다' 라는 의미를 갖는다. 그러므로 번역하면 '너는 존경하라' 이다.

אֶת־אָבִיךָ וְאֶת־אִמֶּךָ는 문장의 목적어로 기능한다. אֶת는 목적어를 이끄는 불변사이다. אָבִיךָ는 אָב(아버지)에 2인칭 남성 단수 대명사 접미를 붙인 형태로 번역하면 '너의 아버지' 이다. 참고로 '너의 아버지들' 이라는 복수 형태는 אֲבֹתֶיךָ이다. אִמֶּךָ는 אֵם(어머니)에 2인칭 남성 단수 대명사 접미를 붙인 형태로 앞의 아버지와 통일성을 이루며 번역하면 '너의 어머니' 이다.

לְמַעַן יַאֲרִכוּן יָמֶיךָ עַל הָאֲדָמָה 그리하면 땅위에서 너의 날들이 길 것이다

이 구문은 앞 구문과 연결되어 결과를 나타내는 독립절로 לְמַעַן과 눈(ן)paragogic(어미첨가)형태를 가진 미완료형 동사가 결합하여 결과를 나타내는 것으로 해석된다. 그러므로 לְמַעַן은 일반적으로 '~하기 위하여(in order to)' 로 번역되지만 여기서는 결과를 나타내는 접속사 '그리하면(so that)' 으로 번역된다. יַאֲרִכוּן는 אָרַךְ(길다)의 히필 미완료 3인칭 남성 복수에 paragogic nun(ן)을 붙인 형태로 사역형이기 때문에 직역하면 '길게 만들 것이다' 이지만 여기서 주어가 사람이 아니라 יָמֶיךָ이기 때문에 '너의 날들이 길 것이다' 로 번역하여야 한다. יָמֶיךָ는 יוֹם(날)의 복수명사형 יָמִם(날들)에 2인칭 남성 단수 대명사 접미를 붙인 형태로 '너의 날들' 로 번역되며 문장의 주어이다.

הָאֲדָמָה עַל 는 장소를 나타내는 부사구로 עַל 은 전치사로 '~위에' 이고 הָאֲדָמָה 는 정관사 הָ + אֲדָמָה (땅)형태로 '땅 위에서' 로 번역된다.

אֲשֶׁר־יְהוָה אֱלֹהֶיךָ נֹתֵן לָךְ׃ 너의 하나님 여호와께서 너에게 주실

이 구문은 관계 대명사 אֲשֶׁר 가 이끄는 종속절로 앞의 הָאֲדָמָה 를 수식한다. אֱלֹהֶיךָ יְהוָה 는 주어로 '너의 하나님 여호와' 로 번역된다. נֹתֵן 은 נָתַן (주다)의 칼 분사 남성 단수형으로 여기서는 곧 일어날 행동을 나타내는 서술적 용법으로 사용되어 직역하면 '주실 것이다' 이다.[9] לָךְ 는 전치사 לְ (~에게)에 2인칭 남성 단수 대명사 접미를 붙인 형태에 문장 마지막에 오는 액센트 실룩(ֽ)과 솝파숙(׃)이 있기 때문에 길어지게 된 형태이며 '너에게' 로 번역된다.

▶ 이 절은 십계명의 다섯 번째 명령으로 부모 공경은 인간관계에서 가장 기본이 되는 것이기 때문에 인간관계에 대한 법의 가장 첫 번째 왔다. 부모를 공경하는 것은 부모의 말씀을 가볍게 여기지 말고 노년의 부모를 부양하는 것으로 이렇게 할 때 하나님께서는 복을 주시겠다고 약속하셨다. 여기서 장수는 단순히 수명이 긴 것을 의미하는 것이 아니라 평화롭게 건강하게 오래사는 것을 말하는 것이다.

---

9) 여기서는 분사가 가까운 미래나 곧 일어날 행동을 표현하고 있다. Williams §214.

15. 출애굽기 20장 13-16절

לֹא תִּרְצָח
לֹא תִּנְאָף
לֹא תִּגְנֹב
לֹא־תַעֲנֶה בְרֵעֲךָ עֵד שָׁקֶר

살인하지 말라
간음하지 말라
도둑질하지 말라
너의 이웃에 대하여 거짓증언을 하지 말라

לֹא תִּרְצָח 살인하지 말라

לֹא+미완료형의 부정 명령문이다. תִּרְצָח는 רָצַח(살해하다)의 칼 미완료 2인칭 남성 단수로 직역하면 '너는 살인할 것이다' 이지만 לֹא(not)와 함께 사용하여 부정명령문으로 해석되어 '너는 살인하지 말라' 이다. 여기서 רָצַח라는 동사는 드물게 사용되는 단어로 고의적으로 사람을 죽이는 것에 주로 사용한다.

לֹא תִּנְאָף 간음하지 말라

위의 문장과 같은 형식으로 תִּנְאָף는 נָאַף(간음하다)의 칼 미완료 2인칭 남성 단수로 직역하면 '너는 간음할 것이다' 이지만 לֹא(not)와 함께 사용하여 부정명령문으로 해석되어 '너는 간음하지 말라' 이다. 구약에서 간음은 기본적으로 유부남 혹은 유부녀와의 관계를 의미한다.

לֹא תִּגְנֹב 도둑질하지 말라

위의 문장과 같은 형식으로 תִּגְנֹב는 גָּנַב(도둑질하다)의 칼 미완료 2인칭 남성 단수로 직역하면 '너는 도둑질할 것이다' 이지만 לֹא(not)와 함께 사용하여 부정명령문으로 해석되어 '너는 도둑질 말라' 이다.

לֹא־תַעֲנֶה בְרֵעֲךָ עֵד שָׁקֶר 너의 이웃에 대하여 거짓증언을 하지 말라

위의 문장과 같은 부정명령문이지만 간접목적어와 직접 목적어가 있는 문장이다. לֹא־תַעֲנֶה에서 תַעֲנֶה는 עָנָה(말하다, 대답하다)의 칼 미완료 2인칭 남성 단수로 직역하면 '너는 말할 것이다' 이지만 לֹא(not)와 함께 사용하여 부정명령문으로 해석되어 '너는 말하지 말라' 이다.

בְרֵעֲךָ는 전치사 בְ(~안에, against)에 רֵעֲךָ를 붙인 형태로 רֵעֲךָ는 רֵעַ(이웃, 친구)에 2인칭 남성 단수 대명사 접미가 붙은 것으로 번역하면 '너의 이웃에 대하여' 이다. 여기서 전치사 בְ는 상대방에 대해 나쁘게 말하는 'against'의 의미로 사용되었다.

עֵד שָׁקֶר는 이 문장의 목적어로 기능을 한다. עֵד는 연계형 명사로 '~의 증언' 이라고 번역되며 שָׁקֶר는 שֶׁקֶר '거짓' 이라는 뜻의 명사 절대형으로 문장의 마지막에 사용되어 모음이 길어진 형태이다. 두 개의 명사가 서로 연결되어 직역하면 '거짓증언' 이라고 해석되며 뒤의 절대형 명사가 형용사처럼 기능을 한다.

▶ 거짓 증언하지 말라는 9계명은 단순히 거짓말하지 말라는 것과는 다르다. 이 계명은 법정적인 상황에서 상대방을 해할 목적으로 거짓 증언을 하지 말라는 것이다. 이 당시에는 법정에서 증인이 중요한 역할을 하였기 때문에 증인의 정직한 증언이 정의를 세우는데 필수적인 것이다.

16. 출애굽기 20장17절

לֹא תַחְמֹד בֵּית רֵעֶךָ
לֹא־תַחְמֹד אֵשֶׁת רֵעֶךָ וְעַבְדּוֹ וַאֲמָתוֹ
וְשׁוֹרוֹ וַחֲמֹרוֹ וְכֹל אֲשֶׁר לְרֵעֶךָ

너는 탐내지 말라 너의 이웃의 집을
너는 탐내지 말라 너의 이웃의 아내와 그의 종과 그의 여종을
그의 수소와 그의 나귀와 너의 아웃의 모든 것을

לֹא תַחְמֹד בֵּית רֵעֶךָ 너는 탐내지 말라 너의 이웃의 집을

이 구문은 לֹא+미완료의 부정명령문으로 תַחְמֹד는 חָמַד(탐내다)의 칼 미완료 2인칭 남성 단수형으로 직역하면 '너는 탐내지 않을 것이다' 이지만 לֹא를 붙여서 부정 명령문으로 '너는 탐내지 말라' 라고 번역한다.

בֵּית רֵעֶךָ는 구문에서 목적어 역할을 하는 복합 명사로 בֵּית는 בַּיִת(집)의 단수 연계형이고 רֵעֶךָ는 רֵעַ(이웃, 친구)에 2인칭 남성 단수 대명사 접미가 붙어 있어 번역하면 '너의 이웃의 집' 이다.

לֹא־תַחְמֹד אֵשֶׁת רֵעֶךָ וְעַבְדּוֹ וַאֲמָתוֹ
너는 탐내지 말라 너의 이웃의 아내와 그의 종과 그의 여종을

לֹא־תַחְמֹד는 반복되어 나와 강조를 하고 있다. 그 뒤로 나오는 단어들은 두 문장의 목적어로 기능을 한다. 즉, 탐내지 말아야할 명단들이다.

אֵשֶׁת רֵעֶךָ는 복합 명사로 אֵשֶׁת는 אִשָּׁה(여자, 아내)의 단수 연계형이고 רֵעֶךָ는 רֵעַ(이웃, 친구)에 2인칭 남성 단수 대명사 접미가 붙어 있어 번역하면 '너의 이웃의 아내' 이다. עַבְדּוֹ는 עֶבֶד(종)에 3인칭 남성 단수 대명사 접미를 붙인 것으로 '그의 종' 이다. אֲמָתוֹ는 אָמָה(여종)의 연계형 אֲמָת에 3인칭 남성 단수 대명사 접미를 붙인 것으로 '그의 여종' 으로 번역한다.

וְשׁוֹרוֹ וַחֲמֹרוֹ וְכֹל אֲשֶׁר לְרֵעֶךָ 그의 수소와 그의 나귀와 너의 이웃의 모든 것을

שׁוֹרוֹ는 שׁוֹר(수소)에 3인칭 남성 단수 대명사 접미를 붙인 것으로 '그의 수소'로 번역되며 חֲמֹרוֹ는 חֲמוֹר(나귀)의 단수 연계형 חֲמֹר에 3인칭 남성 단수 대명사 접미를 붙인 것으로 '그의 나귀'로 번역한다.

וְכֹל אֲשֶׁר לְרֵעֶךָ에서 כֹּל은 명사로 '모든 것'으로 번역되며 אֲשֶׁר לְרֵעֶךָ는 관계대명사절로 앞의 כֹּל을 수식한다. אֲשֶׁר는 관계대명사이고 לְרֵעֶךָ는 전치사 לְ(~에게) + רֵעֶךָ이며 רֵעֶךָ는 רֵעַ(이웃, 친구)에 2인칭 남성 단수 대명사 접미가 붙어 있는 형태로 אֲשֶׁר לְרֵעֶךָ는 '너의 이웃에게 속한' 이란 의미이다.[10)]

▶ 이 절은 십계명의 마지막으로 모든 인간관계의 문제가 되는 탐심을 언급하고 있다. 이웃의 것에 대해 욕심을 내는 순간 살인, 도둑질, 간음, 거짓말 등의 죄를 짓게 되는 것이다. 그러므로 마지막 계명은 무엇보다 우리의 마음을 잘 지켜야 한다는 것을 알려주고 있다.

10) 전치사 לְ는 '~에게 속한' 이란 의미로도 사용된다. Williams § 270.

17. 출애굽기 34장 6절

וַיַּעֲבֹר יְהוָה עַל־פָּנָיו וַיִּקְרָא
יְהוָה יְהוָה
אֵל רַחוּם וְחַנּוּן אֶרֶךְ אַפַּיִם וְרַב־חֶסֶד וֶאֱמֶת

그리고 여호와께서 그의 얼굴 위를 지나가셨다 그리고 그는 선포하셨다
여호와라 여호와라
자비롭고 은혜롭고 화는 더디고 인자와 진실이 많으신 하나님이시다.

וַיַּעֲבֹר יְהוָה עַל־פָּנָיו וַיִּקְרָא

그리고 여호와께서 그의 얼굴 위를 지나가셨고 그는 선포하셨다

וַיַּעֲבֹר יְהוָה는 עָבַר(건너가다, 지나가다)의 바브 연속법 칼 미완료 3인칭 남성 단수이고 여호와가 주어로 번역하면 '그리고 여호와가 지나가셨다' 이다. עַל־פָּנָיו는 부사구로 עַל(~위에)은 전치사이고 פָּנָיו는 פָּנֶה(얼굴)의 남성 복수 연계형에 3인칭 남성 단수 대명사 접미가 붙은 형태로 '그의 얼굴 위로' 로 번역된다. 여기서 그는 모세이다. וַיִּקְרָא는 קָרָא(부르다, 선포하다)의 바브 연속법 칼 미완료 3인칭 남성 단수로 '그가 선포하였다' 로 해석된다.

יְהוָה יְהוָה 여호와라 여호와라

이 부분부터는 여호와의 직접 화법으로 여호와께서 자신의 이름을 알려 주는 장면으로 문장의 주어에 해당한다.

אֵל רַחוּם וְחַנּוּן אֶרֶךְ אַפַּיִם וְרַב־חֶסֶד וֶאֱמֶת

자비롭고 은혜롭고 화는 더디고 인자와 진실이 많으신 하나님이시다

이 전체 문장은 구문상 서술문으로 전체적으로 '여호와는 ...한 하나님이다' 의 구문을 이루고 있는 것이다.

רַב(많은)와 אֶרֶךְ(더딘)과 חַנּוּן(은혜로운)과 רחוּם(자비로운)은 אֵל(하나님)을 수식하는 형용사이다.

אֶרֶךְ אַפַּיִם에서 אֶרֶךְ(오랜, 천천히)는 형용사이고 אַפַּיִם는 אַף(분노)의 남성 복수 명사로 명사 문장의 주어 역할을 하고 형용사는 서술적 역할을 한다. 그래서 직역하면 '분노가 더디다' 이지만 하나님을 꾸미는 수식적 기능을 하므로 '분노는 더딘' 이라고 번역해야 한다.

רַב־חֶסֶד וֶאֱמֶת에서 חֶסֶד(인자: 명사, 남성 단수)와 אֱמֶת(진실: 명사, 여성 단수)는 둘 다 רַב(많은)의 주어가 된다. 즉, 해석하면 '인자와 진실이 많은' 이며 이 구문 전체가 하나님을 수식한다.

▶ 이 절은 황금송아지 사건으로 하나님을 배반한 이스라엘을 다시 용서하시면서 하나님께선 인자와 긍휼이 많고 노하시기를 더디하시기 때문에 이스라엘 백성들을 다 죽이지 않고 용서하실 수 있음을 알려주시는 것이다. 그리고 우리도 이스라엘 백성과 마찬가지로 하나님의 이런 성품 때문에 살 수 있는 것이다.

18. 레위기 11장 45절

כִּי אֲנִי יְהוָה
הַמַּעֲלֶה אֶתְכֶם מֵאֶרֶץ מִצְרַיִם .
לִהְיֹת לָכֶם לֵאלֹהִים
וִהְיִיתֶם קְדֹשִׁים
כִּי קָדוֹשׁ אָנִי

왜냐하면 나는 여호와이기 때문이다
너희들을 애굽 땅으로부터 올라오게 만든
너희에게 하나님이 되기 위해
그리고 너희들은 거룩하게 될 것이다
왜냐하면 내가 거룩하기 때문이다.

כִּי אֲנִי יְהוָה 왜냐하면 나는 여호와이기 때문이다.

כִּי אֲנִי יְהוָה에서 כִּי는 접속사로 이유를 나타내며 이 구문은 명사문장으로 אֲנִי(나는)가 주어이고 יְהוָה가 보어로 '왜냐하면 나는 여호와이기 때문이다' 라고 해석된다.

הַמַּעֲלֶה אֶתְכֶם מֵאֶרֶץ מִצְרַיִם 너희들을 애굽 땅으로부터 올라오게 만든

הַמַּעֲלֶה אֶתְכֶם מֵאֶרֶץ מִצְרַיִם 문장은 앞에 있는 여호와에 대해 설명하는 형용사구로 הַמַּעֲלֶה는 עָלָה(올라가다)의 히필 분사 남성 절대형이고 여기서 정관사 הַ는 관계대명사 역할을 하여 앞의 여호와를 꾸며준다. 그러므로 이 구문은 '올라가게 만든' 으로 번역된다. מֵאֶרֶץ מִצְרַיִם는 장소를 나타내는 부사구로 전치사 מֵ는 מִן의 짧아진 형태로 '~로 부터' 이고 מִצְרַיִם은 애굽이고 אֶרֶץ은 땅이다. 그러므로 이 부사구는 '애굽 땅으로 부터' 라고 해석된다.

לִהְיֹת לָכֶם לֵאלֹהִים 너희에게 하나님이 되기 위해

לִהְיֹת לָכֶם לֵאלֹהִים 이 구문은 모두 לְ로 시작되는데 여기서 לִהְיֹת는 הָיָה(~이

되다)의 부정사 연계형에 전치사 לְ를 붙인 형태로 '~하기 위해, 혹은 ~되기 위해' 이란 뜻을 갖는다. 그리고 הָיָה לְ는 숙어적으로 '그가 ~이 되다' 로 번역된다. 그리고 לָכֶם은 전치사 לְ에 2인칭 남성 복수 대명사 접미를 붙여서 '너희에게' 가 된다. 즉, 위 구문을 번역하면 '너희에게 하나님이 되기 위해' 이다.

וִהְיִיתֶם קְדֹשִׁים 그리고 너희들은 거룩하게 될 것이다

וִהְיִיתֶם은 הָיָה(~이 되다)의 바브 연속법 칼 완료 2인칭 남성 복수형으로 '그리고 너희들은 ~이 될 것이다' 로 해석된다. קְדֹשִׁים은 קָדוֹשׁ(거룩한)의 형용사 남성 복수형으로 보어가 되어 '그리고 너희들은 거룩하게 될 것이다' 로 번역된다.

כִּי קָדוֹשׁ אָנִי 왜냐하면 내가 거룩하기 때문이다.

כִּי קָדוֹשׁ אָנִי에서 כִּי는 접속사로 '왜냐하면' 으로 번역된다. קָדוֹשׁ אָנִי는 명사 문장으로 אָנִי(나는)가 주어가 되고 형용사 קָדוֹשׁ(거룩한)가 서술어로 '나는 거룩하다' 로 번역된다.

▶ 이 절은 하나님의 백성의 모습을 말하고 있는데 하나님의 백성은 거룩해야 한다는 것이다. 왜냐하면 하나님이 거룩하시기 때문이다. 하나님의 백성이란 하나님의 통치를 받는다는 것이고 이것은 하나님의 율법을 지키며 산다는 것이다. 이렇게 하나님의 뜻에 따라 사는 것이 하나님의 백성이 살아야 하는 방식이며 이것이 거룩한 삶이다. 우리가 거룩한 하나님의 백성이라는 증표는 우리의 거룩한 삶으로 보여주는 것이다.

19. 레위기 18장 5절

וּשְׁמַרְתֶּם אֶת־חֻקֹּתַי וְאֶת־מִשְׁפָּטַי
אֲשֶׁר יַעֲשֶׂה אֹתָם הָאָדָם
וָחַי בָּהֶם אֲנִי יְהוָה

그리고 너희들은 나의 규례들와 법도들를 지켜라
만약 사람이 그것들을 행하면
그는 그것들로 인해 살 것이다. 나는 여호와이다.

וּשְׁמַרְתֶּם אֶת־חֻקֹּתַי וְאֶת־מִשְׁפָּטַי 그리고 너희들은 나의 규례들와 법도들를 지켜라

וּשְׁמַרְתֶּם אֶת־חֻקֹּתַי וְאֶת־מִשְׁפָּטַי에서 **וּשְׁמַרְתֶּם**는 동사이고 **חֻקֹּתַי וְאֶת־מִשְׁפָּטַי**־ **את**는 목적어이다. **וּשְׁמַרְתֶּם**은 **שָׁמַר**(지키다)의 바브연속법 칼 완료 2인칭 남성 복수로 직역하면 '그리고 너희들은 지킬 것이다' 이지만 여기서는 화자의 의지를 표현하고 있으므로 '그리고 너희들은 지켜라' 로 번역하는 것이 더 자연스럽다. weqatal의 형태는 화자의 의지를 표현한다. **חֻקֹּתַי**는 **חֻקָּה**(규례)의 여성 복수 연계형에 1인칭 단수 대명사 접미가 붙어 있어 '나의 규례들' 이고 **מִשְׁפָּטַי**도 **מִשְׁפָּט**(법도)의 남성 복수 연계형에 1인칭 단수 대명사 접미를 붙어 '나의 법도들' 로 번역되며 ta는 목적어를 표시하는 조사이다.

אֲשֶׁר יַעֲשֶׂה אֹתָם הָאָדָם 만약 사람이 그것들을 행하면

אֲשֶׁר יַעֲשֶׂה אֹתָם הָאָדָם에서 **אֲשֶׁר**는 이 문장에서 조건절을 이끄는 접속사의 기능[11]을 하여 '만약에' 로 번역된다. **אֲשֶׁר**는 관계사 이외에도 조건절, 이유절, 시간절 등을 이끄는 접속사의 역할을 한다. **יַעֲשֶׂה**는 동사로 **עָשָׂה**(행하다)의 칼 미완료 3인칭 남성 단수형이며 이 동사의 주어는 **הָאָדָם**(사람)이다. 그리고 **אֹתָם**은 목적어를 표시하는 조사인 **אֵת**에 3인칭 복수 대명사 접미를 붙여 '그것들을' 로 번역되며 여기서 그것들은 법도와 규례를 가리킨다.

11) Williams § 469.

וָחַי בָּהֶם אֲנִי יְהוָה 그는 그것들로 인해 살 것이다. 나는 여호와이다.

וָחַי בָּהֶם אֲנִי יְהוָה는 두 개의 문장으로 **וָחַי בָּהֶם**과 **אֲנִי יְהוָה**로 구분된다. **וָחַי בָּהֶם**에서 **וָחַי**는 **חָיָה**(살다)의 바브연속법 칼 완료 3인칭 남성 단수로 '그리고 그는 살 것이다' 이고 **בָּהֶם**은 **בְּ**(~에 의해, ~안에)에 3인칭 남성 복수형 대명사 접미를 붙여서 '그것들로 인해' 로 번역된다.

אֲנִי יְהוָה는 명사문장으로 **אֲנִי**(나는)가 주어고 **יְהוָה**는 보어로 '나는 여호와이다' 로 번역된다.

▶ 이 절은 하나님의 율례와 법도를 지킬 것을 강조한 것으로 하나님이 율법을 주신 이유는 우리에게 죄를 지우기 위한 것이 아니라 우리가 이 땅에서 잘 살 수 있게 하기 위해서라는 것이다. 잠언의 말씀처럼 하나님의 법은 우리의 길을 평탄케 해주며 생명으로 인도한다. 하지만 죄악에 물든 인간은 이런 바른 길보다는 편법이나 악한 길로 가려고 하기 때문에 세상이 점점 살기 어려워지는 것이다. 만약 인간이 다 같이 하나님의 법대로 살면 이 세상이 천국이 될 것이다.

20. 민수기 14장 8절

אִם־חָפֵץ בָּנוּ יְהוָה
וְהֵבִיא אֹתָנוּ אֶל־הָאָרֶץ הַזֹּאת
וּנְתָנָהּ לָנוּ אֶרֶץ
אֲשֶׁר־הִוא זָבַת חָלָב וּדְבָשׁ

만약 여호와께서 우리를 기뻐하시면
그가 우리를 이 땅으로 들어가게 하실 것이다.
그리고 그가 우리에게 땅을 주실 것이다.
젖과 꿀이 흐르는 그곳을

אִם־חָפֵץ בָּנוּ יְהוָה 만약 여호와께서 우리를 기뻐하시면

אִם은 '만약에'로 조건절을 이끄는 접속사이고 חָפֵץ(기뻐하다)는 칼 완료 3인칭 남성 단수로 בָּנוּ와 같이 사용되어 '우리를 기뻐하다'로 번역된다. 여기서 יְהוָה(여호와)는 주어이다. בָּנוּ는 전치사 בְּ에 1인칭 복수 대명사 접미를 붙여서 목적어로 기능하며 '우리를'로 번역한다.

וְהֵבִיא אֹתָנוּ אֶל־הָאָרֶץ הַזֹּאת 그가 우리를 이 땅으로 들어가게 하실 것이다.

וְהֵבִיא는 בּוֹא(오다, 들어가다)의 바브연속법 히필 완료 3인칭 남성 단수형으로 '그가 들어가게 하다'라는 사역형 미래로 번역되며 주어의 의지를 표현한다. אֹתָנוּ은 목적격조사 אֵת에 1인칭 복수 대명사 접미를 붙여 '우리를'이란 목적어로 해석된다. הַזֹּאת אֶל־הָאָרֶץ는 부사구로 אֶל(~으로)은 전치사이고 הַזֹּאת는 지시대명사 זֶה(이것)의 여성 단수형으로 앞의 명사 הָאָרֶץ(땅)를 수식하는 기능을 하며 명사의 관사와 성과 수를 일치시키고 있다. 그러므로 번역하면 '이 땅으로'이다.

וּנְתָנָהּ לָנוּ אֶרֶץ 그리고 그가 우리에게 땅을 주실 것이다.

וּנְתָנָהּ לָנוּ אֶרֶץ는 주절로 וּנְתָנָהּ는 נָתַן(주다)의 바브연속법 칼 완료 3인칭 남성 단수형에 3인칭 여성 단수 대명사 접미를 붙인 형태로 직역하면 '그가 그녀를 주실 것이

다' 이다. 이 미래형은 주어의 의지를 표현한다. 여기서 '그녀를' 은 목적어인 אֶרֶץ를 지시하는 것으로 이 단어가 여성 단수 명사이기 때문이다. לָנוּ는 전치사 לְ(~에게)에 1인칭 복수 대명사 접미를 붙여 '우리에게' 로 번역된다.

אֲשֶׁר־הִוא זָבַת חָלָב וּדְבָשׁ 우유와 꿀이 흐르고 있는 그곳을

אֲשֶׁר־הִוא זָבַת חָלָב וּדְבָשׁ에서 **אֲשֶׁר**는 관계사로 형용사절을 이끈다. **הִוא**는 여성 3인칭 단수 지시대명사 **הִיא**(그것)의 케티브로 땅을 지시하며 또한 땅을 강조하는 기능을 한다. **זָבַת**는 **זוּב**(흐르다)의 칼 분사 여성 단수 연계형으로 현재적 상황을 표현하므로 '흐르고 있다' 로 번역된다. 그리고 **דְּבַשׁ**(꿀), **חָלָב**(우유)는 주어로 '젖과 꿀이' 이다.

21. 민수기 14장 9절

אַךְ בַּיהוָה אַל־תִּמְרֹדוּ
וְאַתֶּם אַל־תִּירְאוּ אֶת־עַם הָאָרֶץ
כִּי לַחְמֵנוּ הֵם
סָר צִלָּם מֵעֲלֵיהֶם וַיהוָה אִתָּנוּ
אַל־תִּירָאֻם

진정 여호와에 대해 거역하지 말라
그리고 너희들은 그 땅의 백성을 두려워하지 말라
왜냐하면 그들은 우리의 떡이다.
그들의 보호자가 그들에게서 떠났다. 그리고 여호와는 우리와 함께 하시기 때문이다.
너희들은 그들을 두려워하지 말라

אַךְ בַּיהוָה אַל־תִּמְרֹדוּ 진정 여호와에 대해 거역하지 말라

이 문장은 전체적으로 부정명령문이다. אַךְ는 강조를 나타내는 부사로 '진정으로, 확실히' 로 번역된다. בַּיהוָה는 문장의 목적어로 전치사 בְּ + יהוה(여호와)로 여기서 전치사는 동사와 숙어적으로 사용되어 '~에 대항하여' 의 의미를 갖는다. 여기서는 목적어가 앞으로 나와 목적어인 여호와를 강조하고 있다. אַל־תִּמְרֹדוּ는 אַל(not)+미완료형의 부정명령문이다. תִּמְרֹדוּ는 מָרַד(거역하다)가 전치사 בְּ와 함께 사용되어 숙어적으로 '~에게 대하여 거역하다' 이다. 분석하면 칼 미완료 2인칭 남성 복수형으로 여기서는 jussive의 의미로 '너희들은 거역하지 말라' 로 번역된다.

וְאַתֶּם אַל־תִּירְאוּ אֶת־עַם הָאָרֶץ 그리고 너희들은 그 땅의 백성을 두려워하지 말라

אַתֶּם은 2인칭 남성 복수 대명사로 '너희들은' 으로 번역되며 문장의 주어로 동사 보다 앞에 나와 강조가 되고 있다. אַל־תִּירְאוּ는 אַל(not) + 미완료형의 부정명령문으로 תִּירְאוּ는 יָרֵא(두려워하다)의 칼 미완료 2인칭 남성 복수형으로 여기서는 jussive의 의미로 해석되어 '너희들은 두려워하지 말라' 로 번역된다. אֶת־עַם הָאָרֶץ는 문장의 목적어

로 אֶת는 목적어를 표시하는 목적격 불변화사이고 עַם(백성)은 연계형이고 הָאָרֶץ(그 땅)는 절대형으로 '그 땅의 백성을' 로 번역된다.

כִּי לַחְמֵנוּ הֵם 왜냐하면 그들은 우리의 떡이다.

두려워하지 말아야 할 이유를 설명하는 구절로 접속사 כִּי는 '왜냐하면' 으로 번역된다. לַחְמֵנוּ הֵם는 명사 문장으로 לַחְמֵנוּ은 보어로 לֶחֶם(떡, 양식)의 단수 연계형에 1인칭 복수 대명사 접미를 붙여 '우리의 떡' 으로 번역되며 הֵם은 주어로 3인칭 남성 복수 대명사로 '그들은' 으로 번역되어 '그들은 우리의 떡이다' 이다.

סָר צִלָּם מֵעֲלֵיהֶם וַיהוָה אִתָּנוּ 그들의 보호자가 그들에게서 떠났다. 그리고 여호와는 우리와 함께 하시기 때문이다.

위의 문장과 계속 연결되는 이유 구문이다. סָר는 סוּר(돌아서다)의 칼 완료 3인칭 남성 단수로 전치사 מֵעַל과 같이 사용되어 '그는 ~에서 돌아섰다, 떠났다' 로 번역된다. צִלָּם은 문장의 주어로 צֵל(그림자, 보호자)의 단수 연계형에 3인칭 남성 복수 대명사 접미를 붙인 형태로 '그들의 보호자' 로 번역된다. מֵעֲלֵיהֶם은 전치사 מִן(~로 부터)과 עַל(~위에)이 결합된 מֵעַל에 3인칭 남성 복수 대명사 접미를 붙인 형태로 '그들에게서, 그들 위에서' 로 번역된다.

וַיהוָה אִתָּנוּ는 명사문장으로 יהוָה(여호와)가 주어이다. 그리고 אִתָּנוּ는 אֵת(~와 함께)에 1인칭 복수 대명사 접미를 붙인 형태로 '우리와 함께' 로 번역된다.

אַל־תִּירָאֻם 너희들은 그들을 두려워하지 말라

אַל(not)+미완료형의 부정명령문으로 תִּירָאֻם는 יָרֵא(두려워하다)의 칼 미완료 2인칭 남성 복수형에 3인칭 남성 복수 대명사 접미를 붙인 형태로 직역하면 '너희들은 그들을 두려워 할 것이다' 이지만 여기서는 אַל과 함께 부정명령으로 해석되어 '너희들은 그들을 두려워하지 말라' 로 번역된다.

▶ 이 구절은 12정탐꾼 중 2명인 여호수아와 갈렙의 고백으로 땅을 차지하냐 못하냐는 이스라엘의 능력에 있는 것이 아니라 하나님의 의지에 달린 일임을 고백하고 있다. 즉, 하나님만 함께 하신다면 불가능해 보이는 것도 능히 할 수 있다는 것으로 이것이 바로 믿음이다.

22. 민수기 23장 21절

לֹא־הִבִּיט אָוֶן בְּיַעֲקֹב
וְלֹא־רָאָה עָמָל בְּיִשְׂרָאֵל
יְהוָה אֱלֹהָיו עִמּוֹ
וּתְרוּעַת מֶלֶךְ בּוֹ

그는 야곱 안의 악함을 보지 않으셨고
그는 이스라엘 안의 문제를 보지 않으셨다.
여호와 그들의 하나님이 그와 함께 하시고
왕의 전쟁 경고가 그의 안에 있다.

לֹא־הִבִּיט אָוֶן בְּיַעֲקֹב 야곱 안의 악함을 보지 않으셨고

이 문장은 부정문으로 הִבִּיט는 נָבַט(보다)의 히필 완료 3인칭 남성 단수형으로 לֹא(not)와 결합하여 '그는 보지 않으셨다' 로 번역된다. אָוֶן은 남성 단수 명사 절대형으로 '악함, 문제' 라는 뜻을 갖는다. בְּיַעֲקֹב은 전치사 בְּ(~안에) + יַעֲקֹב(야곱)으로 '야곱 안에' 로 번역된다.

וְלֹא־רָאָה עָמָל בְּיִשְׂרָאֵל 이스라엘 안의 문제를 보지 않으셨다

וְלֹא־רָאָה에서 רָאָה는 '보다' 는 뜻을 가진 칼 완료 3인칭 남성 단수 동사로 לֹא(not)와 결합하여 '그리고 그는 보지 않으셨다' 로 번역된다. עָמָל은 남성 단수 명사 절대형으로 '문제, 슬픔' 이란 뜻을 갖는다. בְּיִשְׂרָאֵל은 전치사 בְּ(~안에)+ יִשְׂרָאֵל(이스라엘)으로 '이스라엘 안에' 로 번역된다.

그리고 1행과 2행은 히브리시의 전형적인 특징인 평행법으로 동일한 의미를 갖는다.

יְהוָה אֱלֹהָיו עִמּוֹ 여호와 그의 하나님이 그와 함께 하시고

이 문장은 명사문장으로 יְהוָה אֱלֹהָיו가 주어에 해당되고 עִמּוֹ가 보어이다. אֱלֹהָיו יְהוָה에서 אֱלֹהָיו는 אֱלֹהִים(하나님)의 연계형에 3인칭 남성 단수 대명사 접미를 붙인 것으로 '그의 하나님' 이다. עִמּוֹ는 전치사 עִם(~와 함께)에 3인칭 남성 단수 대명사 접

미를 붙인 것으로 '그와 함께' 로 번역된다.

וּתְרוּעַת מֶלֶךְ בּוֹ 왕의 전쟁 경고가 그의 안에 있다.

וּתְרוּעַת מֶלֶךְ에서 **תְּרוּעַת**는 **תְּרוּעָה**(전쟁의 경고)의 여성 단수 연계형이고 **מֶלֶךְ**은 남성 단수 절대형으로 '왕' 으로 같이 번역하면 '왕의 전쟁 경고' 가 된다. 그리고 **בּוֹ**는 전치사 **בְּ**(~안에)에 3인칭 남성 단수 대명사 접미를 붙인 것으로 '그의 안에' 로 번역되며 보어 역할을 한다.

▶ 이 절은 발람의 예언으로 하나님께서 적의 선지자 발람을 통해서 오히려 하나님께서 이스라엘을 용서하셨으며 이제 새로운 세대가 가나안으로 들어갈 것임을 예언하시는 말씀이다.

23. 신명기 6장 4-5절

שְׁמַע יִשְׂרָאֵל
יְהוָה אֱלֹהֵינוּ יְהוָה אֶחָד
וְאָהַבְתָּ אֵת יְהוָה אֱלֹהֶיךָ
בְּכָל־לְבָבְךָ וּבְכָל־נַפְשְׁךָ וּבְכָל־מְאֹדֶךָ

들어라 이스라엘아
여호와 우리의 하나님 여호와는 한분이시다
그리고 너는 너의 하나님 여호와를 사랑하라
너의 모든 마음과 너의 모든 영혼과 너의 모든 힘으로

שְׁמַע יִשְׂרָאֵל 들어라 이스라엘아

이 구문은 명령문으로 **יִשְׂרָאֵל**(이스라엘)이 주어로 호격으로 해석된다. **שְׁמַע**는 **שָׁמַע**(듣다)의 칼 명령 2인칭 남성 단수형으로 직역하면 '너는 들어라' 이다. 이 구문은 신명기에서 하나님의 말씀을 전할 때 등장하는 전형적인 형식이다. 그리고 참고적으로 **שָׁמַע**는 단순히 듣는 동작만을 의미하는 것이 아니라 '들은 것을 행하다' 라는 의미를 가진다.

יְהוָה אֱלֹהֵינוּ יְהוָה אֶחָד 여호와 우리의 하나님 여호와는 한분이시다

이 구문은 일종의 명사 문장으로 숫자 형용사인 **אֶחָד**가 보어이다. 그리고 **יְהוָה אֱלֹהֵינוּ יְהוָה**가 문장의 주어이다. 여기서 **יְהוָה**는 '여호와' 이고 **אֱלֹהֵינוּ**는 **אֱלֹהִים**(하나님)에 1인칭 복수 대명사 접미를 붙인 형태로 '우리의 하나님' 으로 번역된다. 보어에 해당하는 **אֶחָד**는 '하나' 라는 뜻이지만 여기서는 주어가 하나님이시기 때문에 '한 분이시다' 로 번역하는 것이 적당하다. 그리고 여호와가 우리의 하나님을 감싸며 반복적으로 나와 강조를 하는 형태를 가진다.

וְאָהַבְתָּ אֵת יְהוָה אֱלֹהֶיךָ 그리고 너는 너의 하나님 여호와를 사랑하라

이 구문은 바브 연속법으로 앞 문장이 '들어라' 라는 명령법이기 때문이 이 문장도 명령법으로 해석되어야 한다. 그러므로 אָהַבְתָּ는 אָהֵב(사랑하다)의 칼 완료 2인칭 남성 단수형이지만 '너는 사랑하라' 로 번역된다. אֵת יְהוָה אֱלֹהֶיךָ는 문장의 목적어로 사랑의 대상을 말한다. אֵת는 목적어를 나타내는 불변화사이고 אֱלֹהֶיךָ는 אֱלֹהִים(하나님)에 2인칭 단수 대명사 접미를 붙인 형태로 '너의 하나님' 이다.

בְּכָל־לְבָבְךָ וּבְכָל־נַפְשְׁךָ וּבְכָל־מְאֹדֶךָ

너의 모든 마음으로 그리고 너의 모든 영혼으로 그리고 너의 모든 힘으로

이 구문은 앞 문장의 부사구에 해당하며 전치사 בְּ로 시작하는 동일한 구조의 부사구 세 개를 반복적으로 사용하여 강조를 하고 있다. 반복적 구조는 בְּ + כָל־ + 명사로 '모든 ~(으)로' 로 번역된다. כָל은 כֹּל(모든)의 단수 연계형이다. לְבָבְךָ는 לֵבָב(마음, 심장)에 2인칭 남성 단수 대명사 접미를 붙인 것으로 '너의 마음' 으로 번역된다. נַפְשְׁךָ는 נֶפֶשׁ(영혼, 생명)에 2인칭 남성 단수 대명사 접미를 붙인 것으로 '너의 영혼' 으로 번역된다. 그리고 מְאֹדֶךָ은 מְאֹד(힘, 많음)에 2인칭 남성 단수 대명사 접미를 붙인 것으로 '너의 힘' 으로 번역된다.

▶ 이 절은 하나님께서 자신의 백성에게 가장 원하시는 것이 바로 하나님을 사랑하는 것임을 알려준다. 그것도 다른 것과 마음을 나누어 가지는 것이 아니고 온 맘과 생명과 모든 힘을 다해 하나님만을 사랑해야 한다고 말하다. 이것은 그렇게 살지 못하는 우리에게 많은 도전을 준다.

24. 신명기 15장 11절

כִּי לֹא־יֶחְדַּל אֶבְיוֹן מִקֶּרֶב הָאָרֶץ
עַל־כֵּן אָנֹכִי מְצַוְּךָ לֵאמֹר
פָּתֹחַ תִּפְתַּח אֶת־יָדְךָ
לְאָחִיךָ לַעֲנִיֶּךָ וּלְאֶבְיֹנְךָ בְּאַרְצֶךָ

왜냐하면 땅 가운데는 가난한 자가 그치지 않을 것이기 때문이다.
그러므로 나는 너에게 명령한다. 말씀하시길
너는 너의 손을 반드시 펼쳐라
너의 가난한 형제에게 그리고 너의 땅 안에 있는 너의 가난한 자에게

כִּי לֹא־יֶחְדַּל אֶבְיוֹן מִקֶּרֶב הָאָרֶץ

왜냐하면 땅 가운데는 가난한 자가 그치지 않을 것이기 때문이다.

11절은 10절과 연결되는 구문으로 이 구절은 앞의 명령에 대한 이유를 설명하는 부분이므로 כִּי는 '왜냐하면' 으로 해석된다. 그리고 이 문장은 단순한 부정문이다. לֹא־יֶחְדַּל에서 לֹא는 'not'이고 יֶחְדַּל는 חָדַל(멈추다. 그치다)의 칼 미완료 3인칭 남성 단수형으로 주어는 뒤에 따라 나오는 אֶבְיוֹן(가난한)으로 원래 형용사 남성 단수형이지만 여기서는 문장의 주어로 사용되어 형용사의 독립적 용법으로 명사로 기능한다. 그러므로 ' 가난한 자 '로 번역된다.

מִקֶּרֶב הָאָרֶץ מִקֶּרֶב는 전치사 מִן(~로부터) + קֶרֶב(가운데, 중앙)로 קֶרֶב는 남성 명사 단수 연계형이며 מִן과 함께 숙어적으로 '~가운데' 로 번역이 된다. 하지만 일반적으로 קֶרֶב는 מִן보다(43번)는 בְּ와 더 많이(143번) 사용된다. הָאָרֶץ는 여성 명사 절대형으로 '땅' 이다. 여기서 정관사를 번역하여 '그 땅(가나안)' 이라고 한정하는 것보다는 일반적인 세상을 가리키는 것으로 보는 것이 더 적당해 보인다.

עַל־כֵּן אָנֹכִי מְצַוְּךָ לֵאמֹר 그러므로 나는 너에게 명령한다. 말씀하시길

이 구절은 인과구분으로 עַל־כֵּן은 숙어적으로 결론의 구문을 이끄는 역할을 하며 '그러므로' 로 번역된다. 이 문장은 명사문장으로 אָנֹכִי(나는)는 주어이다. 술어인 מְצַוְּךָ는 צָוָה(명령하다)의 피엘 분사 남성 단수 연계형에 2인칭 남성 단수 대명사 접미를 붙여서

'너에게 명령한다' 라는 현재시제로 번역된다. 분사는 히브리어에서 종종 현재 시제를 나타낸다. לֵאמֹר는 אָמַר(말하다)의 칼 동명사 연계형에 전치사 לְ를 붙인 형태로 직접화법을 이끌 때 사용된다. 번역하면 '가라사대, 말하기를' 이 된다. 하지만 번역이 생략되어도 문맥상 지장이 없지만 직접화법이라는 것을 나타내기 위해 일반적으로 번역한다.

פָּתֹחַ תִּפְתַּח אֶת־יָדְךָ 너는 너의 손을 반드시 펼쳐라

פָּתֹחַ תִּפְתַּח에서 פָּתֹחַ는 פָּתַח(펴다, 열다)의 칼 동명사 절대형으로 동사 앞에 서 동사를 강조하는 역할을 한다. תִּפְתַּח는 פָּתַח의 칼 미완료 2인칭 남성 단수형으로 여기서는 미완료형이지만 화자의 의지를 표현하는 명령형으로 번역하는 것이 더 적당하다. 번역하면 '너는 반드시 펼쳐라' 로 직접화법에서 미완료는 종종 명령형으로 번역된다.[12] אֶת־יָדְךָ는 문장의 목적어로 אֶת는 목적어를 나타내는 불변사이고 יָדְךָ는 יָד(손)에 남성 2인칭 대명사 접미를 붙인 형태로 '너의 손을' 로 번역된다.

לְאָחִיךָ לַעֲנִיֶּךָ וּלְאֶבְיֹנְךָ בְּאַרְצֶךָ

너의 가난한 형제에게 그리고 너의 땅 안에 있는 너의 가난한 자에게

이 구절은 앞 문장의 부사구로 손을 펼칠 대상을 말하고 있는데 두 부류이다. לַעֲנִיֶּךָ לְאָחִיךָ는 전치사 לְ(~에게)에 אָחִיךָ를 붙인 것이고 אָחִיךָ는 אָח(형제)에 남성 2인칭 대명사 접미를 붙인 것으로 '너의 형제에게' 로 번역된다. 그리고 לַעֲנִיֶּךָ는 전치사 לְ(~에게)+ עֲנִיֶּךָ로 עֲנִיֶּךָ는 형용사 עָנִי(가난한)에 남성 2인칭 대명사 접미를 붙인 것으로 앞의 '너의 형제' 를 꾸며준다. וּלְאֶבְיֹנְךָ בְּאַרְצֶךָ에서 וּלְאֶבְיֹנְךָ는 אֶבְיוֹן(가난한 자)에 남성 2인칭 대명사 접미를 붙인 형태로 '그리고 너의 가난한 자에게로' 로 번역된다 בְּאַרְצֶךָ는 앞의 '가난한 자' 를 설명하는 부사구로 전치사 בְּ(~안에) + אַרְצֶךָ로 אַרְצֶךָ는 אֶרֶץ(땅)에 남성 2인칭 대명사 접미를 붙인 형태로 '땅 안에' 로 번역된다. 여기서 '가난한' 이 두 번이나 사용되어 가난한 자를 도우라는 것이 강조가 되어 있다.

▶ 이 절은 가난한 자를 돌보는 것이 하면 좋고 안해도 상관없는 선행의 문제가 아니라 하나님의 백성으로서 반드시 해야 할 의무라는 것을 강조하고 있다. 성경에서 가난한 자는 반드시 돌보아 주어야 할 대상이지 결코 경멸이나 멸시의 대상이 아니다.

---

12) Williams §173a.

25. 신명기 34장 10절

וְלֹא־קָם נָבִיא עוֹד
בְּיִשְׂרָאֵל כְּמֹשֶׁה
אֲשֶׁר יְדָעוֹ יְהוָה פָּנִים אֶל־פָּנִים

그리고 다시는 선지자가 일어나지 않았다.
이스라엘에 모세와 같은
여호와께서 그를 대면하여 아셨다.

וְלֹא־קָם נָבִיא עוֹד 그리고 다시는 선지자가 일어나지 않았다.

이 구문은 부정문으로 וְלֹא־קָם에서 וְ는 접속사 '그리고'이고 קָם은 קוּם(일어나다)의 칼 완료 3인칭 남성 단수형으로 부정사 לֹא(not)와 사용되어 '그는 일어나지 않았다'로 번역된다. 그리고 이 동사의 주어는 נָבִיא(선지자)이다. עוֹד는 동사를 꾸며주는 부사로 '다시는' 으로 번역된다.

בְּיִשְׂרָאֵל כְּמֹשֶׁה 이스라엘에 모세와 같은

이 구절은 주어인 선지자를 설명하는 부사구이다. בְּיִשְׂרָאֵל는 전치사 בְּ(~안에) + יִשְׂרָאֵל(이스라엘)로 '이스라엘에' 로 번역되며 כְּמֹשֶׁה는 전치사 כְּ(~처럼, ~와 같은) + מֹשֶׁה(모세)로 '모세와 같은' 으로 번역된다.

אֲשֶׁר יְדָעוֹ יְהוָה פָּנִים אֶל־פָּנִים 여호와께서 그를 대면하여 아셨다.

이 구절은 앞의 모세를 수식하는 관계대명사절로 여기서는 관계대명사의 계속적 용법으로 해석된다.[13] 이 구문은 히브리어 구문으로 볼 때는 모세가 바로 앞에 나와 수식관계가 분명하지만 한글 번역의 경우는 수식 대상이 관계절과 거리가 있기 때문에 이를 분명하게 하기 위해 관계사절을 해석할 때 수식 대상인 모세의 이름을 한 번 더 삽입하였다.

---

13) Williams § 463b.

אֲשֶׁר는 관계대명사이고 יְדָעוֹ는 문장의 동사로 יָדַע(알다)의 칼 완료 3인칭 남성 단수에 3인칭 남성 단수 대명사 접미를 붙인 형태로 직역하면 '그는 그를 알았다' 이다. 이 동사의 주어는 יְהוָה(여호와)이고 대명사 접미의 목적어는 모세를 가리킨다. פָּנִים은 פָּנֶה(얼굴)의 남성 복수형으로 '얼굴' 로 번역되며 פָּנִים אֶל־פָּנִים은 숙어적으로 'face to face' 즉, '얼굴과 얼굴을 맞대고' 라는 뜻을 가지고 있으므로 지금 개역 개정 번역인 '대면하여'라는 번역이 가장 적당하게 여겨진다. 그리고 여기서 전치사 אֶל은 '~을 향하여' 라는 의미로 해석된 것이다.

▶ 이 절은 모세에 대한 추모사인 34:10-12절의 첫 번째 절로 모세가 얼마나 하나님과 특별한 관계에 있었는지를 잘 설명한다. 그는 하나님을 대면하여 본 유일한 선지자로 그는 이스라엘 역사상 하나님과 가장 가까운 하나님의 선지자였다.

26. 여호수아 1장 8절

לֹא־יָמוּשׁ סֵפֶר הַתּוֹרָה הַזֶּה מִפִּיךָ
וְהָגִיתָ בּוֹ יוֹמָם וָלַיְלָה
לְמַעַן תִּשְׁמֹר לַעֲשׂוֹת כְּכָל־הַכָּתוּב בּוֹ
כִּי־אָז תַּצְלִיחַ אֶת־דְּרָכֶךָ וְאָז תַּשְׂכִּיל

이 율법책이 너의 입술로부터 떠나게 하지 말라
그리고 그것을 밤낮으로 소리를 내라
네가 그 안에 쓰여진 모든 것을 따라 지켜 행하기 위해서이다.
그러면 너는 너의 길을 성공하게 만들 것이고 너는 번영할 것이다.

לֹא־יָמוּשׁ סֵפֶר הַתּוֹרָה הַזֶּה מִפִּיךָ 이 율법책이 너의 입술로부터 떠나게 하지말라

이 구문은 לֹא(not)+미완료형의 부정 명령문으로 יָמוּשׁ는 מוּשׁ(떠나다, 제거하다)의 칼 미완료 3인칭 남성 단수형이지만 לֹא와 함께 사용되어 부정명령으로 번역된다. 미완료형은 종종 명령문으로 번역된다. 직역하면 '그것이 떠나게 하지 말라'이다.

סֵפֶר הַתּוֹרָה הַזֶּה는 동사의 주어로 הַתּוֹרָה הַזֶּה는 연계형인 סֵפֶר(책)를 꾸며준다. הַזֶּה(이것, 이)는 הַתּוֹרָה(율법)를 수식하는 지시형용사로 기능하며 수식관계에 있기 때문에 관사와 성과 수가 일치한다. 번역하면 '이 율법책'이다. מִפִּיךָ는 전치사 מִן(~로부터)+פִּיךָ로 פִּיךָ는 פֶּה(입술)에 2인칭 남성 단수 대명사접미를 붙인 형으로 번역하면 '너의 입술로부터'이다.

וְהָגִיתָ בּוֹ יוֹמָם וָלַיְלָה 그리고 너는 그것을 밤낮으로 묵상하라

이 구문은 앞과 연결되는 바브 연속법 구문으로 계속해서 명령법으로 해석해야 한다. הָגִיתָ는 הָגָה(소리내다. 말하다)의 칼 완료 2인칭 남성 단수형으로 전치사 בְּ와 숙어적으로 사용되어 직역하면 '너는 묵상할 것이다'이지만 명령법으로 해석되어야 하며 בּוֹ는 בְּ에 3인칭 남성 단수 대명사 접미를 붙인 것으로 '너는 그것을 묵상하라'로 번역되어야 한다. 여기서 그것은 율법책이다. יוֹמָם וָלַיְלָה은 부사구로 יוֹמָם은 '낮'이고 לַיְלָה는 '밤'으로 숙어적으로 '항상' 혹은 '밤낮으로'로 번역된다.

לְמַעַן תִּשְׁמֹר לַעֲשׂוֹת כְּכָל־הַכָּתוּב בּוֹ

네가 그 안에 쓰여진 모든 것을 따라 지켜 행하기 위해서이다.

לְמַעַן이 이끄는 목적절로 לְמַעַן은 '~하기 위해서' 로 번역된다. תִּשְׁמֹר는 문장의 동사로 שָׁמַר(지키다)의 칼 미완료 2인칭 남성 단수이며 뒤에 나오는 부정사형인 לַעֲשׂוֹת와 같이 사용되어 부정사의 연속적 용법으로 사용된다. לַעֲשׂוֹת는 עָשָׂה(행하다, 만들다)의 칼 부정사 연계형으로 동사 תִּשְׁמֹר와 같이 번역하면 '네가 지켜 행하다' 이다.

כְּכָל־הַכָּתוּב בּוֹ는 부사구로 전치사 כְּ(~따라, ~처럼)가 이끈다. כָל은 כֹּל(모든 것)의 남성 단수 연계형이다. הַכָּתוּב는 כָּתַב(쓰다)의 칼 수동 분사 남성 단수 절대형에 정관사 הַ를 붙인 형태로 수동태이기 때문에 번역하면 '쓰여진 모든 것을 따라' 이다. בּוֹ는 בְּ에 3인칭 남성 단수 대명사 접미를 붙인 것으로 '그 안에' 로 번역되며 여기서는 율법책을 가리킨다.

כִּי־אָז תַּצְלִיחַ אֶת־דְּרָכֶךָ וְאָז תַּשְׂכִּיל

그러면 너는 너의 길들을 성공하게 만들 것이고 너는 번영할 것이다.

이 구문은 결과절로 כִּי־אָז는 접속사로 כִּי(왜냐하면)와 אָז(그때)가 결합된 형태이며 숙어적으로 '그러면, 그렇다면' 으로 해석된다. תַּצְלִיחַ는 צָלֵחַ(번영하다. 성공하다)의 히필 미완료 2인칭 남성 단수형으로 사역형이기 때문에 번역하면 '너는 성공하게 만들 것이다' 이다. אֶת־דְּרָכֶךָ는 목적어로 אֶת는 목적격 불변사이고 דְּרָכֶךָ는 דֶּרֶךְ(길)의 복수 연계형에 2인칭 남성 단수 대명사 접미를 붙인 것으로 '너의 길들을' 로 번역된다. וְאָז תַּשְׂכִּיל에서 אָז는 '그러면' 으로 번역되며 תַּשְׂכִּיל는 שָׂכַל(신중하다)의 히필 미완료 2인칭 남성 단수형으로 히필형은 '부유하다, 성공하다' 로 해석되는 경우가 있으며 여기서는 '너는 번영할 것이다' 로 번역된다.

▶ 이 절은 하나님께서 모세를 잃은 여호수아를 지도자로 세우시며 힘을 주시고 모세처럼 하나님의 말씀대로 살라고 권면하는 구절이다. 하나님께서는 일을 주시면서 힘도 함께 주신다.

27. 여호수아 1장 9절

הֲלוֹא צִוִּיתִיךָ
חֲזַק וֶאֱמָץ אַל־תַּעֲרֹץ וְאַל־תֵּחָת
כִּי עִמְּךָ יְהוָה אֱלֹהֶיךָ
בְּכֹל אֲשֶׁר תֵּלֵךְ

내가 너에게 명령하지 않았느냐
강하고 담대하라 두려워하지 말고 당황하지 말라
왜냐하면 너의 하나님 여호와께서 너와 함께 하실 것이다
네가 갈 모든 곳에

הֲלוֹא צִוִּיתִיךָ 내가 너에게 명령하지 않았느냐

이 문장은 수사의문문으로 수사 의문이란 답을 얻기 위한 질문이 아니라 강조를 하기 위해 의문문으로 말을 하는 기법을 말한다. 즉, 명령하셨다는 사실을 강조하는 것이다. הֲלוֹא는 의문사 הֲ+부정사 לוֹא가 결합된 형태로 항상 '~하지 않느냐' 로 번역된다. צִוִּיתִיךָ는 צָוָה(명령하다)의 피엘 완료 1인칭 단수형에 2인칭 남성 단수 대명사 접미를 붙인 형태로 직역하면 '나는 너에게 명령하였다' 이다. 이 동사는 일반적으로 피엘형으로 사용된다.

חֲזַק וֶאֱמָץ אַל־תַּעֲרֹץ וְאַל־תֵּחָת 강하고 담대하라 두려워하지 말고 당황하지 말라

이 구문은 네개의 명령문으로 긍정명령문 2개와 부정명령문 2개이다. חֲזַק는 חָזַק(강하다)의 남성 단수 명령형으로 '강해져라' 로 번역되고 אֱמָץ는 אָמֵץ(담대하다, 용기를 갖다)의 남성 단수 명령형으로 '담대하라' 로 번역된다. 그리고 וְאַל־תֵּחָת 과 אַל־תַּעֲרֹץ은 부정어 אַל+미완료형으로 부정명형으로 해석된다. תַּעֲרֹץ는 עָרַץ(떨다, 두려움을 느끼다)의 칼 미완료 2인칭 남성 단수형으로 אַל과 함께 사용되어 '두려워 말라, 떨지 말라' 로 번역된다. תֵּחָת은 חָתַת(산산히 부수다)의 니팔 미완료 2인칭 남성 단수형으로 니팔형은 '당황하다' 의 의미를 가지며 אַל과 함께 사용되어 '당황하지 말라' 로 번역된다.

כִּי עִמְּךָ יְהוָה אֱלֹהֶיךָ 왜냐하면 너의 하나님 여호와께서 너와 함께 하실 것이다

이 구문은 **כִּי**(왜냐하면)로 시작되는 이유절이며 동사가 없는 명사절이다. **אֱלֹהֶיךָ יְהוָה**가 주어로 **אֱלֹהֶיךָ**는 **אֱלֹהִים**(하나님)에 2인칭 남성 단수 대명사 접미를 붙인 것으로 '너의 하나님 여호와' 로 번역된다. **עִמְּךָ**는 전치사 **עִם**(~와 함께)에 2인칭 남성 단수 대명사 접미를 붙인 것으로 여기서는 서술어의 역할을 하며 번역하면 '너와 함께 있을 것이다' 가 된다.

בְּכֹל אֲשֶׁר תֵּלֵךְ 네가 갈 모든 곳에

이 구문은 관계대명사 구문으로 **בְּכֹל**은 선행사로 전치사 **בְּ**(~안에) + **כֹּל**(모든 것)가 결합되어 직역하면 '모든 것 안에' 이지만 뒤의 관계대명사가 장소를 가리키기 때문에 '모든 곳에' 라고 번역하였다. **אֲשֶׁר תֵּלֵךְ**는 관계대명사절로 **תֵּלֵךְ**는 **הָלַךְ**(가다)의 칼 미완료 2인칭 남성 단수형으로 번역하면 '네가 갈 것이다' 로 앞의 **בְּכֹל**을 수식한다.

28. 여호수아 14장 12절(1)

וְעַתָּה תְּנָה־לִי אֶת־הָהָר הַזֶּה
אֲשֶׁר־דִּבֶּר יְהוָה בַּיּוֹם הַהוּא

그리고 지금 이 산을 나에게 주소서
그 날에 여호와께서 말씀하셨던

וְעַתָּה תְּנָה־לִי אֶת־הָהָר הַזֶּה 그리고 지금 이 산을 나에게 주소서

이 구문은 청유형이다. 그리고 **עַתָּה**(지금)는 부사로 문장 맨 앞으로 나와 강조가 되었다. **תְּנָה־לִי**에서 **תְּנָה**는 **נָתַן**(주다)의 칼 명령 남성 단수에 **ה**를 접미에 붙여서 간곡한 요청인 청유형으로 번역이 된다. 그러므로 번역하면 '당신은 주소서' 이다. **לִי**는 전치사 **לְ**(~에게, ~위하여)로 '나에게' 로 번역된다. **אֶת־הָהָר הַזֶּה**는 문장의 목적어로 **אֶת**는 목적격 불변사이고 **הָהָר הַזֶּה**에서 **הָהָר**는 관사 + **הַר**(산)이고 **הַזֶּה**는 **הָהָר**를 수식하는 지시 형용사로 성, 수, 관사가 일치하며 번역하면 '이 산을' 이다.

אֲשֶׁר־דִּבֶּר יְהוָה בַּיּוֹם הַהוּא 그 날에 여호와께서 말씀하셨던

이 구문은 관계대명사절로 **אֶת־הָהָר הַזֶּה**를 수식해준다. **אֲשֶׁר**는 관계대명사이고 **דִּבֶּר**는 **דָּבַר**(말하다)의 피엘 완료 3인칭 남성 단수형으로 주어가 **יְהוָה**(여호와)이므로 번역하면 '여호와께서 말씀하셨다' 이다. **דָּבַר**는 동사로 사용될 때 주로 피엘형으로 사용된다. **בַּיּוֹם הַהוּא**은 시간을 나타내는 부사구로 전치사 **בְּ**가 여기서는 '~할 때' 로 사용되었다. **בַּיּוֹם**에서 **בַּ**는 **בְּ** + 관사 **הַ**의 결합형태이고 **יוֹם**은 명사 단수로 '날' 이다. **הַהוּא**는 **בַּיּוֹם**을 수식하는 지시 형용사로 성, 수 관사가 일치하며 번역하면 '그 날에' 이다.

▶ 이 절은 갈렙의 신앙고백 구문으로 가장 강력한 아낙 자손이 살고 있는 그 산을 달라고 요청하는 것이다. 아무리 강한 아낙 자손이 있더라도 하나님께서 함께하시면 그 땅을 소유할 수 있다는 강한 신앙을 보여준다.

29. 여호수아 14장 12절(2)

כִּי אַתָּה־שָׁמַעְתָּ בַּיּוֹם הַהוּא
כִּי־עֲנָקִים שָׁם וְעָרִים גְּדֹלוֹת בְּצֻרוֹת
אוּלַי יְהוָה אוֹתִי וְהוֹרַשְׁתִּים
כַּאֲשֶׁר דִּבֶּר יְהוָה

왜냐하면 그날에 당신도 들었기 때문이다.
그곳에 아낙사람들이 있고 도시들은 크고 견고하다는 것을
혹시나 여호와께서 나와 함께 계시면 내가 그들을 쫓아낼 것이다.
여호와께서 말씀하신 것처럼

כִּי אַתָּה־שָׁמַעְתָּ בַּיּוֹם הַהוּא 왜냐하면 그날에 당신도 들었기 때문이다.

이 구문 이하는 앞의 상반절에 대한 이유를 설명하는 절로 여기서 כִּי는 '왜냐하면' 으로 해석된다. 하지만 대부분의 성경은 כִּי를 번역하지 않았다. אַתָּה는 주어가 앞으로 나와 강조가 된 형태로 אַתָּה는 2인칭 남성 단수 인칭대명사로 여기서는 강조적으로 사용되어 '당신도' 라고 번역하였다. שָׁמַעְתָּ는 שָׁמַע(듣다)의 칼 완료 2인칭 남성 단수형으로 문장의 동사이고 '당신은 들었다' 로 번역된다.

בַּיּוֹם הַהוּא은 시간을 나타내는 부사구로 전치사 בְּ가 여기서는 '~할 때' 로 사용되었다. בַּיּוֹם에서 בַּ는 בְּ+관사 הַ의 결합형태이고 יוֹם은 '날' 이다. הַהוּא는 בַּיּוֹם을 수식하는 지시 형용사로 번역하면 '그 날에' 이다.

כִּי־עֲנָקִים שָׁם וְעָרִים גְּדֹלוֹת בְּצֻרוֹת
그곳에 아낙사람이 있고 도시들은 크고 견고하다는 것을

이 구문은 כִּי가 관계대명사 역할을 하는 명사절로 동사 שָׁמַעְתָּ의 목적어 역할을 하며 동사가 없는 2개의 명사 구문으로 이루어 졌다. 첫 번째 명사 구문 עֲנָקִים שָׁם으로 עֲנָקִים은 주어이고 עֲנָק의 남성 복수 형태이지만 단수 복수형 모두 일반적으로 '아낙사람' 을 가리키는 고유명사로 사용된다. שָׁם은 부사로 '거기에, 그곳에' 이지만 여기서는 서술적으로 해석되어 '그곳에 있다' 이다.

וְעָרִים גְּדֹלֹת בְּצֻרוֹת 은 접속사 וְ(그리고)로 연결된 두 번째 명사 구문으로 עָרִים 은 주어로 עִיר 의 여성 복수 절대형으로 번역하면 '도시들' 이다.

גְּדֹלֹת בְּצֻרוֹת 는 서술어에 해당하는 구절로 גְּדֹלֹת 은 형용사 גָּדוֹל(커다란)의 여성 복수형으로 앞의 עָרִים 이 여성 복수형이기 때문에 수식하는 형용사가 성과 수를 일치시켰다. בְּצֻרוֹת 도 עָרִים 을 수식하는 형용사 기능하는데 원래는 동사 בָּצַר(견고하다, 잘라내다)의 분사 수동 여성 복수형으로 여기서는 '견고하다' 로 번역된다. 여기서 일반적으로 בְּצֻרוֹת 앞에는 접속사 וְ(그리고)가 있어야 하는데 여기서는 생략이 되었다.

אוּלַי יְהוָה אוֹתִי וְהוֹרַשְׁתִּים

혹시나 여호와께서 나와 함께 계시면 내가 그들을 쫓아낼 것이다.

이 구문은 אוּלַי 로 시작하는 조건절로 אוּלַי 는 일반적으로 희망을 표현하는 조건절에 사용되며 '혹시나, 아마도' 로 번역된다. יְהוָה אוֹתִי 는 명사 구분으로 יְהוָה(여호와)가 주어이고 אוֹתִי 는 אֵת(~와 함께)에 1인칭 단수 대명사 접미를 붙인 형태로 술어로 기능하며 '나와 함께 하다' 로 번역된다.

וְהוֹרַשְׁתִּים 는 조건절 다음에 나오는 귀결절로 여기서 접속사 וְ 는 '그리하면' 으로 번역된다. הוֹרַשְׁתִּים 는 יָרַשׁ(소유하다)의 히필 완료 1인칭 단수형에 3인칭 남송 복수 대명사 접미를 붙인 형태로 히필동사로 번역 될 경우 '소유로 만들다, 쫓아내다' 로 번역되며 여기서는 문맥상 '쫓아내다' 가 더 적당하게 보인다. 그리고 여기서 형태는 완료형이지만 앞의 조건절을 따르는 귀결절이므로 미완료로 번역되는 경우가 있다(예, 렘 36:3). 그러므로 번역하면 '내가 그들을 쫓아낼 것이다' 이다.

כַּאֲשֶׁר דִּבֶּר יְהוָה 여호와께서 말씀하신 것처럼

이 구문은 관계대명사 אֲשֶׁר 가 이끌며 앞 구문의 부사역할을 하는 종속절이다. כַּאֲשֶׁר 는 전치사 כְּ(~처럼) + אֲשֶׁר 로 '~것처럼' 으로 번역된다. דִּבֶּר 는 동사 דָּבַר 의 피엘 완료 3인칭 남성 단수로 주로 피엘형이 사용되며 번역하면 '말하였다' 이고 주어는 יְהוָה(여호와)이다.

30. 여호수아 24장 19절

וַיֹּאמֶר יְהוֹשֻׁעַ אֶל־הָעָם
לֹא תוּכְלוּ לַעֲבֹד אֶת־יְהוָה
כִּי־אֱלֹהִים קְדֹשִׁים הוּא אֵל־קַנּוֹא
הוּא לֹא־יִשָּׂא לְפִשְׁעֲכֶם וּלְחַטֹּאותֵיכֶם

여호수아가 그 백성에게 말하기를
너희들은 여호와를 섬기는 것을 할 수 없을 것이다.
왜냐하면 하나님은 거룩하시고 그는 질투하는 하나님이시고
그는 너희들의 잘못과 너희들의 죄들을 용서하지 않으실 것이기
때문이다.

וַיֹּאמֶר יְהוֹשֻׁעַ אֶל־הָעָם 여호수아가 그 백성에게 말하기를

이 구절은 직접 화법을 이끄는 구문으로 **וַיֹּאמֶר**는 **יֹּאמֶר**+**וְ**로 **וַ**는 바브 연속법이므로 완료로 번역해야 한다. **יֹּאמֶר**는 **אָמַר**(말하다)의 칼 미완료 3인칭 남성 단수로 **א**은 읽을 때 묵음이 되는 불규칙 변화를 한다. **יְהוֹשֻׁעַ**(여호수아)는 문장의 주어로 번역하면 '여호수아가 말했다' 이다. **אֶל־הָעָם**은 전치사 **אֶל**(~에게) + **הָעָם**이고 **הָעָם**은 관사 **הָ** + **עָם**(백성)이므로 번역하면 '그 백성에게' 이다.

לֹא תוּכְלוּ לַעֲבֹד אֶת־יְהוָה 너희들은 여호와를 섬기는 것을 할 수 없을 것이다.

이 구절은 **לֹא**(not)로 시작되는 부정문이다. **תוּכְלוּ**는 동사로 **יָכֹל**(할 수 있다)의 칼 미완료 2인칭 남성 복수형으로 뒤에 따라 나오는 부정사와 연결되어 해석된다. 그러므로 **לֹא תוּכְלוּ** ...**ל**를 번역하면 '너희들은 ...를 할 수 없을 것이다' 이다 **לַעֲבֹד**는 전치사 **לְ** + **עֲבֹד**로 **עֲבֹד**는 **עָבַד**(섬기다)의 칼 부정사 연계형이며 여기서는 앞의 동사와 연결되어 '섬기는 것을' 로 번역된다. **אֶת־יְהוָה**는 앞의 부정사의 목적어로 번역하면 '여호와를' 이다.

כִּי־אֱלֹהִים קְדֹשִׁים הוּא אֵל־קַנּוֹא

왜냐하면 하나님은 거룩하시고 그는 질투하는 하나님이시고

이 구문은 앞의 구절과 이어지는 이유절로 **כִּי** 는 '왜냐하면' 으로 해석된다. 그리고 또 하나의 특징은 주어가 앞으로 나와 강조가 되었고 접속사 없이 세 개의 절이 나란히 연속되어 나온다.

אֱלֹהִים קְדֹשִׁים 는 **אֱלֹהִים**(하나님)이 주어이고 **קְדֹשִׁים** 는 형용사 **קָדֹשׁ**(거룩한)의 남성 복수형으로 주어가 남성 복수형이기 때문에 일치를 시켰고 서술적 용법으로 사용되어 번역하면 '하나님은 거룩하시다' 이다. **הוּא אֵל־קַנּוֹא** 는 명사문장이고 **הוּא** 는 주어로 하나님을 지시한다. **אֵל־קַנּוֹא** 는 술부이고 **אֵל** 은 **אֱלֹהִים** 의 단수형으로 '하나님' 으로 번역된다. **קַנּוֹא** 는 형용사로 '질투하는' 으로 번역되며 이 단어는 같은 뜻인 **קַנָּא** 와 함께 하나님께만 사용된다. **אֵל־קַנּוֹא** 라는 표현은 구약에서 여기와 나훔1:2에만 등장한다.

הוּא לֹא־יִשָּׂא לְפִשְׁעֲכֶם וּלְחַטֹּאותֵיכֶם

그는 너희들의 잘못과 너희들의 죄들을 용서하지 않으실 것이기 때문이다.

이 구문은 앞의 절들과 연속되는 등위절로 **הוּא** 가 주어로 하나님을 지시한다. **לֹא־יִשָּׂא** 는 **לֹא**(not)+ **יִשָּׂא** 이고 **יִשָּׂא** 는 **נָשָׂא**(들다)의 니팔 미완료 3인칭 남성 단수형으로 이 동사의 기본뜻은 '들다' 이지만 니팔형인 경우 드물게 '치우다, 제거하다' 로 해석이 된다. 이 뜻에서 파생되어 '죄' 의 의미를 가진 단어인 **פֶּשַׁע**, **חַטָּאת**, **עָוֹן** 들을 목적어로 가질 때는 숙어적으로 '용서하다' 로 번역된다(출 34:7, 민 14:18, 욥 7:21). 이때 주어는 항상 하나님이시다.

לְפִשְׁעֲכֶם וּלְחַטֹּאותֵיכֶם 는 목적어이고 **לְפִשְׁעֲכֶם** 는 전치사 **לְ** + ~**פִּשְׁעֲכֶ** 로 **פִּשְׁעֲכֶם** 은 명사 **פֶּשַׁע**(잘못, 위반)에 2인칭 남성 복수 대명사 접미를 붙인 형태이며 여기서 **לְ** 는 번역되지 않고 '너희들의 잘못을' 로 번역한다. 그리고 **לְחַטֹּאותֵיכֶם** 은 **לְ**+**חַטֹּאותֵיכֶם** 로 **חַטֹּאותֵיכֶם** 는 명사 여성 명사 **חַטָּאת**(죄)의 여성 복수형에 2인칭 남성 목수 대명사 접미를 붙인 형태로 번역하면 '너희들의 죄들을' 로 번역된다.

▶ 이 절은 여호수아의 고별 설교 중의 한 부분으로 하나님의 중요한 특징 중 하나인 질투하시는 하나님을 말하며 오직 하나님만을 섬겨야 할 것을 역설적으로 표현하고 있다.

31. 사사기 3장 4절

וַיִּהְיוּ לְנַסּוֹת בָּם אֶת־יִשְׂרָאֵל
לָדַעַת הֲיִשְׁמְעוּ אֶת־מִצְוֹת יְהוָה
אֲשֶׁר־צִוָּה אֶת־אֲבוֹתָם בְּיַד־מֹשֶׁה

그리고 그들은 이스라엘을 시험하기 위해 있었다.
그들이 여호와의 계명을 듣는지 아닌지를 알기위해
그가 그들의 조상들에게 모세의 손을 통해 명령하셨던

וַיִּהְיוּ לְנַסּוֹת בָּם אֶת־יִשְׂרָאֵל

그리고 그들은 그들을 통해 이스라엘을 시험하기 위해 있었다.

이 구절에서 **וַיִּהְיוּ**는 **יִהְיוּ**의 바브연속법형으로 동사 **יִהְיוּ**는 **הָיָה**(이다, 되다)의 칼 미완료 3인칭 남성 복수형이며 주어는 앞 절에 언급된 민족들이다. 그러므로 번역하면 '그리고 그들은 있었다' 이다. 하지만 우리말 번역에서 이 부분을 '남겨두신' 이라는 분사 형태로 번역을 하였다. **לְנַסּוֹת**는 **נַסּוֹת**에 전치사 **לְ**(~를 위해)를 붙인 것으로 **נַסּוֹת**는 **נָסָה**(시험하다)의 피엘 부정사 연계형이다. 이 동사는 주로 피엘형으로 사용된다. 그러므로 **לְנַסּוֹת**를 번역하면 '시험하기 위하여' 이다. **בָּם**은 전치사 **בְּ**에 3인칭 남성 복수 대명사 접미를 붙인 형태로 여기서는 '그들을 통해' 라는 의미를 갖는다. **אֶת־יִשְׂרָאֵל**은 동명사 **לְנַסּוֹת**의 목적어로 **יִשְׂרָאֵל**에 목적격 불변사 **אֶת**를 붙인 형태로 '이스라엘을' 로 번역된다.

לָדַעַת הֲיִשְׁמְעוּ אֶת־מִצְוֹת יְהוָה 그들이 여호와의 계명을 듣는지 아닌지를 알기위해

이 구문은 부정사 '시험하다' 의 목적어 기능을 하는 종속구문이다. **לָדַעַת**는 전치사 **לְ**(~를 위해)+**דַעַת**로 **דַעַת**는 **יָדַע**(알다)의 칼 부정사 연계형으로 번역하면 '알기 위해' 이다. **הֲיִשְׁמְעוּ אֶת־מִצְוֹת יְהוָה**의 구문은 **לָדַעַת**의 목적어 역할을 한다. **הֲיִשְׁמְעוּ**는 의문사 **הֲ**+**יִשְׁמְעוּ**로 **יִשְׁמְעוּ**는 **שָׁמַע**(듣다)의 칼 미완료 3인칭 남성 복수로 의문사 **הֲ**는 여기서는 직접 의문문으로 해석되지 않고 간접의문문으로 '~인지 아닌지' 로 해석되

었다. 보통 '보다. 말하다. 시도하다. 알다'의 동사 뒤에 나올 때 이렇게 해석된다. 그러므로 여기서는 '그들이 들었는지 아닌지를'로 번역이 된다. **אֶת־מִצְוֹת יְהוָה**는 **יִשְׁמְעוּ**의 목적어로 **אֶת**는 목적격 불변사이고 **מִצְוֹת**는 명사 **מִצְוָה**(명령)의 여성 복수 연계형이고 **יְהוָה**는 **מִצְוֹת**와 연결되어 '여호와의 명령을'로 번역된다.

אֲשֶׁר־צִוָּה אֶת־אֲבוֹתָם בְּיַד־מֹשֶׁה

그가 그들의 조상들에게 모세의 손을 통해 명령하셨던

이 구문은 관계대명사절로 바로 앞의 **מִצְוֹת יְהוָה**를 수식한다. **אֲשֶׁר**는 관계대명사이고 **צִוָּה**는 **צָוָה**(명령하다)의 피엘 완료 3인칭 남성 단수형으로 이 동사는 주로 피엘형으로 사용되며 번역하면 '그가 명령하셨다'이다. 이 동사는 주로 **אֶל**, **עַל**, **לְ**와 함께 사용되지만 드물게 목적격 불변사 **אֶת**와 함께 사용되어 '~에게'라는 대상을 표현한다(예, 신 4:2). 그리고 여기서 '그'는 암시적으로 여호와이다. **אֶת־אֲבוֹתָם**에서 **אֶת**는 목적격 불변사이고 **אֲבוֹתָם**는 **אָב**(아버지, 조상)의 남성 복수형에 3인칭 남성 복수 대명사 접미를 붙인 형태로 번역하면 '그들의 조상들에게'이다.

בְּיַד־מֹשֶׁה는 부사구로 전치사 **בְּ+יַד+מֹשֶׁה**(모세)로 여기서 **בְּ**는 수단을 의미하는 '통하여(by, through)'의 의미로 사용되었다. 그리고 **יַד**는 명사 **יָד**(손)의 단수 연계형이다. 그러므로 번역하면 '모세의 손을 통하여'이다.

▶ 이 절은 하나님께서 사사기 안에 등장하는 여러 부족들을 완전히 정복하시지 않고 남겨둔 이유를 설명하시는 절이다.

32. 사사기 21장 25절

בַּיָּמִים הָהֵם אֵין מֶלֶךְ בְּיִשְׂרָאֵל
אִישׁ הַיָּשָׁר בְּעֵינָיו יַעֲשֶׂה

그 때에 이스라엘에 왕이 없었다.
사람이 그의 눈들에 옳은 것을 행하였다.

בַּיָּמִים הָהֵם אֵין מֶלֶךְ בְּיִשְׂרָאֵל 그 때에 이스라엘에 왕이 없었다.

이 구문은 명사문장이다. בַּיָּמִים הָהֵם는 시간을 나타내는 부사구로 전치사 בְּ는 시간을 나타내는 역할을 한다. בַּ는 전치사 בְּ+정관사 הַ가 결합된 형태이다. יָמִים은 명사 יוֹם(날)의 남성 복수형이고 הָהֵם는 3인칭 남성 복수 지시대명사 הֵם(그것들)에 정관사 הַ를 붙인 형태로 앞의 יָמִים과 일치한다. 직역하면 '그 날들에'이지만 숙어적으로 일반적으로 '그 때에'로 번역을 한다.

אֵין은 존재가 없다는 것을 나타내는 부사로 '~이 없다'로 번역된다. מֶלֶךְ은 단수 남성 명사 '왕'으로 문장의 주어이다. בְּיִשְׂרָאֵל에서 전치사 בְּ는 장소를 나타내므로 번역하면 '이스라엘 안에'이다.

אִישׁ הַיָּשָׁר בְּעֵינָיו יַעֲשֶׂה 각 사람은 그의 눈들에 옳은 것을 행하였다.

이 문장은 주어가 되는 אִישׁ가 맨 앞으로 나와 강조가 되고 있다. אִישׁ는 '사람'으로 이런 경우는 한 사람이나 일반적인 사람을 말하는 것이 아니라 각각의 사람을 의미하는 것으로 번역하면 '각 사람'이다(예, 출 12:3). הַיָּשָׁר בְּעֵינָיו는 문장의 목적어로 הַיָּשָׁר는 형용사 יָשָׁר(옳은)에 정관사 הַ를 붙인 형태로 여기서는 형용사에 정관사를 붙여 명사적 용법으로 사용되어 '옳은 것'으로 번역된다. בְּעֵינָיו는 전치사 בְּ(~안에)+עֵינָיו로 עֵינָיו는 עַיִן(눈)의 쌍수형에 3인칭 남성 단수 대명사 접미를 붙인 형태로 번역하면 '그의 눈들에'이다. 여기서 그는 אִישׁ를 가리킨다. יַעֲשֶׂה는 문장의 동사로 עָשָׂה(만들다. 행하다)의 칼 미완료 3인칭 남성 단수형으로 직역하면 미완료형이기 때문에 '그는 행할 것이다'로 번역해야 한다. 하지만 문맥상 '그 때에'라는 과거의 시간을 나타내는 부사구를 가지고 있는 명백한 과거 문장이므로 과거의 시제로 해석하여야 한다. 그러므로 번역하면 '그는 행하였다' 이다. 이렇게 과거시제를 미완료형으로 사용하는 것은 습관적이고 반복적인 행동을 나타낼 때 사용된다.

▶ 이 절은 사사 시대의 상황을 한 마디로 요약한 것으로 눈에 보이는 왕도 없지만 그들의 실제적인 왕이신 하나님도 왕으로 섬기지 않았음을 나타내는 구문이다.

33. 룻기 1장 16절

וַתֹּאמֶר רוּת
אַל־תִּפְגְּעִי־בִי
לְעָזְבֵךְ לָשׁוּב מֵאַחֲרָיִךְ
כִּי אֶל־אֲשֶׁר תֵּלְכִי אֵלֵךְ
וּבַאֲשֶׁר תָּלִינִי אָלִין
עַמֵּךְ עַמִּי וֵאלֹהַיִךְ אֱלֹהָי

룻이 말하였다
당신은 나에게 부탁하지 마소서
　당신을 떠나라고 당신을 좇는 것에서 돌이키라고
왜냐하면 당신이 가는 곳으로 나도 갈 것이고
　당신이 머무는 곳에 나도 머물 것이고
　당신의 백성이 나의 백성이고 당신의 하나님이 나의 하나님이고

וַתֹּאמֶר רוּת 룻이 말하였다

이 구문은 룻의 직법화법을 이끄는 절로 **וַתֹּאמֶר**는 **תֹּאמֶר**의 **אָמַר**(말하다)의 바브 연속법 칼 미완료 3인칭 여성 단수형이며 주어는 **רוּת**(룻)이다. 그러므로 번역하면 '룻이 말하였다' 이다.

אַל־תִּפְגְּעִי־בִי 당신은 나에게 부탁하지 마소서

이 구문은 **אַל**(not)+미완료의 부정명령문 형태이지만 문맥상 룻이 나오미에게 말하는 것이기 때문에 명령보다는 청유형으로 해석하는 것이 더 적당하다. **תִּפְגְּעִי־בִי**에서 **תִּפְגְּעִי**는 **פָּגַע**(만나다, 부탁하다)의 칼 미완료 2인칭 여성 단수형으로 사람을 목적어로 가질 때 전치사 **בְּ**와 함께 사용된다. **בִי**는 전치사 **בְּ**에 1인칭 단수 대명사 접미를 붙인 것으로 번역하면 '당신은 나에게 부탁하지 마소서' 가 된다.

לְעָזְבֵךְ לָשׁוּב מֵאַחֲרָיִךְ 당신을 떠나라고 당신을 좇는 것에서 돌이키라고

이 구문은 앞 구절의 동사의 목적어에 해당하는 부분이며 두 개의 부정사 구문이 같은 의미를 나타내는 일종의 평행법이다. 평행법은 히브리 시의 주요 특징이지만 직접 화법에서도 종종 나타난다. לְעָזְבֵךְ는 לְ + עָזַב(떠나다)의 부정사 연계형에 2인칭 여성 단수 대명사 접미를 붙인 것으로 여기서 대명사 접미는 לְעָזֵב의 목적어로 기능한다. 번역하면 '당신을 떠나라는 것' 으로 부정사의 명사적 용법이다. לָשׁוּב도 마찬가지로 부정사의 명사적 용법이다. לָשׁוּב는 전치사 לְ+שׁוּב(돌이키다)의 부정사 연계형으로 번역하면 '돌이키는 것' 이다. 그리고 מֵאַחֲרָיִךְ는 לָשׁוּב를 따라오는 부사구로 전치사 מִן(~로부터)에 전치사 אַחַר에(~의 뒤에,~을 따라서) 2인칭 여성 대명사 접미를 붙인 형태로 번역하면 '당신의 뒤를 따르는 것에서' 이다.

כִּי אֶל־אֲשֶׁר תֵּלְכִי אֵלֵךְ 왜냐하면 당신이 가는 곳으로 나도 갈 것이고

이 구문은 כִּי로 시작하는 이유절로 '왜냐하면' 으로 번역한다. אֶל־אֲשֶׁר תֵּלְכִי는 관계대명사절로 선행사가 없이 명사처럼 기능하는데 여기서는 전치사 אֶל(~으로)과 결합하여 문장의 부사구로 기능한다. 그리고 תֵּלְכִי는 הָלַךְ(가다, 걷다)의 칼 미완료 2인칭 여성 단수형으로 관계대명사절을 번역하면 '당신이 가는 곳에' 이다. אֵלֵךְ는 הָלַךְ(가다, 걷다)의 칼 미완료 1인칭 단수형으로 번역하면 '나도 갈 것이다' 로 여기서는 단순 미래보다는 화자의 의지가 반영된 것으로 해석해야 한다.

וּבַאֲשֶׁר תָּלִינִי אָלִין 당신이 머무는 곳에 나도 머물 것이고

בַּאֲשֶׁר תָּלִינִי도 앞과 같은 선행사 없는 관계대명사절로 전치사 בְּ와 결합되어 부사구로 기능 한다. 여기서 전치사 בְּ(~안에)는 장소를 나타낸다. תָּלִינִי는 לוּן(머무르다)의 칼 미완료 2인칭 여성 단수형으로 번역하면 '당신이 머무르는 곳에' 이다. אָלִין는 לוּן(머무르다)의 칼 미완료 1인칭 단수형으로 번역하면 '나도 머무를 것이다' 도 여기서도 의지미래로 해석한다. 그리고 참고적으로 לוּן은 하룻밤을 지내는 정도로 잠시 머물 때 사용되는 단어이다.

עַמֵּךְ עַמִּי וֵאלֹהַיִךְ אֱלֹהָי

당신의 백성이 나의 백성이고 당신의 하나님이 나의 하나님이고

이 구문은 명사 구문이 두 개 연결되어 있다. עַמֵּךְ עַמִּי에서 עַמֵּךְ는 עַם(백성)의 2

인칭 여성 단수 대명사 접미를 붙인 것으로 번역하면 '당신의 백성이' 이고 עַמִּי는 עַם(백성)에 1인칭 단수 대명사 접미를 붙인 것으로 서술적으로 '나의 백성이다' 로 번역된다. 그리고 אֱלֹהַיִךְ는 אֱלֹהִים(하나님)의 연계형에 2인칭 여성 단수 대명사 접미를 붙인 것으로 '당신의 하나님' 이고 אֱלֹהָי는 אֱלֹהִים(하나님)의 연계형에 1인칭 단수 대명사 접미를 붙인 것으로 '나의 하나님이다' 로 번역된다.

▶ 이 절은 룻의 신앙고백이다. 그녀는 그녀의 어머니와 함께 가기위해 자신의 신과 백성을 버리고 이스라엘의 하나님과 이스라엘 백성을 선택함으로 그녀는 이제 더 이상 이방인이 아닌 하나님의 백성이 된 것이다.

34. 룻기 1장 17절

בַּאֲשֶׁר תָּמוּתִי אָמוּת וְשָׁם אֶקָּבֵר
כֹּה יַעֲשֶׂה יְהוָה לִי וְכֹה יֹסִיף
כִּי הַמָּוֶת יַפְרִיד בֵּינִי וּבֵינֵךְ

당신이 죽을 곳에 나도 죽을 것이고 그곳에 내가 묻힐 것이기 때문입니다
여호와께서 나에게 그렇게 하시고 그렇게 더하소서
만약에 죽음이 당신과 나의 사이를 갈라놓는 것이 아니라면

בַּאֲשֶׁר תָּמוּתִי אָמוּת וְשָׁם אֶקָּבֵר

당신이 죽을 곳에 나도 죽을 것이고 그곳에 내가 묻힐 것이기 때문입니다

이 구문은 16절의 כִּי 절에 계속 연결되고 있다. בַּאֲשֶׁר תָּמוּתִי는 선행사 없는 관계대명사절로 전치사 בְּ와 결합되어 부사구로 기능하며 전치사 בְּ(~안에)는 장소를 나타낸다. תָּמוּתִי는 מוּת(죽다)의 칼 미완료 2인칭 여성 단수형으로 관계대명사와 같이 번역하면 '당신이 죽을 곳에'로 번역된다. אָמוּת는 מוּת(죽다)의 칼 미완료 1인칭 단수형으로 '내가 죽을 것이다'로 번역된다.

וְשָׁם אֶקָּבֵר에서 וְ는 접속사이고 שָׁם은 장소를 나타내는 부사로 '그곳에'로 번역된다. 여기서는 나오미가 죽어 묻힐 장소를 강조하기 위해 사용되었다. אֶקָּבֵר는 קָבַר(묻다)의 니팔 미완료 1인칭 단수형으로 수동태로 번역되어 '내가 묻히다'이다.

כֹּה יַעֲשֶׂה יְהוָה לִי וְכֹה יֹסִיף 여호와께서 나에게 그렇게 하시고 그렇게 더하소서

이 구문 전체는 맹세 특히 저주의 맹세를 할 때 사용되는 전형적인 구문으로 항상 청유형으로 번역된다. כֹּה는 부사로 '그렇게'로 번역되며 יַעֲשֶׂה는 עָשָׂה(만들다, 다루다, 하다)의 칼 미완료 3인칭 남성 단수형이고 주어는 יְהוָה이다. עָשָׂה는 다양한 뜻이 있지만 이 구문에서는 '다루다(deal with)'의 개념으로 사용되었다. לִי는 목적어로 לְ 전치사에 1인칭 단수 대명사 접미를 붙인 형태로 여기서는 '나에게 혹은 나를'로 번역된다. 그래서 위 구문을 직역하면 '여호와께서 나를 그렇게 다루실 것이다'이지만 이 구문은 앞에

서 언급한 것처럼 청유형으로 번역하여야 하므로 '여호와께서 나를 그렇게 다루소서' 가 된다. 그리고 וְכֹה יֹסִיף에서 יֹסִיף는 יָסַף(더하다)의 히필 미완료 3인칭 남성 단수로 직역하면 '그가 더할 것이다' 이지만 역시 청유형이므로 '그리고 그렇게 더하소서' 로 번역된다. 여기서 כֹּה가 무엇을 의미하는지는 분명하지 않다. 하지만 이 구문이 나오는 문맥을 보면 저주나 맹세의 말에서 나오기 때문에 하나님께서 다루시는 것이 부정적인 것으로 여겨진다. 그래서 우리말 번역은 כֹּה를 '벌' 이라고 의역을 하였다. 하지만 대부분의 영어 번역은 모호성을 그대로 살려 'do to me, deal with me'로 번역하였다.

כִּי הַמָּוֶת יַפְרִיד בֵּינִי וּבֵינֵךְ 만약에 죽음이 나와 당신 사이를 갈라놓는 것이 아니라면

이 구절은 앞의 כֹּה יַעֲשֶׂה ... וְכֹה יֹסִיף와 숙어적으로 연결되어 כִּי가 '만약에 ~하지 않는다면' 으로 해석된다. 그리고 כֹּה יַעֲשֶׂה ... וְכֹה יֹסִיף와 다음에 אִם이 오면 '만약에 ~한다면' 으로 해석된다. הַמָּוֶת는 명사로 '죽음' 이며 문장의 주어가 되며 문장의 맨 앞으로 나와 강조가 되었다. יַפְרִיד는 פָּרַד(나누다, 가르다)의 히필 미완료 3인칭 남성 단수형으로 בֵּין과 같이 사용되어 '~와 ~사이를 갈라놓다' 로 번역된다. בֵּינִי וּבֵינֵךְ는 בֵּין에 각각 1인칭 단수 대명사 접미와 2인칭 여성 대명사 접미를 붙인 형태로 '나와 당신 사이' 로 번역된다.

▶ 이 절은 룻의 신앙고백으로 그녀는 시어머니에 대한 헤세드를 보여주기 위해 이스라엘의 하나님을 자신의 하나님으로 선택하여 하나님의 백성으로 들어오게 되었다. 결국 이런 룻의 헤세드가 사사시대를 지나 새로운 시대를 여는 출발점이 되었다.

35. 삼상 2장 26절

וְהַנַּעַר שְׁמוּאֵל הֹלֵךְ וְגָדֵל
וָטוֹב גַּם עִם־יְהוָה וְגַם עִם־אֲנָשִׁים

그리고 아이 사무엘이 점점 자라고 있다
그리고 그는 여호와와 또한 사람들에게 기쁨이 되었다

וְהַנַּעַר שְׁמוּאֵל הֹלֵךְ וְגָדֵל 아이 사무엘이 점점 자라고 있다

이 구문은 분사구문으로 현재의 시제와 상황을 말하고 있다. וְהַנַּעַר שְׁמוּאֵל은 문장의 주어로 נַעַר는 '아이, 젊은이' 이고 שְׁמוּאֵל은 '사무엘' 이며 동사 보다 앞으로 나와 어린 사무엘을 강조하고 있다. הֹלֵךְ는 הָלַךְ(가다)의 칼 분사 남성 단수형으로 이 동사는 부정사 절대형이나 분사형 뒤에 접속사 וְ+동사가 오면 '점점 ~하다' 라는 의미로 사용된다. גָדֵל은 גָּדֵל(자라다, 커가다)의 칼 분사 남성 단수형이며 시제는 현재의 상황을 나타내므로 '자라나고 있다' 의 의미이다. 그러므로 הֹלֵךְ וְגָדֵל를 해석하면 '점점 자라고 있다' 이다.

וָטוֹב גַּם עִם־יְהוָה וְגַם עִם־אֲנָשִׁים

그리고 그는 여호와와 또한 사람들에게 기쁨이 되었다

이 문장은 단순하지만 한글해석과 히브리 본문 사이에는 약간의 차이가 있다. טוֹב는 동사로 טוֹב(즐겁다, 기쁘다, 선하다)의 칼 완료 3인칭 남성 단수형으로 직역하면 '그가 즐겁다. 그가 기뻤다' 이다. 하지만 עִם과 함께 쓰이는 경우에는 '~에게 선하다, 기쁨이 되다' 라는 의미로 해석된다. עִם은 기본적으로 '~와 함께' 라는 의미를 갖는다. 하지만 평가의 관점이 들어가는 동사(טוֹב, נִכְבַּד, צָדַק)와 함께 사용될 경우에는 '~에게' 라고 해석되기 때문이다. 그러므로 עִם־יְהוָה와 עִם־אֲנָשִׁים는 동사의 목적어로서 '여호와께' 와 '사람들에게' 로 각각 해석해야 한다. גַּם은 '또한' 의 의미를 가진 부사이다.

▶ 이 절은 하나님과 사람들에게 근심거리가 되는 엘리의 아들들과 대조적으로 사무엘은 자랄수록 하나님과 사람을 기쁘게 하는 인물로 자라고 있음을 보여주는 본문 중 핵심이 되는 구절이다.

36. 사무엘상 8장 7절

וַיֹּאמֶר יְהוָה אֶל־שְׁמוּאֵל
שְׁמַע בְּקוֹל הָעָם
לְכֹל אֲשֶׁר־יֹאמְרוּ אֵלֶיךָ
כִּי לֹא אֹתְךָ מָאָסוּ
כִּי־אֹתִי מָאֲסוּ מִמְּלֹךְ עֲלֵיהֶם

그리고 여호와께서 사무엘에게 말씀하셨다
그 백성의 소리를 들어주어라
너에게 말하는 모든 것을
왜냐하면 그들이 너를 거절하는 것이 아니다.
왜냐하면 그들은 내가 그들 위에 왕이 되는 것을 거절한 것이다

וַיֹּאמֶר יְהוָה אֶל־שְׁמוּאֵל 그리고 여호와께서 사무엘에게 말씀하셨다

이 구문은 직접 화법을 이끄는 절로 וַיֹּאמֶר는 אָמַר(말하다)의 바브연속법 칼 미완료 3인칭 남성 단수형이며 완료형으로 번역하여 '그리고 그가 말했다' 이다. יְהוָה는 주어이다. אֶל־שְׁמוּאֵל은 전치사 אֶל(~에게) + שְׁמוּאֵל(사무엘)로 번역하면 '사무엘에게' 이다.

שְׁמַע בְּקוֹל הָעָם 그 백성의 소리를 들어주어라

이 구문은 명령문으로 שְׁמַע는 שָׁמַע(듣다)의 칼 명령 남성 단수형으로 직역하면 '너는 들어라' 이다. בְּקוֹל הָעָם은 문장의 목적어로 בְּקוֹל은 전치사 בְּ+קוֹל(목소리)의 연계형이고 עָם(백성)은 절대형으로 두 단어는 복합 명사로 '그 백성의 소리' 로 번역된다. 그런데 이 문장에서 שָׁמַע בְּקוֹל은 숙어로 '순종하다' 라는 의미를 갖는다. 그러나 여기서 백성보다는 사무엘이 좀 더 윗사람이기 때문에 '순종하라' 라는 번역보다는 '들어주어라' 라는 말이 더 적당한 우리말 번역으로 생각된다.

לְכֹל אֲשֶׁר־יֹאמְרוּ אֵלֶיךָ 너에게 말하는 모든 것을

이 문장은 주절의 목적어에 해당하는 구문으로 לְכֹל이 목적어이고 אֲשֶׁר 이하는 앞의

לְכֹל을 꾸며준다. לְכֹל은 전치사 לְ+כֹּל(모든)으로 여기서 לְ는 שָׁמַע와 숙어적으로 사용되어 '~을 듣다'이다. 그러므로 לְכֹל은 '모든 것을'로 번역하면 된다. אֲשֶׁר는 관계대명사이고 יֹאמְרוּ는 אָמַר(말하다)의 칼 미완료 3인칭 남성 복수형으로 여기서는 미완료형이 미래보다는 현재 벌어지고 있는 사건을 말하고 있기 때문에 현재로 번역하여 '그들이 말하다'이다. אֵלֶיךָ은 전치사 אֶל(~에게)에 2인칭 남성 단수 대명사 접미를 붙인 형태로 번역하면 '너에게'이다.

כִּי לֹא אֹתְךָ מָאָסוּ 왜냐하면 그들이 너를 거절한 것이 아니다.

이 구문은 왜 사무엘이 백성들의 말을 들어주어야 하는지 그 이유를 설명하는 것으로 여기서 כִּי는 '왜냐하면'으로 번역된다. לֹא는 부정문이기 때문에 가장 먼저 나왔고 אֹתְךָ는 목적어를 나타내는 불변화사 אֵת에 2인칭 남성 단수 대명사 접미를 붙인 형태로 번역하면 '너를'이다. 그리고 동사보다 먼저 목적어를 사용하여 목적어를 강조하고 있다. 즉, 너 사무엘을 거절하는 것이 아니라는 것을 강조하는 것이다. מָאָסוּ는 מָאַס(거절하다)의 칼 완료 3인칭 남성 복수형으로 '그들이 거절하였다'로 번역된다.

כִּי־אֹתִי מָאֲסוּ מִמְּלֹךְ עֲלֵיהֶם

왜냐하면 그들은 내가 그들 위에 왕이 되는 것을 거절한 것이다.

이 구문도 이유절로 사무엘을 거절한 것이 아니라는 이유를 설명하고 있기 때문이다. 그리고 이 구문은 영어로 따지면 5형식에 해당하는 문장으로 אֹתִי는 목적어를 나타내는 불변화사 אֵת에 1인칭 남성 단수 대명사 접미를 붙인 형태로 문장에서 목적어이지만 뒤에 오는 분사 구문의 주어가 된다. 그러므로 문장에서는 목적어이지만 '내가'라고 번역된다.

מִמְּלֹךְ עֲלֵיהֶם에서 מִמְּלֹךְ은 전치사 מִן+מְלֹךְ로 מְלֹךְ은 מָלַךְ(다스리다)의 칼 부정사 연계형이고 전치사 עַל과 같이 사용되어 숙어적으로 '~위에 왕이 되는 것을'로 번역된다. עֲלֵיהֶם은 전치사 עַל(~위에)에 3인칭 남성 복수 대명사 접미를 붙인 형태로 '그들 위에'로 번역된다.

▶ 이 절은 하나님께서 사무엘에게 백성들이 원하는 왕을 세우는 것을 허락하라는 구문으로 하나님은 백성들이 왕이 요구하는 것을 하나님의 왕되심을 거절한 것으로 해석하셨다.

37. 사무엘상 12장 23절

גַּם אָנֹכִי חָלִילָה לִּי מֵחֲטֹא לַיהוָה
מֵחֲדֹל לְהִתְפַּלֵּל בַּעַדְכֶם
וְהוֹרֵיתִי אֶתְכֶם בְּדֶרֶךְ הַטּוֹבָה וְהַיְשָׁרָה

또한 내가 여호와께 죄를 지을 생각이 전혀 없다.
너희들을 위하여 기도하는 것을 멈추는
그리고 나는 너희들에게 선하고 올바른 길을 가르칠 것이다.

גַּם אָנֹכִי חָלִילָה לִּי מֵחֲטֹא לַיהוָה 또한 내가 여호와께 죄를 지을 생각이 전혀 없다.

이 구문은 독특한 명사 문장으로 부정문이다. **גַּם**은 '또한' 으로 뒤에 나오는 **אָנֹכִי**를 강조하기 위해 사용되었다. 그리고 주어인 **אָנֹכִי**(나)도 뒤에 **לִּי**가 나오기 때문에 안 써도 무방하지만 강조를 위해 사용된 것이다. **חָלִילָה לִּי**는 숙어적으로 사용되는 구로 **חָלִילָה**는 **חָלִיל**에 방향을 나타내는 접미 **ָה**를 붙인 것이며 전치사 **לְ**와 함께 사용되어 '...는 ~할 생각이 전혀 없다' 의 뜻을 나타낸다. 그리고 **לִּי**는 전치사 **לְ**에 1인칭 단수 대명사 접미를 붙인 것으로 여기서는 주어의 역할을 한다. 그러므로 이 구문은 '나는 ~할 생각이 전혀 없다' 이다.

מֵחֲטֹא는 **חָטָא**(범죄하다)의 칼 부정사 연계형에 전치사 **מִן**을 붙인 형태로 여기서 **מִן**은 해석되지 않고 동명사처럼 행동한다. **לַיהוָה**는 전치사 **לְ** + **יְהוָה**(여호와)로 '여호와께' 이다.

מֵחֲדֹל לְהִתְפַּלֵּל בַּעַדְכֶם 너희들을 위하여 기도하는 것을 멈추는

이 구문은 앞의 **מֵחֲטֹא**를 꾸며주는 구로 구체적으로 어떤 죄인지를 설명하고 있다. **מֵחֲדֹל**은 **חָדַל**(멈추다)의 칼 부정사 연계형에 전치사 **מִן**을 붙인 형태로 여기서도 **מִן**은 해석되지 않고 동명사적 기능을 한다. 하지만 이런 **מִן**의 용법은 매우 드문 경우이다. 동사 **חָדַל**은 전치사 **לְ**와 함께 사용하여 '~하는 것을 멈추다' 로 번역되는데 여기서는 부정사이므로 '멈추는 것' 으로 번역된다.

הִתְפַּלֵּל은 **פָּלַל**(기도하다)의 히트파엘 부정사 연계형으로 이 단어는 주로 히트파엘

형으로 사용된다. 그러므로 לְהִתְפַּלֵּל를 번역하면 '기도하는 것' 이 되며 מֵחֲדֹל의 목적어로 부정사 연계형의 명사적 용법에 해당된다. בַּעַדְכֶם은 전치사 בַּעַד(~로부터 떨어진, ~뒤에, ~을 위하여)에 2인칭 남성 복수 대명사 접미를 붙인 형태로 여기서는 '너희들을 위하여' 라는 의미로 해석된다.

וְהוֹרֵיתִי אֶתְכֶם בְּדֶרֶךְ הַטּוֹבָה וְהַיְשָׁרָה

그리고 나는 너희들에게 선하고 올바른 길을 가르칠 것이다.

이 구문은 동사 문장으로 וְהוֹרֵיתִי는 바브연속법이며 הוֹרֵיתִי는 יָרָה(던지다)의 히필 완료 1인칭 단수형으로 히필의 경우는 '가르치다' 라는 의미로 해석된다. 그러므로 번역하면 '그리고 나는 가르칠 것이다' 로 해석된다. אֶתְכֶם은 목적격 불변화사 אֵת에 2인칭 남성 단수 대명사접미를 붙인 형태로 '너희들을' 로 번역되며 문장에서 간접 목적어의 역할을 한다.

בְּדֶרֶךְ הַטּוֹבָה וְהַיְשָׁרָה는 문장의 직접 목적어에 해당하는 부분으로 בְּדֶרֶךְ는 전치사 בְּ+דֶּרֶךְ(길, 방법)로 전치사 בְּ는 동사 יָרָה가 히필 형태의 '가르치다' 라는 의미로 해석될 때 숙어적으로 사용되는 것이다. 그러므로 동사와 붙여서 해석하면 '길을 가르치다' 로 된다. הַטּוֹבָה וְהַיְשָׁרָה는 앞의 בְּדֶרֶךְ를 꾸며주는 형용사들[14]로 여기서 형용사들은 관사를 가지고 있기 때문에 앞의 명사와 관사의 일치를 보여주지 않지만 여기서는 예외적으로 관사가 일치하지 않는 수식적 용법으로 사용되었다. 이런 경우는 드문 경우로 숫자나 건축물(궁전, 문, 입구, 길)등을 수식할 때 나타난다.[15] טוֹבָה와 יְשָׁרָה는 형용사 טוֹב(선한)와 יָשָׁר(올바른)의 여성 단수형으로 דֶּרֶךְ가 여성 단수로 사용되었기 때문에 성과 수를 일치 시킨 것이다. דֶּרֶךְ의 경우 남성과 여성형이 모두 사용된다. 그러므로 דֶּרֶךְ הַטּוֹבָה וְהַיְשָׁרָה를 번역하면 '선하고 올바른 길' 이다.

▶ 이 절은 사무엘의 고별 설교의 일부로 그는 다스리는 직무는 물러나지만 여전히 이스라엘을 위해 중보기도 하겠다는 그의 이스라엘에 대한 사랑과 선지자로서의 사명감을 잘 나타내는 곳이다.

---

14) 참고적으로 Bible Works BDB 사전에서 טוֹבָה는 여성 명사로 분류 하였다. 둘은 형태가 같기 때문인데 여기서는 형용사로 보아야 한다.

15) Waltke&O'Connor, *An Introduction to Biblical Hebrew Syntax*, 260.

38. 사무엘상 15장 22절

וַיֹּאמֶר שְׁמוּאֵל
הַחֵפֶץ לַיהוָה בְּעֹלוֹת וּזְבָחִים כִּשְׁמֹעַ בְּקוֹל יְהוָה
הִנֵּה שְׁמֹעַ מִזֶּבַח טוֹב לְהַקְשִׁיב מֵחֵלֶב אֵילִים

사무엘이 말하였다.
번제들과 제사들이 여호와의 음성을 듣는 것같이 여호와께 기쁨이
되겠느냐
보라! 듣는 것이 제사보다 좋고 주의하는 것이 수양의 기름보다 좋다.

וַיֹּאמֶר שְׁמוּאֵל 사무엘이 말하였다.

이 구문은 직접화법을 이끄는 전형적인 구문으로 וַיֹּאמֶר에서 וַ는 바브연속법이고 יֹּאמֶר는 אָמַר(말하다))의 칼 미완료 3인칭 남성 단수형이다. 그러므로 번역하면 '그는 말하였다' 이고 שְׁמוּאֵל(사무엘)이 주어이다.

הַחֵפֶץ לַיהוָה בְּעֹלוֹת וּזְבָחִים כִּשְׁמֹעַ בְּקוֹל יְהוָה 번제들과 제사들이 여호와의 음성을 듣는 것 같이 여호와께 기쁨이 되겠습니까

이 구문은 동사가 없는 명사 문장인 의문문이다. הַחֵפֶץ에서 הַ는 의문사이고 חֵפֶץ는 남성 명사로 '기쁨' 으로 번역하면 '기쁨이 되겠느냐?'이다. לַיהוָה는 기쁨의 대상으로 לְ는 '~에게'의 의미로 '여호와께' 이다. בְּעֹלוֹת וּזְבָחִים에서 전치사 בְּ는 '~로' 의 의미로 עֹלוֹת과 זְבָחִים에 모두 걸린다. 이렇게 전치사가 두 개의 목적어를 가진 경우가 있다. עֹלוֹת는 여성 명사 עֹלָה(번제)의 복수형으로 '번제들' 이고 זְבָחִים은 남성 명사 זֶבַח(제사)의 복수형으로 '제사들' 이다. 직역하면 '번제들과 제사들로' 이지만 한글 문맥에서는 '번제들과 제사들이' 로 번역하는 것이 더 적당하다.

כִּשְׁמֹעַ בְּקוֹל יְהוָה는 비교의 의미를 가진 부사구로 כִּשְׁמֹעַ는 전치사 כִּ(~같이)+ שְׁמֹעַ로 שְׁמֹעַ는 שָׁמַע(듣다)의 칼 부정사 연계형으로 번역하면 '듣는 것같이' 이다. בְּקוֹל יְהוָה은 부정사 שְׁמֹעַ의 목적어로 בְּקוֹל에서 전치사 בְּ는 שָׁמַע와 숙어적으로 사용되어 목적어를 이끄는 역할을 한다. קוֹל은 명사의 남성 단수연계형으로

יְהוָה(여호와)와 함께 번역하면 '여호와의 음성' 이다.

הִנֵּה שְׁמֹעַ מִזֶּבַח טוֹב לְהַקְשִׁיב מֵחֵלֶב אֵילִים

보라! 듣는 것이 제사보다 좋고 주의하는 것이 수양의 기름보다 좋다.

이 구문은 הִנֵּה로 시작되는데 הִנֵּה는 주의 환기 혹은 강조를 하는 기능을 하며 이런 경우 일반적으로 '보라!' 로 해석한다. 이 구문도 앞과 같은 명사문장으로 טוֹב가 형용사의 서술적 용법으로 사용되어 '좋다' 로 번역된다. 그리고 또한 טוֹב는 문장의 가운데 위치하여 앞의 구절 שְׁמֹעַ מִזֶּבַח와 뒤의 구절 לְהַקְשִׁיב מֵחֵלֶב אֵילִים 모두에서 걸린다. 이것을 '이중적 기능(double duty)'라고 한다.

שְׁמֹעַ는 שָׁמַע(듣다)의 칼 부정사 연계형으로 여기서는 부정사가 독립적 용법으로 주어의 역할을 하며 번역하면 '듣는 것' 이다. מִזֶּבַח는 전치사 מִן + זֶבַח(제사)로 여기서 מִן은 비교를 나타내는 기능을 한다. 그러므로 번역하면 '제사보다' 이다. לְהַקְשִׁיב는 전치사 לְ + הַקְשִׁיב로 는 부정사 연계형 앞에 일반적으로 붙는 전치사로 번역하지 않는다. 그리고 הַקְשִׁיב는 קָשַׁב(주의하다, 관심을 갖다)의 히필 부정사 연계형으로 여기서도 앞의 שְׁמֹעַ와 마찬가지로 독립적 용법으로 주어의 역할을 하며 번역하면 '주의하는 것' 이다. מֵחֵלֶב אֵילִים에서 전치사 מִן은 비교를 나타내는 기능을 하며 חֵלֶב אֵילִים은 복합 명사로 חֵלֶב(기름)의 남성 단수 연계형이고 אֵילִים은 אַיִל(수양)의 남성 복수 절대형으로 번역하면 '수양의 기름보다' 이다.

▶ 이 절은 사울의 불순종의 변명에 대한 하나님의 대답으로 하나님께서는 물질이나 형식보다 하나님의 말씀을 온전히 순전한 마음으로 지키는 것을 기뻐하신다는 것을 천명한 것이다.

39. 사무엘상 17장 47절

וְיֵדְעוּ כָּל־הַקָּהָל הַזֶּה
כִּי־לֹא בְּחֶרֶב וּבַחֲנִית יְהוֹשִׁיעַ יְהוָה
כִּי לַיהוָה הַמִּלְחָמָה
וְנָתַן אֶתְכֶם בְּיָדֵנוּ

그리고 이 모든 회중이 알 것이다.
　칼과 창으로 여호와는 구원하시지 않는 것을
왜냐하면 전쟁은 여호와께 있고
　그가 너희들을 우리 손에 주셨기 때문이다.

וְיֵדְעוּ כָּל־הַקָּהָל הַזֶּה 그리고 이 모든 회중이 알 것이다.

이 문장은 주어와 동사로 되어 있고 כִּי 이하의 문장이 목적어가 된다. וְיֵדְעוּ 에서 וְ는 단순 접속사로 '그리고' 로 해석되고 יֵדְעוּ는 יָדַע(알다)의 칼 미완료 3인칭 남성 복수로 '그들은 알 것이다' 로 번역된다. כָּל־הַקָּהָל הַזֶּה은 문장의 주어로 כָּל은 '모든' 으로 הַקָּהָל(회중)을 꾸며준다. הַזֶּה(이것)는 지시 형용사로 הַקָּהָל(회중)을 수식한다. 수식적 용법이므로 수와 관사를 일치 시키고 있다.

כִּי־לֹא בְּחֶרֶב וּבַחֲנִית יְהוֹשִׁיעַ יְהוָה 칼과 창으로 여호와는 구원하시지 않는 것을

이 구문은 위 구문의 목적어에 해당하는 절로 כִּי는 '~하는 것' 으로 해석된다. לֹא는 문장 전체를 부정하는 부정사이다. בְּחֶרֶב וּבַחֲנִית는 동사보다 앞으로 나와 강조를 하고 있다. בְּחֶרֶב은 전치사 בְּ(~로)+חֶרֶב(칼)이고 בַּחֲנִית은 전치사 בְּ(~로)+חֲנִית(창)으로 번역하면 '칼과 창으로' 이다. 즉, '칼과 창으로' 를 강조하고 있다. יְהוֹשִׁיעַ는 יָשַׁע(구원하다)의 히필 미완료 3인칭 남성 단수형으로 '그는 구원할 것이다' 로 번역된다. 그리고 יְהוָה(여호와)는 주어이다.

כִּי לַיהוָה הַמִּלְחָמָה 왜냐하면 전쟁은 여호와께 있고

이 구문은 이유를 설명하는 절로 여기서 כִּי는 '왜냐하면' 으로 번역된다. 그리고 이 절은 동사가 없는 명사 구문이며 לַיהוָה는 '여호와께'로 전치사 לְ가 '~에게'로 사용되었다. הַמִּלְחָמָה는 주어로 여성 단수형 명사로 '전쟁'을 뜻하며 הַ는 정관사이다.

וְנָתַן אֶתְכֶם בְּיָדֵנוּ 그가 너희들을 우리 손에 주실 것이기 때문이다

וְנָתַן에서 וְ는 바브연속법이고 נָתַן은 칼 완료 3인칭 남성 단수형이므로 번역하면 '그가 주실 것이다'이다. אֶתְכֶם은 목적격 불변사 אֵת에 2인칭 남성 복수 대명사 접미가 붙은 형태로 번역하면 '너희들을'이다. בְּיָדֵנוּ는 전치사 בְּ(~안에)+יָדֵנוּ로 יָדֵנוּ는 יָד(손)에 1인칭 복수 대명사 접미가 붙은 형태로 같이 번역하면 '우리의 손 안에'이다.

▶ 이 절은 다윗이 전혀 이길수 없는 골리앗에게 맞서면서 전쟁의 승패가 오직 하나님에게 있다고 고백하는 것이다. 이런 다윗의 모습은 온전히 하나님을 신뢰하는 것으로 세상의 온갖 불합리한 것들과 싸워야 하는 우리들이 가져야할 신앙의 모범이다.

40. 사무엘하 7장 13절

הוּא יִבְנֶה־בַּיִת לִשְׁמִי
וְכֹנַנְתִּי אֶת־כִּסֵּא מַמְלַכְתּוֹ עַד־עוֹלָם

그는 나의 이름을 위해 집을 지을 것이다.
그리고 나는 그의 왕국의 왕좌를 영원히 세울 것이다.

הוּא יִבְנֶה־בַּיִת לִשְׁמִי 그는 나의 이름을 위해 집을 지을 것이다.

이 문장은 주어 **הוּא**(그는)가 앞으로 나와 강조가 된 문장이다. **יִבְנֶה־בַּיִת**에서 **יִבְנֶה**는 **בָּנָה**(건축하다)의 칼 미완료 3인칭 남성 단수형이고 **בַּיִת**(집)은 남성 단수 명사로 목적어의 기능을 한다. 그러므로 번역하면 '그가 집을 지을 것이다' 이다. **לִשְׁמִי**은 부사구로 전치사 **לְ**(~를 위해)+**שְׁמִי**로 **שְׁמִי**는 명사 **שֵׁם**(이름)의 남성 단수형에 1인칭 단수 대명사 접미를 붙인 형태로 번역하면 '나의 이름을 위해' 이다.

וְכֹנַנְתִּי אֶת־כִּסֵּא מַמְלַכְתּוֹ עַד־עוֹלָם

그리고 나는 그의 왕국의 왕좌를 영원히 세울 것이다.

וְכֹנַנְתִּי에서 **וְ**는 바브연속법이고 **כֹנַנְתִּי**는 **כּוּן**(세우다)의 폴렐 완료 1인칭 남성 단수형으로 번역하면 '그리고 나는 세울 것이다' 이다. **אֶת־כִּסֵּא מַמְלַכְתּוֹ**는 문장의 목적어로 **אֶת**는 목적격을 나타내는 불변사이고 **כִּסֵּא מַמְלַכְתּוֹ**는 복합명사로 **כִּסֵּא**(왕좌, 보좌)는 연계형이고 **מַמְלַכְתּוֹ**는 여성 단수 명사 **מַמְלָכָה**(왕국)의 절대형에 3인칭 남성 단수 대명사 접미를 붙인 것으로 번역하면 '그의 왕국의 왕좌를' 이 된다.

עַד־עוֹלָם은 부사구로 **עַד**는 전치사 '~까지' 이고 **עוֹלָם**은 '영원, 오랜 시간' 이란 뜻으로 이 구는 숙어적으로 '영원히' 로 번역된다.

▶ 이 절은 하나님께서 다윗과 세우신 언약으로 하나님께서 다윗 가문의 왕좌를 영원히 보존해 주시겠다는 약속이다. 내가 하나님을 위해 무엇을 하는 것이 아니라 항상 하나님께서 우리를 위하시는 것이다.

41. 사무엘하 7장 14절

אֲנִי אֶהְיֶה־לּוֹ לְאָב
וְהוּא יִהְיֶה־לִּי לְבֵן
אֲשֶׁר בְּהַעֲוֺתוֹ וְהֹכַחְתִּיו
בְּשֵׁבֶט אֲנָשִׁים וּבְנִגְעֵי בְּנֵי אָדָם

나는 그에게 아버지가 될 것이다
그리고 그는 나에게 아들이 될 것이다.
그가 죄를 지었을 때 심판할 것이다.
사람들의 막대기와 사람의 아들의 채찍으로

אֲנִי אֶהְיֶה־לּוֹ לְאָב 나는 그에게 아버지가 될 것이다

이 구문은 주어인 אֲנִי(나는)가 앞으로 나와 강조가 되었다. אֶהְיֶה־לּוֹ에서 אֶהְיֶה는 הָיָה(이다)의 칼 미완료 1인칭 단수형이고 לּוֹ는 전치사 לְ(~에게)에 3인칭 남성 단수 대명사 접미가 붙은 형태로 번역하면 '나는 그에게 ~이 될 것이다' 이다. לְאָב는 전치사 לְ+אָב(아버지)로 여기서 לְ는 הָיָה와 함께 결합하면 '~이 되다' 로 번역된다. 그러므로 אֶהְיֶה־לּוֹ לְאָב는 '나는 그에게 아버지가 될 것이다' 로 번역된다.

וְהוּא יִהְיֶה־לִּי לְבֵן 그리고 그는 나에게 아들이 될 것이다.

이 구문은 위와 동일한 형식으로 וְ는 접속사로 '그리고' 이고 הוּא(그는)는 주어로 앞에 나와 강조가 되었다. יִהְיֶה־לִּי에서 יִהְיֶה는 הָיָה의 칼 미완료 3인칭 남성 단수형이고 לִּי는 전치사 לְ(~에게)에 1인칭 단수 대명사 접미가 붙은 형태로 번역하면 '그는 나에게 ~이 될 것이다' 이다. 그리고 לְבֵן은 전치사 לְ+בֵן(아들)로 יִהְיֶה־לִּי לְבֵן은 '그는 나에게 아들이 될 것이다' 이다.

אֲשֶׁר בְּהַעֲוֺתוֹ וְהֹכַחְתִּיו 그가 죄를 지었을 때 심판할 것이다.

이 구문은 אֲשֶׁר가 관계대명사의 계속적 용법으로 사용되었으며 다음에 나오는 전치사 בְּ와 함께 연결되어 '~할 때' 로 번역된다. בְּהַעֲוֺתוֹ는 전치사 בְּ(~할 때)+הַעֲוֺתוֹ로

הַעֲוֺתוֹ는 עָוָה(죄를 짓다)의 히필 부정사 연계형에 3인칭 남성 단수 대명사 접미를 붙인 것이다. 그리고 여기서 대명사 접미는 주어로 사용되었다. 그러므로 번역하면 '그가 범죄할 때' 이다. 그리고 וְהֹכַחְתִּיו는 יָכַח(재판하다, 증명하다)의 바브연속법 히필 완료 1인칭 단수형에 3인칭 남성 단수 대명사 접미를 붙인 것으로 번역하면 '그리고 내가 그를 심판할 것이다' 이다.

בְּשֵׁבֶט אֲנָשִׁים וּבְנִגְעֵי בְּנֵי אָדָם 사람들의 막대기와 사람의 아들들의 채찍으로

이 구문은 앞의 절과 연결되어 징계의 수단을 나타내는 부사구이다. בְּשֵׁבֶט אֲנָשִׁים에서 전치사 בְּ(~로)는 수단을 나타내며 שֵׁבֶט אֲנָשִׁים에서 שֵׁבֶט(막대기)는 남성 단수 연계형이고 אֲנָשִׁים는 אִישׁ(사람)의 남성 복수 절대형으로 בְּשֵׁבֶט אֲנָשִׁים를 번역하면 '사람들의 막대기로' 이다. וּבְנִגְעֵי בְּנֵי אָדָם에서 וּ는 접속사이고 전치사 בְּ(~로)는 앞과 같은 기능이며 נִגְעֵי는 נֶגַע(치기, 재앙)의 남성 복수 연계형이고 בְּנֵי는 בֵּן(아들)의 남성 복수 연계형이고 אָדָם(사람)은 절대형으로 וּבְנִגְעֵי בְּנֵי אָדָם를 번역하면 '사람의 아들들의 채찍들로' 이다. 이렇게 연계형은 여러개 연결되어 사용될 수 있다.[16] 그리고 여기서 נֶגַע(치기, 재앙)를 '채찍' 으로 번역한 것은 '치기(stroke)' 를 의역한 개역의 번역을 따랐다.

▶ 이 절은 하나님과 다윗의 언약 중 조건적인 부분을 언급한 것으로 아무리 사랑하는 아들일지라도 잘못할 경우에는 징계를 하시겠다는 말씀으로 하나님의 공의적인 성품을 잘 드러내는 말씀이다.

16) Williams, § 28b.

42. 사무엘하 22장 51절

מַגְדִּיל יְשׁוּעוֹת מַלְכּוֹ
וְעֹשֶׂה־חֶסֶד לִמְשִׁיחוֹ
לְדָוִד וּלְזַרְעוֹ עַד־עוֹלָם

그는 그의 왕의 구원을 크게 하신다.
그리고 인애를 베푸신다. 그의 기름 부음을 받은 자에게
다윗과 그의 자손에게 영원히

מַגְדִּיל יְשׁוּעוֹת מַלְכּוֹ 그는 그의 왕의 구원을 크게 하신다.

이 구문은 **מַגְדִּיל**이 해석이 어렵다. 맛소라 본문에는 **מַגְדִּיל**로 쓰여져 있지만 난외주에는 **מִגְדּוֹל**로 읽어야 한다고 표시하였다. 이렇게 본문에 쓰여진 것을 케티브라고 하고 난외주에 읽으라고 표시한 것이 케레이다. 여기서 케티브인 **מַגְדִּיל**은 **גָּדַל**(크게 되다)의 히필 분사 남성 단수 절대형으로 번역하면 '그가 ~을 크게 만들다' 이다. 그리고 케레인 **מִגְדּוֹל**은 남성 단수 연계형으로 '망대' 로 번역된다. 일반적으로 해석은 케티브가 아닌 케레를 따른다. KJV, NASB는 케레의 경우를 따라 'tower'로 번역하지만 LXX와 NIV와 대부분의 한글 번역은 케티브를 따라 ' 크게 만들다 '로 번역을 한다. 문맥적으로도 주어 동사가 없는 형태인 케레보다 동사가 분명히 드러나는 케티브가 더 적당해 보인다. 그러므로 여기서도 케티브를 따라 번역하였다. 그리고 형태가 칼 분사형이므로 현재 시제로 번역하였다. **יְשׁוּעוֹת מַלְכּוֹ**에서 **יְשׁוּעוֹת**는 **יְשׁוּעָה**(구원)의 여성 복수 연계형이고 **מַלְכּוֹ**는 **מֶלֶךְ**(왕)인 남성 단수 절대형에 3인칭 남성 단수 대명사 접미를 붙인 것으로 번역하면 ' 그의 왕의 구원 '이다.

וְעֹשֶׂה־חֶסֶד לִמְשִׁיחוֹ 그리고 인애를 베푸신다. 그의 기름 부음을 받은 자에게

וְעֹשֶׂה־חֶסֶד에서 **וְ**는 전치사이고 **עֹשֶׂה**는 **עָשָׂה**(행하다, 만들다)의 칼 분사 남성 단수 절대형으로 **חֶסֶד**(인애)와 함께 '인애를 베풀다' 로 번역한다. **לִמְשִׁיחוֹ**는 전치사 **לְ**(~에게) + **מְשִׁיחוֹ**로 **מְשִׁיחוֹ**는 명사 **מָשִׁיחַ**(기름부음 받은 자)에 3인칭 남성 단수 대명사 접미를 붙인 형태로 '그의 기름 부음을 받은 자에게' 이다.

לְדָוִד וּלְזַרְעוֹ עַד־עוֹלָם 다윗과 그의 자손에게 영원히

לְדָוִד은 전치사 **לְ**+**דָוִד**(다윗)으로 번역하면 '다윗에게' 이다. **וּלְזַרְעוֹ**는 접속사 **וּ**+전치사 **לְ**+**זַרְעוֹ**로 **זַרְעוֹ**는 **זֶרַע**(후손)에 3인칭 남성 단수 대명사 접미를 붙인 것으로 번역하면 '그리고 그의 자손에게' 이다. **עַד־עוֹלָם**은 부사구로 **עַד**는 전치사로 '~까지' 이고 **עוֹלָם**은 '영원, 오랜 시간' 이란 뜻으로 이 구는 숙어적으로 '영원히' 로 번역된다.

▶ 이 절은 다윗의 찬양시로 자신을 왕으로 세워주신 하나님을 찬양하며 자신과 자신의 자녀들의 구원이 오직 하나님의 헤세드에 있음을 고백하는 것으로 현재를 사는 우리도 다윗처럼 우리의 구원이 하나님께 있음을 고백하고 하나님을 찬양해야 할 것이다.

43. 열왕기상 3장 12절

הִנֵּה עָשִׂיתִי כִּדְבָרֶיךָ
הִנֵּה נָתַתִּי לְךָ לֵב חָכָם וְנָבוֹן
אֲשֶׁר כָּמוֹךָ לֹא־הָיָה לְפָנֶיךָ
וְאַחֲרֶיךָ לֹא־יָקוּם כָּמוֹךָ

보라 내가 너의 말들처럼 행하였다
보라 내가 너에게 지혜롭고 영리한 마음을 주었다.
그래서 너 같은 자가 너의 앞에도 없었고
너의 뒤에도 너 같은 자가 일어나지 않을 것이다.

הִנֵּה עָשִׂיתִי כִּדְבָרֶיךָ 보라 내가 너의 말들처럼 행하였다.

이 구문은 הִנֵּה(보라)를 사용한 강조구문으로 하나님께서 자신이 솔로몬에게 행하신 것을 강조하기 위해 הִנֵּה를 사용하고 있다. עָשִׂיתִי는 עָשָׂה(행하다)의 칼 완료 1인칭 단수형으로 번역하면 '나는 행하였다' 이다. כִּדְבָרֶיךָ는 전치사 כִּ(처럼)+ דְבָרֶיךָ로 דְבָרֶיךָ는 דָּבָר(말)의 복수 연계형에 2인칭 남성 단수 대명사 접미를 붙인 것으로 번역하면 '너의 말들처럼' 이 된다.

הִנֵּה נָתַתִּי לְךָ לֵב חָכָם וְנָבוֹן 보라 내가 너에게 지혜롭고 영리한 마음을 주었다.

이 구문도 앞의 구문과 마찬가지로 הִנֵּה로 강조가 되었다. נָתַתִּי는 נָתַן(주다)의 칼 완료 1인칭 단수형으로 '나는 주었다' 로 번역된다. לְךָ는 전치사 לְ(~에게)에 2인칭 남성 단수 대명사 접미를 붙인 형태로 여기서는 '너에게' 로 번역된다. לֵב חָכָם וְנָבוֹן는 문장의 목적어로 לֵב(마음)는 명사이고 חָכָם וְנָבוֹן는 앞의 לֵב를 꾸며주는 역할을 한다. חָכָם(지혜로운)은 형용사이고 נָבוֹן는 בִּין(분별하다)의 니팔 분사 남성 단수 절대형으로 니팔의 뜻은 '영리하다, 분별있다' 이다. 여기서 분사는 명사를 꾸며주는 수식적 용법으로 사용되어 '영리한' 으로 번역된다. 즉, לֵב חָכָם וְנָבוֹן를 번역하면 '지혜롭고 영리한 마음' 이다.

אֲשֶׁר כָּמוֹךָ לֹא־הָיָה לְפָנֶיךָ 그래서 너 같은 자가 너의 앞에도 없었고

이 구문에서 אֲשֶׁר는 접속사 כִּי처럼 사용되는 경우로 여기서는 '그래서(so that)'로 번역된다. כָּמוֹךָ는 문장의 주어로 전치사 כְּמוֹ(처럼)에 2인칭 남성 단수 대명사 접미를 붙인 것이다. כְּמוֹ는 כְּ와 같은 의미로 כָּמוֹךָ를 번역하면 '너 같은 자'이다. לֹא־הָיָה는 לֹא(not)+הָיָה로 הָיָה는 '그가 있었다'이므로 번역하면 '그가 없었다'이다. לְפָנֶיךָ는 전치사 לְ+פָּנֶיךָ로 פָּנֶיךָ는 פָּנֶה(얼굴)의 복수 연계형에 2인칭 남성 단수 대명사 접미를 붙인 것으로 이것은 숙어적으로 '너의 앞에'로 번역된다.

וְאַחֲרֶיךָ לֹא־יָקוּם כָּמוֹךָ 너의 뒤에도 너 같은 자가 일어나지 않을 것이다.

이 구문은 앞과 접속사 וְ(그리고)로 연결된다. 그리고 אַחֲרֶיךָ가 맨 앞에 나와 강조가 된다. אַחֲרֶיךָ는 전치사 אַחַר(~뒤에)에 2인칭 남성 단수 대명사 접미를 붙인 것으로 번역하면 '너의 뒤에'이다. לֹא־יָקוּם는 לֹא(not)+יָקוּם로 יָקוּם은 קוּם(일어나다)의 칼 미완료 3인칭 남성 단수로 번역하면 '그는 일어나지 않을 것이다'이다. 여기서도 כָּמוֹךָ(너와 같은 자)가 주어이다.

אֲשֶׁר이하의 두 문장은 일종의 메리즘으로 '너의 앞에도 없었고 너의 뒤에도 없을 것이다'는 다른 말로 오직 솔로몬만이 특별한 지혜를 받았다는 것을 강조하는 것이다.

▶ 이 절은 솔로몬이 하나님께 일천 번제를 드리고 지혜를 구했을 때 하나님께서 솔로몬에게 주신 약속의 일부분으로 자신의 유익을 구하지 않고 오직 백성을 생각하는 그의 선한 의도에 하나님께서 크게 감동하시고 축복을 주셨다.

44. 열왕기상 18장 37절

עֲנֵנִי יְהוָה עֲנֵנִי
וְיֵדְעוּ הָעָם הַזֶּה כִּי־אַתָּה יְהוָה הָאֱלֹהִים
וְאַתָּה הֲסִבֹּתָ אֶת־לִבָּם אֲחֹרַנִּית

내게 응답 하소서 여호와여 내게 응답 하소서
그러면 이 백성이 알 것입니다. 당신 여호와가 하나님이라는 것을
그리고 당신은 그들의 마음을 되돌아오게 할 것입니다.

עֲנֵנִי יְהוָה עֲנֵנִי 내게 응답 하소서 여호와여 내게 응답 하소서

이 구문은 기원문으로 **עֲנֵנִי**는 **עָנָה**(응답하다)의 칼 명령 남성 단수형에 1인칭 단수 대명사접미가 붙은 형태이다. 명령형이지만 말하는 대상이 **יְהוָה**(여호와)이므로 명령으로 해석하기 보다는 기원으로 해석해야한다. 그러므로 번역하면 '나에게 응답 하소서' 이다. 이 구문은 **עֲנֵנִי**를 반복하여 간절한 소망을 표현하고 있다.

וְיֵדְעוּ הָעָם הַזֶּה כִּי־אַתָּה יְהוָה הָאֱלֹהִים
그러면 이 백성이 알 것입니다. 당신 여호와가 하나님이라는 것을

이 구문은 앞의 명령문과 연결되어 '~하라 그러면 ~할 것이다' 로 번역되는 구문 구조를 가진다. 그러므로 **וְיֵדְעוּ**는 **יָדַע**(알다)의 바브연속법 칼 완료 3인칭 남성 복수형이지만 앞의 명령문과 연결하여 미완료형으로 해석해야 한다. 그러므로 번역하면 '그들은 알 것입니다' 이다. **הָעָם הַזֶּה**는 문장의 주어로 **עָם**은 '백성' 이고 **זֶה**는 '이것' 으로 명사를 꾸며주는 지시형용사이다. 둘은 수식적 관계이기 때문에 관사와 수가 일치하며 번역하면 '이 백성' 이다.

כִּי־אַתָּה יְהוָה הָאֱלֹהִים절은 문장의 목적절로 **כִּי־**는 '~하는 것' 으로 번역된다. 이 문장은 명사절로 **אַתָּה**(너는)는 주어인 **יְהוָה**를 강조하기 위해 쓰인 것이다. **הָאֱלֹהִים**은 서술적으로 '하나님이시다' 로 번역된다.

וְאַתָּה הֲסִבֹּתָ אֶת־לִבָּם אֲחֹרַנִּית 그리고 당신은 그들의 마음을 되돌아오게 할 것입니다.

이 문장도 앞의 명령문과 연결되어 동사가 비록 완료 형태이지만 '~할 것이다' 라는 미완료로 번역하여야 한다. **וְ**는 접속사로 '그리고' 로 번역한다. **אַתָּה**(너는)는 주어로 동사 앞에 나와 청자인 하나님을 강조를 하고 있다. **הֲסִבֹּתָ**는 문장의 동사로 **סבב**(돌아오다)의 히필 완료 2인칭 남성 단수로 이 단어는 뒤에 있는 **אֲחֹרַנִּית**와 숙어적으로 사용하여 '너는 되돌아오게 할 것이다, 너는 변화시킬 것이다' 로 번역된다. **אֲחֹרַנִּית**는 '뒤쪽으로' 라는 부사이다.

אֶת־לִבָּם는 목적어로 **אֶת**는 목적격 불변사이고 **לִבָּם**는 **לֵב**(마음)에 3인칭 남성 복수 대명사 접미를 붙인 형태로 번역하면 '그들의 마음을' 이다.

▶ 이 절은 엘리야가 바알 선지자들과의 대결에서 하나님께 기도하는 장면으로 이 대결의 목적을 밝히고 있다. 즉, 하나님이 기적을 베푸시는 이유는 이스라엘을 자신에게 돌아오게 하기 위한 것이다.

45. 열왕기하 20장 3절

אָנָּה יְהוָה זְכָר־נָא
אֵת אֲשֶׁר הִתְהַלַּכְתִּי לְפָנֶיךָ בֶּאֱמֶת וּבְלֵבָב שָׁלֵם
וְהַטּוֹב בְּעֵינֶיךָ עָשִׂיתִי
וַיֵּבְךְּ חִזְקִיָּהוּ בְּכִי גָדוֹל

여호와여 구하노니 기억하소서
제가 당신 앞에서 진실과 온전한 마음으로 걸었고
제가 당신의 눈에 선하게 행하였다는 것을
그리고 히스기야가 심하게 울었다.

אָנָּה יְהוָה זְכָר־נָא 지금 여호와여 구하노니 기억하소서

이 문장은 간절한 기원문으로 **אָנָּה**는 감탄사로 기도문에 주로 사용되며 번역하면 '지금' 이지만 현재 시간의 의미보다는 간절함을 표현하는 단어이다. 그리고 **אָנָּה**의 영향으로 뒤에 나오는 **יְהוָה**도 호격인 '여호와여' 로 번역해야 한다. **זְכָר־נָא**도 기원문으로 **זְכָר**은 **זָכַר**(기억하다)의 칼 명령 2인칭 남성 단수형이고 **נָא**는 감탄사로 간절한 바람을 표현할 때 사용하므로 **זְכָר־נָא**를 번역하면 '당신은 기억하소서' 이다.

אֵת אֲשֶׁר הִתְהַלַּכְתִּי לְפָנֶיךָ בֶּאֱמֶת וּבְלֵבָב שָׁלֵם

제가 당신 앞에서 진실과 온전한 마음으로 걸었고

이 구절과 다음 구절은 **זְכָר**의 목적어가 되는 관계대명사절로 **אֵת אֲשֶׁר**는 목적어 역할을 하는 관계대명사임을 나타낸다.[17] **הִתְהַלַּכְתִּי**는 **הָלַךְ**(걷다)의 히트파엘 완료 1인칭 단수형이다. 비록 히트파엘형이지만 재귀적으로 해석되지 않고 '걷다' 라고 해석된다. 그러므로 번역하면 기원문이므로 '제가 걸었다' 이다. **לְפָנֶיךָ**는 전치사 **לְ**+**פָּנֶיךָ**로 **פָּנֶיךָ**는 **פָּנֶה**(얼굴)의 복수 연계형에 2인칭 남성 단수 대명사 접미를 붙인 것으로 이것은 숙어적으로 '당신의 앞에' 로 번역된다.

---

17) Williams, § 463b.

בֶּאֱמֶת וּבְלֵבָב שָׁלֵם는 부사구이며 בֶּאֱמֶת는 전치사 בְּ(~로) + אֱמֶת(진실)로 '진실로' 이다. 그리고 וּבְלֵבָב שָׁלֵם는 접속사 וּ+전치사 בְּ(~로)+לֵבָב(마음)+שָׁלֵם(평안한, 완전한)으로 번역하면 '그리고 온전한 마음으로' 이다.

וְהַטּוֹב בְּעֵינֶיךָ עָשִׂיתִי 제가 당신의 눈에 선을 행하였다는 것을

앞의 구문의 연속으로 וְ는 접속사 '그리고' 이고 הַטּוֹב는 형용사 טוֹב(좋은, 선한)에 정관사 הַ를 붙인 것으로 형용사가 추상명사가 되었다. 그러므로 여기서는 '선' 으로 번역한다. בְּעֵינֶיךָ는 전치사 בְּ(~안에)+עֵינֶיךָ로 עֵינֶיךָ는 עַיִן(눈)의 복수 연계형에 2인칭 남성 단수 대명사 접미로 번역하면 '당신의 눈에' 이다. עָשִׂיתִי는 עָשָׂה(행하다)의 칼 완료 1인칭 단수형으로 '내가 행했다' 이지만 기원문이므로 '제가 행했습니다' 로 번역해야 한다.

וַיֵּבְךְּ חִזְקִיָּהוּ בְּכִי גָדוֹל 그리고 히스기야가 심하게 울었다.

이 구문에서는 화자가 바뀐다. 히스기야가 아니라 3인칭 내러티브 화자이다. וַיֵּבְךְּ는 בָּכָה(울다)의 바브연속법 칼 미완료 3인칭 남성 단수형으로 번역하면 '그리고 그는 울었다' 이다. חִזְקִיָּהוּ는 '히스기야' 왕으로 문장의 주어이다. בְּכִי גָדוֹל에서 בְּכִי는 동사 בָּכָה의 동종 명사로 '울음' 이다. גָדוֹל은 בְּכִי를 수식하는 형용사로 원래는 '커다란, 위대한' 이지만 여기서는 울음을 수식하므로 '심한' 으로 번역하는 것이 더 적당하다.

▶ 이 절은 히스기야가 병에 걸렸을 때 하나님께 드린 기도의 일부로 그는 자신이 하나님 앞에 최선을 다해 선하게 살았음을 고백한다. 과연 우리도 이이런 고백을 할 수 있는 삶을 살 수 있는지 생각해 볼 일이다.

46. 역대기하 36장 15절

וַיִּשְׁלַח יְהוָה אֱלֹהֵי אֲבוֹתֵיהֶם עֲלֵיהֶם
בְּיַד מַלְאָכָיו הַשְׁכֵּם וְשָׁלוֹחַ
כִּי־חָמַל עַל־עַמּוֹ וְעַל־מְעוֹנוֹ

그들의 조상들의 하나님 여호와께서 그들에게 보내셨다.
그의 사자의 손을 통해 일찍부터 그리고 자주 보내시며
왜냐하면 그는 그의 백성과 그의 거주지를 아끼셨기 때문이다.

וַיִּשְׁלַח יְהוָה אֱלֹהֵי אֲבוֹתֵיהֶם עֲלֵיהֶם

그리고 그들의 조상들의 하나님 여호와께서 그들에게 보내셨다.

וַיִּשְׁלַח는 문장의 동사로 **שָׁלַח**(보내다)의 바브연속법 칼 미완료 3인칭 남성 단수로 주어는 여호와이다. 번역하면 '그리고 그가 보냈다'로 과거이다. **יְהוָה אֱלֹהֵי אֲבוֹתֵיהֶם**는 문장의 주어로 **יְהוָה**와 **אֱלֹהֵי אֲבוֹתֵיהֶם**는 동격으로 쓰였다. **אֱלֹהֵי אֲבוֹתֵיהֶם**에서 **אֱלֹהֵי**는 **אֱלֹהִים**의 복수 연계형이고 **אֲבוֹתֵיהֶם**는 **אָב**(아버지)의 복수형에 3인칭 남성 복수 대명사 접미를 붙인 것으로 번역하면 '그들의 조상들의 하나님'이다. **עֲלֵיהֶם**은 전치사 **עַל**(~위에, ~에게)에 3인칭 남성 복수 대명사 접미를 붙인 형태로 여기서는 '그들 위에'보다 '그들에게'로 번역하는 것이 더 적당하다.[18)]

בְּיַד מַלְאָכָיו הַשְׁכֵּם וְשָׁלוֹחַ 그의 사자의 손을 통해 일찍부터 그리고 자주 보내시며

이 구문은 일종의 동명사 구문으로 앞 문장을 강조하는데 하나님의 열심을 강조하는 기능을 한다. **בְּיַד מַלְאָכָיו**는 전치사 **בְּ**(~을 통해,~에 의해)+**יַד**(손)의 연계형+**מַלְאָכָיו**로 **מַלְאָכָיו**는 **מַלְאָךְ**(사자)의 연계형에 3인칭 남성 단수 대명사 접미를 붙인 것으로 번역하면 '그의 사자의 손을 통해'이다.

הַשְׁכֵּם וְשָׁלוֹחַ는 숙어로 **הַשְׁכֵּם**은 **שָׁכַם**(일찍이 일어나다)의 히필 부정사 절대형이고 **שָׁלוֹחַ**는 **שָׁלַח**(보내다)의 칼 부정사 절대형으로 이 두 부정사 구문은 숙어적으로

18) Williams §296.

'일찍 그리고 자주 보내며' 라고 번역된다(예, 렘 7:25). 앞의 구문과 연결되어 해석되면 '일찍부터 그리고 자주 보내시면서 여호와 그들의 선조들의 하나님이 그의 사자의 손을 통하여 보내셨다' 이다.

כִּי־חָמַל עַל־עַמּוֹ וְעַל־מְעוֹנוֹ

왜냐하면 그는 그의 백성과 그의 거주지를 아끼셨기 때문이다.

이 구문은 이유를 나타내는 부사절로 **כִּי**는 '왜냐하면' 으로 번역된다. **חָמַל**는 칼 완료 3인칭 남성 단수로 전치사 **עַל**과 숙어적으로 사용되어 '그가 ~을 아끼다' 로 번역된다. **עַמּוֹ**는 **עַם**(백성)에 3인칭 남성 단수 대명사를 붙인 형태로 '그의 백성' 이다. 그리고 **מְעוֹנוֹ**는 **מָעוֹן**(거주지)에 3인칭 남성 단수 대명사 접미를 붙인 형태로 '그의 거주지' 로 번역한다. 여기서 그는 하나님으로 하나님의 거주지는 곧 예루살렘 성전을 가리킨다.

▶ 이 절은 하나님께서 이스라엘을 멸망시키실 수 밖에 없는 이유를 설명하고 있다. 그는 무조건 이스라엘을 잘못했다고 멸망시키신 것이 아니었다. 정말 부지런히 계속해서 하나님의 선지자들을 보내어 이스라엘을 돌아오게 하려고 하셨다. 여기서는 그런 하나님의 눈물겨운 노력이 나타난다.

47. 역대기하 36장 16절

וַיִּהְיוּ מַלְעִבִים בְּמַלְאֲכֵי הָאֱלֹהִים
וּבוֹזִים דְּבָרָיו וּמִתַּעְתְּעִים בִּנְבִאָיו
עַד עֲלוֹת חֲמַת־יְהוָה בְּעַמּוֹ
עַד־לְאֵין מַרְפֵּא

그리고 그들이 하나님의 사자들을 비웃었다.
그의 말씀을 멸시하였고 그의 선지자들을 조롱하였다.
그의 백성에 대해 여호와의 진노를 일으키실 때까지
치유함이 없을 때까지

וַיִּהְיוּ מַלְעִבִים בְּמַלְאֲכֵי הָאֱלֹהִים 그리고 그들이 하나님의 사자들을 비웃었다.

이 구문은 **הָיָה** 동사와 분사로 이루어진 문장으로 **וַיִּהְיוּ**는 과거로 분사는 과거의 계속되는 습관적 행동으로 번역이 되어야 한다. **וַיִּהְיוּ מַלְעִבִים**에서 **וַיִּהְיוּ**는 **הָיָה**(~이 되다, ~이 있다)의 바브연속법 칼 미완료 3인칭 남성 복수형이다. 그리고 **מַלְעִבִים**는 **לָעַב**(비웃다, 조롱하다)의 히필 분사 남성 복수 절대형으로 전치사 **בְּ**와 함께 숙어적으로 '~를 비웃다, ~을 비웃는'이고 앞의 **וַיִּהְיוּ**와 함께 과거의 계속되는 습관으로 '그리고 그들이 ~을 비웃었다'로 번역된다.

בְּמַלְאֲכֵי הָאֱלֹהִים는 문장의 목적어로 **מַלְאֲכֵי**는 **מַלְאָךְ**(사자)의 남성 복수 연계형으로 **הָאֱלֹהִים**과 함께 연결되어 '하나님의 사자'로 번역된다.

וּבוֹזִים דְּבָרָיו וּמִתַּעְתְּעִים בִּנְבִאָיו

그리고 그의 말씀을 멸시하였고 그의 선지자들을 조롱하였다.

이 구문은 앞의 **וַיִּהְיוּ** 와 계속 연결되는 것으로 과거의 습관적 행동으로 해석하여야 한다. **וּבוֹזִים**에서 **וּ**는 단순접속사이고 **בוֹזִים**는 **בָּזָה**(멸시하다)의 칼 분사 남성 절대형으로 여기서는 과거로 번역되어 '멸시하였고'이다. **דְּבָרָיו**는 목적어로 **דָּבָר**(말)의 남성 복수 연계형에 3인칭 남성 단수 대명사 접미를 붙인 것으로 '그의 말씀들'이다. **מִתַּעְתְּעִים**는 **תָּעַע**(조롱하다)의 히트파엘 분사 남성 절대형으로 전치사 **בְּ**와 함께 '~

를 조롱하였다' 로 번역된다. בִּנְבִאָיו는 전치사 בְּ + נְבִאָיו로 נְבִאָיו는 נָבִיא(선지자)의 복수 연계형에 3인칭 남성 단수 대명사 접미를 붙인 형태로 번역하면 '그의 선지자들' 이다.

עַד עֲלוֹת חֲמַת־יְהוָה בְּעַמּוֹ 그의 백성에 대해 여호와의 진노를 일으키실 때까지

이 문장은 עַד(까지)가 이끄는 시간의 부사절이다. עַד עֲלוֹת는 עָלָה(올라가다)의 칼 부정사 연계형으로 기본적으로는 '올라가다' 라는 뜻이지만 חֲמַת־יְהוָה(여호와의 진노)와 사용될 때는 '여호와의 진노를 일으키실 때까지' 로 번역하는 것이 더 적당해 보인다. בְּעַמּוֹ는 전치사 בְּ+עַמּוֹ로 여기서 בְּ는 '~에 대항하여' 의 의미로 사용되었다. עַמּוֹ는 עַם(백성)에 3인칭 남성 단수 대명사 접미를 붙인 형태로 번역하면 '그의 백성에 대해' 로 번역된다.

עַד־לְאֵין מַרְפֵּא 치유함이 없을 때까지

עַד־לְאֵין는 전치사 עַד(까지)+ לְ + אֵין(~이 없다)로 לְאֵין는 숙어적으로 '~이 없다' 이고 עַד־לְאֵין는 '~이 없을 때까지' 로 번역된다. מַרְפֵּא는 남성 명사 단수로 '치료, 치유함' 으로 번역된다.

▶ 이 절은 이스라엘이 망하게 된 원인을 설명하고 있는데 그들이 전체적으로 하나님의 말씀을 우습게 여겼기 때문이라고 하고 있다. 즉, 하나님의 말씀대로 행하지 않는 것이 하나님의 말씀을 우습게 여기는 것이며 이럴 경우에 반드시 하나님의 진노가 임하게 되는 것이다.

48. 에스라 9장 14절

הֲנָשׁוּב לְהָפֵר מִצְוֹתֶיךָ
וּלְהִתְחַתֵּן בְּעַמֵּי הַתֹּעֵבוֹת הָאֵלֶּה
הֲלוֹא תֶאֱנַף־בָּנוּ עַד־כַּלֵּה
לְאֵין שְׁאֵרִית וּפְלֵיטָה

우리가 어떻게 돌아가겠습니까? 당신의 계명들을 어기는 것으로
그리고 이 가증한 백성들과 결혼시키는 것으로
끝까지 우리에게 화를 내시지 않겠습니까?
남은자와 도망자가 없도록

הֲנָשׁוּב לְהָפֵר מִצְוֹתֶיךָ
우리가 어떻게 돌아가겠습니까? 당신의 계명들을 어기는 것으로

이 구문과 다음 구문은 한 문장으로 의문사 הֲ가 이끄는 의문문으로 강조를 위한 수사의문문이다. הֲנָשׁוּב는 의문사 הֲ+נָשׁוּב로 נָשׁוּב는 שׁוּב(돌아오다)의 칼 미완료 1인칭 복수형으로 נָשׁוּב를 번역하면 '우리가 돌아가겠습니다' 이지만 여기에 수사의문문을 붙이면 '우리가 어떻게 돌아가겠습니까?' 로 번역하는 것이 적당하다. לְהָפֵר מִצְוֹתֶיךָ는 부정사 구문으로 לְהָפֵר는 전치사 לְ(~에게, ~으로)+ הָפֵר로 הָפֵר는 פָּרַר(깨뜨리다)의 히필 부정사 연계형으로 번역하면 '깨뜨리는 것으로, 어기는 것으로' 이다. מִצְוֹתֶיךָ는 부정사 הָפֵר의 목적어로 명사 מִצְוָה(계명)의 여성 복수형에 2인칭 남성 단수 대명사 접미를 붙인 것으로 번역하면 '당신의 계명들을' 로 לְהָפֵר מִצְוֹתֶיךָ를 전체적으로 번역하면 '당신의 계명들을 어기는 것으로' 이다. 여기서 당신은 하나님으로 '돌아갈 수 없다' 는 화자의 강한 의지를 표현하고 있다.

וּלְהִתְחַתֵּן בְּעַמֵּי הַתֹּעֵבוֹת הָאֵלֶּה 그리고 이 가증한 백성들과 결혼시키는 것으로

이 구문은 부정사 구문으로 앞의 부정사 구문과 '그리고(וְ)' 로 연결된다. לְהִתְחַתֵּן는 전치사 לְ(~에게, ~으로) + הִתְחַתֵּן로 הִתְחַתֵּן는 חתן(결혼시키다)의 히트파엘 부정사 연계형으로 번역하면 '결혼시키는 것으로' 이다.

בְּעַמֵּי הַתֹּעֵבוֹת הָאֵלֶּה 는 הִתְחַתֵּן 의 목적어이며 בְּעַמֵּי הַתֹּעֵבוֹת 는 복합 명사로 בְּעַמֵּי 는 전치사 בְּ (~와 함께) + עַמֵּי 로 עַמֵּי 는 명사 עַם (백성)의 복수 연계형이다. 그리고 הַתֹּעֵבוֹת 는 관사 הַ + תּוֹעֵבָה (가증)의 여성 복수 절대형으로 직역하면 '가증의 백성들' 로 여기서 הַתֹּעֵבוֹת 는 명사가 형용사처럼 기능한다. 그러므로 번역하면 '가증한 백성들' 이다. 그리고 הָאֵלֶּה 는 지시 형용사로 הַתֹּעֵבוֹת 를 꾸며주며 수와 관사가 일치된다.

הֲלוֹא תֶאֱנַף־בָּנוּ עַד־כַּלֵּה 끝까지 당신은 우리에게 화를 내시지 않겠습니까?

이 구문도 הֲלוֹא 로 시작하는 수사의문문으로 הֲלוֹא 는 의문사 הֲ + לוֹא (not)로 주로 수사의문문을 만드는 의문사로 번역하면 '~하지 않겠느냐?' 이다. תֶאֱנַף־בָּנוּ 에서 תֶאֱנַף 는 אָנַף (화내다)의 칼 미완료 2인칭 남성 단수형으로 אָנַף 는 전치사 בְּ 와 함께 사용되어 '~에게 화를 내다' 로 해석된다. 그리고 בָּנוּ 는 전치사 בְּ 에 1인칭 복수 대명사 접미를 붙인 것이다. 그러므로 תֶאֱנַף־בָּנוּ 를 번역하면 '당신은 우리에게 화를 낼 것입니다' 이다. עַד־כַּלֵּה 는 전치사 עַד (~까지)+명사 כָּלָה (끝)으로 두 단어가 마켑(־)으로 연결되면서 כָּלָה 의 액센트가 עַד 로 옮겨지면서 모음이 짧아져서 지금 본문의 형태가 되었다. 그리고 번역하면 '끝까지' 이다.

לְאֵין שְׁאֵרִית וּפְלֵיטָה 남은자와 도망자가 없도록

이 구문은 앞 문장의 부사구에 해당한다. לְאֵין 는 전치사 לְ (~하기 위해) + אֵין (~이 없다)로 문맥을 따라 번역하면 '없게 하기 위해, 없도록' 이다. שְׁאֵרִית 는 여성 단수 명사로 '남은자' 이다. פְּלֵיטָה 도 여성 단수 명사로 '도망자' 로 번역된다. 그리고 וּ 는 접속사로 '그리고' 이다. '남은자와 도망자가 없도록' 은 '끝까지' 를 좀 더 부연 설명하는 것으로 강조의 기능을 한다.

▶ 이 절은 에스라가 이방인과의 통혼문제를 들었을 때 에스라가 낙심하며 하나님의 심판을 받더라도 할 말이 없다고 하면서 회개 기도를 하는 본문이다. 그가 이렇게 이방인과의 결혼을 심각한 죄로 생각하는 것은 이스라엘이 망한 이유 중의 하나가 이방인과의 통혼을 통한 이방신 숭배로 보기 때문이다.

49. 에스라 9장 15절

יְהוָה אֱלֹהֵי יִשְׂרָאֵל צַדִּיק אַתָּה
כִּי־נִשְׁאַרְנוּ פְלֵיטָה כְּהַיּוֹם הַזֶּה
הִנְנוּ לְפָנֶיךָ בְּאַשְׁמָתֵינוּ
כִּי אֵין לַעֲמוֹד לְפָנֶיךָ עַל־זֹאת

이스라엘의 하나님 여호와여 당신은 의로우십니다.
왜냐하면 이날처럼 우리가 도망하여 남았기 때문입니다.
보소서 우리가 우리의 죄 가운데에서 당신의 앞에 있습니다.
러므로 이 때문에 당신 앞에 설 사람이 없습니다.

יְהוָה אֱלֹהֵי יִשְׂרָאֵל צַדִּיק אַתָּה 이스라엘의 하나님 여호와여 당신은 의로우십니다.

יְהוָה אֱלֹהֵי יִשְׂרָאֵל는 호격으로 '이스라엘의 하나님 여호와여' 로 번역하면 된다. **צַדִּיק**는 형용사로 여기서는 서술적 용법으로 사용되어 '의로우십니다' 로 번역된다. **אַתָּה**는 '당신' 으로 문장의 주어가 되며 하나님을 나타낸다.

כִּי־נִשְׁאַרְנוּ פְלֵיטָה כְּהַיּוֹם הַזֶּה 왜냐하면 이날처럼 우리가 도망하여 남았기 때문입니다.

이 구문은 위의 구문에서 왜 하나님이 의로운지를 설명하는 이유절로 **כִּי**는 '왜냐하면' 으로 번역된다. **נִשְׁאַרְנוּ פְלֵיטָה**에서 **נִשְׁאַרְנוּ**는 동사로 **שָׁאַר**(남다)의 니팔 완료 1인칭 복수형으로 이 동사는 주로 니팔형으로 사용되며 '우리가 남았다' 로 번역된다. 그리고 **פְלֵיטָה**는 명사로 일반적으로 '도망, 구원' 의 뜻을 갖는다. 하지만 대부분의 본문에서는 '도망쳐 남은 자' 로 번역된다. 이 문장에서는 목적어 역할을 한다.

그러므로 **נִשְׁאַרְנוּ פְלֵיטָה**를 직역하면 '도망쳐 남은 자를 남겼다' 이지만 좀 더 부드럽게 해석하기 위해 '도망하여 남았다' 로 번역하였다.

כְּהַיּוֹם הַזֶּה는 시간을 나타내는 부사구로 **כְּהַיּוֹם**는 전치사 **כְּ**(~처럼)+관사 **הַ** + **יוֹם**(날)이고 **הַזֶּה**는 관사 **הַ** +지시형용사 **זֶה**(이것)으로 **כְּהַיּוֹם**을 꾸며준다. 그러므로 번역하면 '이 날처럼' 이 된다.

הִנְנוּ לְפָנֶיךָ בְּאַשְׁמָתֵינוּ 보소서 우리가 우리의 죄 가운에서 당신의 앞에 있습니다.

הִנְנוּ는 감탄사로 הִנֵּה(보라)에 1인칭 복수 대명사 접미를 붙인 형태로 הִנֵּה의 경우 대명사 접미가 주어로 해석된다. 그러므로 번역하면 '보소서 우리가' 로 우리가 죄인이라는 것을 강조하고 있는 것이다. לְפָנֶיךָ는 לִפְנֵי(~앞에)에 2인칭 남성 단수 대명사 접미를 붙인 형태로 '너의 앞에' 의 뜻이지만 여기서 '너' 가 가리키는 분이 하나님이시기 때문에 '당신의 앞에' 로 번역하였다.

בְּאַשְׁמָתֵינוּ는 전치사 בְּ(~안에) + אַשְׁמָתֵינוּ로 אַשְׁמָתֵינוּ는 אַשְׁמָה(죄)의 여성 단수 연계형에 1인칭 복수 대명사 접미를 붙인 것으로 번역하면 '우리의 죄 가운데서' 이다.

כִּי אֵין לַעֲמוֹד לְפָנֶיךָ עַל־זֹאת 그러므로 이 때문에 당신 앞에 설 사람이 없습니다.

이 구문은 결과구문으로 여기서 כִּי는 '그러므로' 로 해석해야 한다. אֵין은 부정사로 '~이 없다' 로 번역한다. לַעֲמוֹד는 전치사 לְ(~에게) + עֲמוֹד로 עֲמוֹד는 동사 עָמַד(서다)의 칼 부정사 연계형으로 여기서 부정사 연계형은 독립적 용법으로 '서있는 사람' 이란 의미가 된다. לְפָנֶיךָ는 위의 구문과 같이 '당신의 앞에' 로 번역된다. עַל־זֹאת는 전치사 עַל과 지시 대명사 זֶה(이것)의 여성 단수형인 זֹאת가 결합된 것으로 עַל־זֹאת은 숙어적으로 '이 때문에' 로 번역된다.

▶ 이 절은 앞의 에스라의 기도가 계속되는 것으로 하나님이 의롭기 때문에 자신들이 이 만큼이라도 남아 있을 수 있었지만 이제는 자신들의 죄 때문에 이제 모두 죽게 되었다고 회개하며 하나님께 호소를 하고 있다. 이렇게 에스라는 공동체의 죄를 자신의 죄로 인식하고 자신이 먼저 회개를 하고 있다. 이것이 에스라의 리더십이다.

50. 느헤미야 8장 3절

וַיִּקְרָא־בוֹ לִפְנֵי הָרְחוֹב אֲשֶׁר לִפְנֵי שַׁעַר־הַמַּיִם
מִן־הָאוֹר עַד־מַחֲצִית הַיּוֹם
נֶגֶד הָאֲנָשִׁים וְהַנָּשִׁים וְהַמְּבִינִים
וְאָזְנֵי כָל־הָעָם אֶל־סֵפֶר הַתּוֹרָה

그리고 그는 그것을 읽었다. 수문 앞 광장 앞에서
새벽부터 한낮까지
남자들과 여자들과 이해하는 자들 앞에서
그리고 모든 백성의 귀들이 율법책에 있었다.

וַיִּקְרָא־בוֹ לִפְנֵי הָרְחוֹב אֲשֶׁר לִפְנֵי שַׁעַר־הַמַּיִם
그리고 그는 그것을 읽었다. 수문 앞 광장 앞에서

이 구문은 동사구문으로 접속사 וַ는 바브연속법이고 יִקְרָא־בוֹ는 קָרָא(부르다, 읽다)의 칼 미완료 3인칭 남성 단수형인 יִקְרָא에 전치사 בְּ를 붙인 것으로 קָרָא는 보통 '읽다' 로 번역된다. בוֹ는 전치사 에 3인칭 남성 단수 대명사접미를 붙인 것으로 בוֹ־ וַיִּקְרָא는 '그리고 그가 그것을 읽었다' 로 번역된다.

לִפְנֵי הָרְחוֹב에서 לִפְנֵי는 '~의 앞에서' 이고 הָרְחוֹב는 정관사 הָ+רְחוֹב(광장)로 번역하면 '광장 앞에서' 이다. אֲשֶׁר לִפְנֵי שַׁעַר־הַמַּיִם는 הָרְחוֹב를 꾸며주는 관계대명사절이다. שַׁעַר־הַמַּיִם는 복합명사로 שַׁעַר(문)는 연계형이고 מַּיִם(물)은 절대형으로 정관사 הַ를 가지고 있다. 번역하면 '물의 문, 수문' 이다. 그러므로 לִפְנֵי שַׁעַר־הַמַּיִם אֲשֶׁר는 '수문 앞에 있는' 이다.

מִן־הָאוֹר עַד־מַחֲצִית הַיּוֹם 새벽부터 한낮까지

이 구절은 시간을 나타내는 부사구로 מִן־ עַד־는 '~부터 ~까지' 로 해석된다. הָאוֹר는 정관사 הָ+אוֹר(빛)으로 여기서는 시간을 나타내므로 빛이 비치기 시작하는 시간인 '새벽' 으로 번역하는 것이 적당하다. 그러므로 מִן־הָאוֹר는 '새벽부터' 이다. הַיּוֹם

מַחֲצִית는 복합명사로 מַחֲצִית(가운데, 절반)는 연계형이고 הַיּוֹם은 정관사 הַ+יוֹם(날)로 절대형으로 직역하면 '날의 절반' 이므로 עַד־מַחֲצִית הַיּוֹם를 번역하면 '한낮까지' 이다.

נֶגֶד הָאֲנָשִׁים וְהַנָּשִׁים וְהַמְּבִינִים 남자들과 여자들과 이해하는 자들 앞에서

이 구문도 부사구로 전치사 נֶגֶד(~앞에서, 정면에서)가 이끄는 부사구이다. הָאֲנָשִׁים은 정관사 הָ+אֲנָשִׁים으로 אֲנָשִׁים는 אִישׁ(남자)의 남성 복수형으로 '남자들' 이다. הַנָּשִׁים는 정관사 הַ+נָשִׁים으로 נָשִׁים는 אִשָּׁה(여자)의 여성 복수형으로 '여자들' 이다. 그리고 הַמְּבִינִים는 정관사 הַ+מְבִינִים로 מְבִינִים는 동사 בִּין(인식하다, 이해하다)의 히필 분사 남성 복수 절대형으로 분사형은 종종 '~하는 사람' 으로 번역된다. 그러므로 번역하면 '이해하는 사람들' 이 된다. 그러므로 구 전체를 번역하면 '남자들과 여자들과 이해하는 자들 앞에서' 이다. 우리말 번역은 조금 이 의미를 강화하여 '알아들을 만한 모든 사람 앞에서' 로 번역하였다.

וְאָזְנֵי כָל־הָעָם אֶל־סֵפֶר הַתּוֹרָה 그리고 모든 백성의 귀들이 율법책에 있었다.

이 구절은 동사가 없는 명사 문장이다. אָזְנֵי כָל־הָעָם는 문장의 주어에 해당하는 부분으로 אָזְנֵי는 אֹזֶן(귀)의 여성 쌍수 연계형이고 כָל־הָעָם는 형용사 כֹל(모든)+정관사 הָ+עַם(백성)으로 같이 번역하면 '모든 백성의 귀들' 이다.

אֶל־סֵפֶר הַתּוֹרָה는 서술부에 해당하는 부분으로 전치사 אֶל(~에게)에 복합명사 סֵפֶר הַתּוֹרָה를 붙인 것으로 סֵפֶר는 연계형으로 '책' 이다. הַתּוֹרָה는 정관사 הַ+תּוֹרָה(율법)로 אֶל־סֵפֶר הַתּוֹרָה를 번역하면 '율법책에 있었다' 이다.

▶ 에스라가 율법책을 이스라엘에게 낭독을 할 때 남자들만 아니라 여자들과 알아들을 만한 아이들까지 모두 율법을 듣는 자리에 모인 것이다. 말씀을 듣고 배우는 일에는 남녀노소의 구분이 없는 것이다. 이렇게 포로 후 돌아온 공동체는 자신의 공동체를 소개할 때 여자와 아이들도 포함을 시키고 있다.

51. 느헤미야 8장 12절

וַיֵּלְכוּ כָל־הָעָם
לֶאֱכֹל וְלִשְׁתּוֹת וּלְשַׁלַּח מָנוֹת וְלַעֲשׂוֹת שִׂמְחָה גְדוֹלָה
כִּי הֵבִינוּ בַּדְּבָרִים אֲשֶׁר הוֹדִיעוּ לָהֶם

모든 백성이 가서
먹고 마시고 (각자의 몫의) 일부분을 나눠주고 크게 기뻐했다.
왜냐하면 그들에게 알게 했던 말씀들을 그들이 깨달았기 때문이다.

וַיֵּלְכוּ כָל־הָעָם 그리고 모든 백성이 가서

이 구문은 주절로 뒤에 부정사 구문이 따라온다. 하지만 여기서 부정사 구문은 결과적 용법이기 때문에 동사(A)와 부정사(B)는 'A 해서 B 하다' 로 번역된다.

וַיֵּלְכוּ는 הָלַךְ(가다)의 바브연속법 칼 미완료 3인칭 남성 복수형으로 '그들이 갔다' 이다. 그러나 뒤의 부정사 구문과 연결되어 결과적으로 해석하기 때문에 '그들이 가서' 로 번역하는 것이 더 적당하다.

כָל־הָעָם은 문장의 주어로 כָל은 형용사로 '모든' 이고 הָעָם은 정관사 הַ + עָם(백성)으로 번역하면 '모든 백성' 이다.

לֶאֱכֹל וְלִשְׁתּוֹת וּלְשַׁלַּח מָנוֹת וְלַעֲשׂוֹת שִׂמְחָה גְדוֹלָה

먹고 마시고 (각자의 몫의) 일부분을 나눠주고 크게 기뻐했다

이 구문은 부정사 구문이 접속사 וְ로 연결되어 있는 구문으로 계속적 용법으로 번역해야 한다. לֶאֱכֹל는 전치사 לְ+אֱכֹל로 אֱכֹל은 אָכַל(먹다)의 칼 부정사 연계형이다. 직역하면 '먹기 위해' 이지만 동사와 연결되어 계속적 용법으로 해석되면 동사의 시제를 그대로 받아 들여 '먹었다' 로 번역된다. וְלִשְׁתּוֹת는 접속사 וְ+전치사 לְ+שְׁתּוֹת로 שְׁתּוֹת는 שָׁתָה(마시다)의 칼 부정사 연계형이다. 직역하면 '그리고 마시기 위해' 이지만 계속적 용법으로 해석되어 '그리고 마셨다' 로 번역된다.

וּלְשַׁלַּח מָנוֹת는 접속사 וְ+לְ+שַׁלַּח로 שַׁלַּח는 שָׁלַח(보내다)의 피엘 부정사 연계형으로 피엘형은 '멀리 보내다, 건내주다' 라는 의미를 갖는다. 그리고 מָנוֹת는 מָנָה(일

부분)의 여성 복수형으로 '(선택된 것의) 일부분들' 이란 의미를 갖는다. 그러므로 מָנוֹת וּלְשַׁלַּח를 직역하면 '그리고 (선택된 것의)일부분들을 건네주다' 이지만 자신들의 것을 같이 나누어 먹는 상황이므로 선택된 것을 각자의 몫을 의미하므로 문맥을 따라 해석을 하면 '그리고 (각자의 몫의) 일부분들을 나눠주었다' 로 번역하는 것이 자연스럽다.

וְלַעֲשׂוֹת שִׂמְחָה גְדוֹלָה에서 וְלַעֲשׂוֹת는 접속사 וְ + לְ + עֲשׂוֹת로 עֲשׂוֹת는 עָשָׂה(하다. 만들다)의 칼 부정사 연계형이다. 그리고 שִׂמְחָה גְדוֹלָה는 목적어이다. שִׂמְחָה는 여성 명사로 '기쁨' 이고 גְדוֹלָה는 형용사 גָּדוֹל(큰)의 여성 단수형으로 번역하면 '큰 기쁨' 이다. וְלַעֲשׂוֹת와 같이 직역하면 '큰 기쁨을 만들다' 이지만 우리말로 적당하게 표현하면 '그리고 크게 기뻐했다' 로 번역하는 것이 더 적당해 보인다.

כִּי הֵבִינוּ בַּדְּבָרִים אֲשֶׁר הוֹדִיעוּ לָהֶם

왜냐하면 그들에게 알게 했던 말씀들을 그들이 깨달았기 때문이다.

이 구문은 이유를 나타내는 절로 접속사 כִּי는 '왜냐하면' 으로 해석된다. 구문을 분석하면 הֵבִינוּ는 동사이고 בַּדְּבָרִים는 목적어이고 אֲשֶׁר הוֹדִיעוּ לָהֶם구문은 דְּבָרִים을 꾸며주는 종속절이다. הֵבִינוּ는 בִּין(이해하다, 알다)의 히필 완료 3인칭 남성 복수형으로 종종 전치사 בְּ를 동반하여 '그들은 깨달았다' 이다. 그리고 בַּדְּבָרִים는 전치사 בְּ + דְּבָרִים로 דְּבָרִים은 דָּבָר(말씀)의 남성 복수형으로 번역하면 '말씀들' 이다.

אֲשֶׁר הוֹדִיעוּ לָהֶם는 종속절로 אֲשֶׁר는 관계접속사이고 הוֹדִיעוּ는 יָדַע(알다)의 히필 완료 3인칭 남성 복수형으로 '그들이 알게 만들었다, 그들이 알게 하였다' 로 번역이 된다. לָהֶם는 전치사 לְ(~에게)에 3인칭 남성 복수 대명사 접미를 붙인 형태로 '그들에게' 로 번역이 된다. 그러므로 전체적으로 번역하면 '그들이 그들에게 알게 했던' 이다.

▶ 이 절은 말씀의 위력이 나온다. 진정으로 말씀을 깨달아 알게 되면 기쁨이 넘치고 서로의 것을 나누며 같이 즐거워하는 모습이 되는 것이다. 이런 모습은 성령 충만을 받은 초대교회의 모습과 유사하다. 이렇게 하나님의 말씀은 꿀과 송이꿀보다 더 달고 즐거운 것이다.

52. 에스더 4장 16절 상반절

לֵךְ כְּנוֹס אֶת־כָּל־הַיְּהוּדִים הַנִּמְצְאִים בְּשׁוּשָׁן
וְצוּמוּ עָלַי וְאַל־תֹּאכְלוּ וְאַל־תִּשְׁתּוּ
שְׁלֹשֶׁת יָמִים לַיְלָה וָיוֹם

당신은 가서 수산에서 찾아지는 모든 유다인들을 모으라
그리고 나를 위해 금식하라 그리고 먹지 말라 그리고 마시지 말라
일 밤과 낮 동안

לֵךְ כְּנוֹס אֶת־כָּל־הַיְּהוּדִים הַנִּמְצְאִים בְּשׁוּשָׁן

당신은 가서 수산에서 찾아지는 모든 유다인들을 모으라

이 구문들은 에스더가 모르드개에게 하는 명령문으로 לֵךְ כְּנוֹס는 명령문 두 개가 나란히 사용되어 '~해서 ~하라'의 의미를 갖는다. לֵךְ는 הָלַךְ(가다)의 남성 단수 명령형이고 כְּנוֹס는 כָּנַס(모으다)의 남성 단수 명령형으로 두 개가 나란히 나와 '당신은 가서 모으라'로 번역된다.

אֶת־כָּל־הַיְּהוּדִים הַנִּמְצְאִים בְּשׁוּשָׁן는 목적어로 모으는 대상을 말하는데 ־הַיְּהוּדִים אֶת־כָּל에서 אֶת는 목적어를 나타내는 불변사이고 형용사 כָּל은 '모든'이고 הַיְּהוּדִים는 정관사 הַ+יְהוּדִים로 יְהוּדִים은 형용사 יְהוּדִי의 남성 복수형으로 원래는 '유대인들의'로 번역되어야 하지만 형용사에 정관사를 붙여서 '~하는 사람' 혹은 추상명사로 만드는 경우가 있으므로 여기서는 '유다인들'이라고 번역해야 한다. הַנִּמְצְאִים는 정관사 הַ+נִמְצְאִים로 נִמְצְאִים는 동사 מָצָא(찾다)의 니팔 분사 남성 복수형으로 הַיְּהוּדִים를 꾸며주는 수식적 기능을 한다. 그렇기 때문에 꾸며주는 명사형과 관사와 성과 수를 일치시키기 위해 관사를 붙이고 הַיְּהוּדִים과 같은 남성 복수형을 사용하였다. 그러므로 כָּל־הַיְּהוּדִים הַנִּמְצְאִים을 번역하면 '찾아지는 모든 유다인들'이다. 그리고 בְּשׁוּשָׁן는 전치사 בְּ(~안에)+שׁוּשָׁן(수산)으로 번역하면 '수산 안에'이다.

וְצוּמוּ עָלַי וְאַל־תֹּאכְלוּ וְאַל־תִּשְׁתּוּ

그리고 너희들은 나를 위해 금식하라 그리고 먹지 말라 그리고 마시지 말라

명령문이 계속되지만 여기서는 명령의 대상이 달라진다. 윗 구절은 모르드개에게 한 명령이라면 이 구절은 모두 유다인들에게 하는 명령으로 주어가 '너희들은'이 된다. וְצוּמוּ עָלַי는 접속사 וְ(그리고) + צוּמוּ + עָלַי로 צוּמוּ는 צוּם(금식하다)의 칼 명령 남성 복수형으로 '금식하라'로 번역된다. 그리고 עָלַי는 전치사 עַל(~위에)에 1인칭 단수 대명사 접미가 붙은 형태로 여기서는 동사 צוּם와 같이 사용되어 숙어적으로 '~를 위해 금식하다'의 의미를 갖는다. 그러므로 וְצוּמוּ עָלַי를 번역하면 '그리고 너희들은 나를 위해 금식하라'이다.

וְאַל־תֹּאכְלוּ וְאַל־תִּשְׁתּוּ는 금식의 내용을 구체적으로 말하는 구문으로 אַל+미완료형의 금지명령문이다. וְאַל־תֹּאכְלוּ는 접속사 וְ(그리고)+אַל(not)+תֹּאכְלוּ로 תֹּאכְלוּ는 אָכַל(먹다)의 칼 미완료 2인칭 남성 복수형이지만 אַל이 붙었기 때문에 명령형으로 번역되어 '그리고 너희들은 먹지 말아라'이다. וְאַל־תִּשְׁתּוּ도 동일한 형식으로 תִּשְׁתּוּ는 שָׁתָה(마시다)의 칼 미완료 2인칭 남성 복수형으로 אַל을 붙여서 번역하면 '그리고 너희들은 마시지 말라'이다.

שְׁלֹשֶׁת יָמִים לַיְלָה וָיוֹם 삼일 밤과 낮 동안

이 구문은 금식의 기간을 나타내는 부사구이기 때문에 전치사가 없어도 '~동안'으로 해석하였다. שְׁלֹשֶׁת יָמִים는 복합 명사로 숫자 שָׁלֹשׁ(3)의 남성 단수 연계형과 יוֹם(날)의 남성 복수 절대형이 결합된 것으로 번역하면 '3일'이 된다. 일반적으로 복합명사의 경우 앞의 명사는 짧은 형태인 연계형이 되고 뒤의 명사는 액센트를 그대로 가지고 있기 때문에 원래 형태인 절대형을 갖는다. לַיְלָה וָיוֹם는 '밤과 낮'으로 번역되며 이렇게 반대의 뜻을 갖는 단어 두 개가 결합하면 전체를 의미하는 경우가 있는데 이를 merism이라고 한다. 여기서 '밤과 낮'은 '하루 종일'을 의미한다.

53. 에스더 4장 16절 하반절

גַּם־אֲנִי וְנַעֲרֹתַי אָצוּם כֵּן
וּבְכֵן אָבוֹא אֶל־הַמֶּלֶךְ אֲשֶׁר לֹא־כַדָּת
וְכַאֲשֶׁר אָבַדְתִּי אָבָדְתִּי

그리고 나의 시녀들과 나도 그렇게 금식을 할 것입니다.
그리고 나서 나는 규례를 따르지 않고 왕에게 갈 것입니다.
그리고 내가 죽어야 하면 나는 죽을 것입니다.

גַּם־אֲנִי וְנַעֲרֹתַי אָצוּם כֵּן 나의 시녀들과 함께 나도 그렇게 금식을 할 것입니다.

גַּם־אֲנִי וְנַעֲרֹתַי는 **גַּם**은 접속사로 '또한, 함께' 로 해석이 된다. **אֲנִי**는 1인칭 단수 인칭 대명사로 '나는' 으로 번역된다. **וְנַעֲרֹתַי**는 접속사 **וְ** + **נַעֲרֹתַי**로 **נַעֲרֹתַי**는 **נַעֲרָה**(소녀)의 복수형에 1인칭 단수 소유대명사를 붙인 것으로 직역하면 '그리고 나의 소녀들' 이지만 여기서 '소녀들' 은 에스더의 주변에 있는 궁정 시녀들을 의미하므로 여기서는 '나의 시녀들' 이라고 번역하는 것이 더 적당하다. 그러므로 **גַּם־אֲנִי וְנַעֲרֹתַי**를 직역하면 '나와 나의 시녀들과 함께' 이다. 하지만 이 문장에서는 **אֲנִי**가 주어의 역할을 하고 있고 **וְנַעֲרֹתַי**는 주어를 꾸며주는 역할을 하는 것으로 보고 '나의 시녀들과 함께' 로 반역하는 것이 적당한다. 왜냐하면 뒤에 나오는 동사가 1인칭 단수이기 때문이다.

אָצוּם은 **צוּם**(금식하다)의 칼 미완료 1인칭 단수형으로 번역하면 '나는 금식을 할 것이다' 이다. **כֵּן**은 부사로 '똑같이' 라는 의미를 가지며 '그렇게' 로 번역된다. 즉, 앞에서 백성들에게 말한 것같이 자신도 먹지도 마시지도 않겠다는 것이다.

וּבְכֵן אָבוֹא אֶל־הַמֶּלֶךְ אֲשֶׁר לֹא־כַדָּת
그리고 나서 나는 규례를 따르지 않고 왕에게 갈 것입니다.

וּבְכֵן은 접속사 **וּ**+**בְּכֵן**로 **בְּכֵן**은 숙어적으로 '그런 후에' 라고 번역된다. **אָבוֹא**는 동사 **בּוֹא**(가다)의 칼 미완료 1인칭 단수형으로 여기서 미완료형은 화자의 의지를 표현한다. 그러므로 번역하면 '나는 갈 것입니다' 이다. **אֶל־הַמֶּלֶךְ**는 전치사 **אֶל**(~에게) + **הַ** + **מֶּלֶךְ**(왕)로 '왕에게' 이다.

כַּדָּת אֲשֶׁר לֹא־כַדָּת는 관계대명사 אֲשֶׁר가 이끄는 관계대명사절로 명사문장이다. לֹא־כַדָּת는 לֹא(not) + כַּדָּת로 כַּדָּת는 전치사 כְּ(~을 따라, ~처럼) + דָּת(율례, 법)로 번역하면 '율례를 따르지 않고'로 관계사를 부사적으로 해석해야 한다.[19)]

וְכַאֲשֶׁר אָבַדְתִּי אָבָדְתִּי 그리고 내가 죽어야 하면 나는 죽을 것입니다.

이 구문은 조건절인 כַאֲשֶׁר אָבַדְתִּי과 주절인 אָבָדְתִּי로 구성되어 있다. 조건절에서 כַּאֲשֶׁר는 전치사 כְּ+אֲשֶׁר로 여기서는 '만약에'로 번역된다. 후기 히브리어서는 אֲשֶׁר가 כִּי의 의미로 사용되는 경우가 나온다.[20)] אָבַדְתִּי는 אָבַד(망하다, 죽다)의 칼 완료 1인칭 단수형으로 직역하면 과거로 해석되어야 하지만 여기서는 כַּאֲשֶׁר과 함께 조건절이므로 '내가 죽어야 하면'으로 번역된다. 그리고 주절의 אָבַדְתִּי는 종속절과 동일한 단어이지만 여기는 주절이며 화자인 에스더의 의지를 표현하고 있기 때문에 '나는 죽을 것입니다'로 번역 할 수 있다. 완료형도 이렇게 직접화법에서 나올 때 화자의 의지를 표현하는 경우가 있으며 완료도 미래시제로 해석될 수 있다.

▶ 이 절은 에스더가 한 여인에서 한 민족의 운명을 책임지는 여왕으로 변하는 모습을 보여준다. 그녀는 더 이상 소극적이지 않고 죽을 각오를 하며 금식을 통해 하나님을 의지한다. 결국 강한 에스더의 이런 신앙이 유다인을 살릴 수 있게 되었다.

---

19) 이 부분은 해석이 어려운데 Williams § 491과 § 492를 참조하면 도움이 될 것으로 생각된다.
20) Williams § 468.

54. 욥기 1장 21절

וַיֹּאמֶר עָרֹם יָצָתִי יָצָאתִי מִבֶּטֶן אִמִּי
וְעָרֹם אָשׁוּב שָׁמָּה
יְהוָה נָתַן וַיהוָה לָקָח
יְהִי שֵׁם יְהוָה מְבֹרָךְ

그리고 그가 말하였다. 내가 나의 어머니의 태에서 알몸으로 나왔습니다.
그리고 나는 알몸으로 그곳으로 돌아갈 것입니다.
여호와께서 주셨고 여호와께서 취하셨습니다.
여호와의 이름이 축복을 받으실 것입니다.

וַיֹּאמֶר עָרֹם יָצָתִי יָצָאתִי מִבֶּטֶן אִמִּי

그리고 그가 말하였다. 내가 나의 어머니의 태에서 알몸으로 나왔습니다.

וַיֹּאמֶר는 אָמַר(말하다)의 바브연속법 칼 미완료 3인칭 남성 단수형으로 '그리고 그가 말했다'로 번역된다. 이 구문은 직접화법을 이끄는 기능을 하므로 이후에 나오는 구문은 욥의 말이다.

עָרֹם יָצָתִי יָצָאתִי מִבֶּטֶן אִמִּי은 형용사 עָרֹם(벌거벗은)이 동사 보다 앞에 나와 강조를 하고 있다. 본문에서는 יָצָתִי로 쓰여져 있지만 이것은 어법이 맞지 않기 때문에 יָצָאתִי로 읽는다. 이렇게 쓰여진 것을 케티브라고 하고 읽는 것을 케레라고 한다. 이런 경우 일반적으로 케레를 따라 해석한다. יָצָאתִי는 동사 יָצָא(나가다)의 칼 완료 1인칭 단수형으로 '나는 나갔다'로 번역된다. מִבֶּטֶן אִמִּי는 전치사구로 전치사 מִן(~로부터) + אִמִּי בֶּטֶן이다. בטן אמי는 복합 명사로 בֶּטֶן은 연계형으로 '자궁, 태'이고 אִמִּי는 אֵם(어머니)에 1인칭 단수 대명사 접미를 붙인 것으로 '나의 어머니'이다. 그러므로 אִמִּי מִבֶּטֶן를 번역하면 '나의 어머니의 태에서'이다.

וְעָרֹם אָשׁוּב שָׁמָּה 그리고 나는 알몸으로 그곳으로 돌아갈 것입니다.

위의 구문처럼 여기서도 형용사 עָרֹם(벌거벗은)이 동사 보다 앞에 나와 강조를 하고 있다. אָשׁוּב는 שׁוּב(돌아가다)의 칼 미완료 1인칭 단수형으로 '나는 돌아갈 것이다'로 번역된다. שָׁמָּה는 부사 שָׁם(그곳에)에 방향을 나타내는 접미 ה를 붙인 형태로 '그곳으로' 로 번역된다.

יְהוָה נָתַן וַיהוָה לָקָח 여호와께서 주셨고 여호와께서 취하셨습니다.

이 구문은 주어인 יְהוָה(여호와)가 앞으로 나와 강조가 되었고 두 문장이 같은 형태로 서로 대조를 이룬다. נָתַן은 칼 완료 3인칭 남성 단수로 '그가 주었다' 이다. לָקָח는 칼 완료 3인칭 남성 단수로 '그가 취하였다' 이다.

יְהִי שֵׁם יְהוָה מְבֹרָךְ 여호와의 이름이 축복을 받으실 것입니다.

יְהִי는 הָיָה(이다)의 칼 미완료 3인칭 남성 단수 단축형으로 '그는 ~일 것이다' 로 번역한다. שֵׁם יְהוָה는 복합 명사로 שֵׁם(이름)은 연계형으로 번역하면 '여호와의 이름' 로 문장의 주어이다. מְבֹרָךְ는 동사 בָּרַךְ(축복하다)의 푸알 분사 남성 단수 절대형으로 푸알형은 수동태이므로 '축복을 받는' 으로 번역된다.

▶ 이 절은 욥이 모든 것을 잃고도 하나님께 원망하지 않고 오히려 모든 것을 하나님의 주권으로 돌리는 것으로 이것이 욥의 신앙의 위대한 모습이다. 부와 귀와 가난과 고난도 모두 하나님의 손 안에 있다고 여기는 것이 참다운 신앙인 것이다.

55. 욥기 23장 10절

כִּי־יָדַע דֶּרֶךְ עִמָּדִי
בְּחָנַנִי כַּזָּהָב אֵצֵא

그러나 그가 나의 길을 아셨다.
그가 나를 시험할 때 내가 금처럼 나올 것이다.

כִּי־יָדַע דֶּרֶךְ עִמָּדִי 그러나 그가 나의 길을 아셨다.

이 구절은 כִּי가 이끄는 절로 여기서 접속사 כִּי는 '그러나' 의 의미로 해석된다. 이렇게 כִּי가 역접의 의미로 해석되는 경우가 있다.[21] יָדַע는 칼 3인칭 남성 단수형으로 '그가 알았다' 로 번역된다. דֶּרֶךְ עִמָּדִי에서 דֶּרֶךְ는 단수 명사로 '길' 로 번역되며 עִמָּדִי는 עִם(~와 함께)의 1인칭 단수형으로 일반적으로 '나와 함께' 의 뜻을 갖지만 여기서는 단순히 소유의 의미로 해석되어 דֶּרֶךְ עִמָּדִי를 '나의 길' 로 번역해야 한다.

בְּחָנַנִי כַּזָּהָב אֵצֵא 그가 나를 시험하셨고 내가 금처럼 나올 것이다.

בְּחָנַנִי는 בָּחַן(시험하다)의 칼 완료 3인칭 남성 단수형에 1인칭 단수 대명사접미를 붙인 형태이다. 이 단어는 זָהָב(금)와 같이 쓰여 상징적으로 '금을 제련하는 것처럼' 의 의미를 갖는다. 그러므로 번역하면 '그가 나를 시험하셨다' 이다. כַּזָּהָב는 전치사 כַּ(~처럼)+זָהָב(금)로 번역하면 '금처럼' 이다. 그런데 이 단어는 두 개의 동사 사이에 위치하여 두 동사 모두에게 걸리는 이중의 기능을 한다. אֵצֵא는 יָצָא(나오다)의 칼 미완료 1인칭 남성 단수형으로 '나는 나올 것이다' 로 번역된다. 그러므로 이 구문을 이중 기능을 살려 직역을 하면 '그가 나를 금처럼 단련하셨고 내가 금처럼 나올 것이다' 이다. 하지만 앞의 '금처럼' 은 없어도 문맥을 이해하는데 문제가 없으므로 생략하는 것이 더 적당해 보인다.

▶ 욥은 자신의 이해할 수 없는 고난을 모두 하나님의 섭리 하에 있는 시련으로 생각한다. 즉, 그는 하나님을 전적으로 신뢰하며 하나님께서 모든 것을 합력하여 선을 이루실 것을 믿은 것이다.

---

21) Williams § 447.

56. 시편 1편 1절

אַשְׁרֵי־הָאִישׁ אֲשֶׁר לֹא הָלַךְ בַּעֲצַת רְשָׁעִים
וּבְדֶרֶךְ חַטָּאִים לֹא עָמָד
וּבְמוֹשַׁב לֵצִים לֹא יָשָׁב

복 있는 사람은 악한 자들의 꾀로 걸어가지 않고
죄인들의 길에 서지 않고
경멸하는 자들의 자리에 앉지 않는 사람이다.

אַשְׁרֵי־הָאִישׁ אֲשֶׁר לֹא הָלַךְ בַּעֲצַת רְשָׁעִים
복 있는 사람은 악한 자들의 꾀로 걸어가지 않고

이 구문은 주어와 관계 대명사절로 이루어져 있으며 관계 대명사절이 보어의 역할을 하는 명사적 용법이다. 그리고 동사가 없는 명사 구문이다.

אַשְׁרֵי־הָאִישׁ는 문장의 주어이다며 אַשְׁרֵי는 명사 אֶשֶׁר(행복, 복)의 복수 연계형으로 직역하면 '복들의, 행복들의' 이지만 הָאִישׁ(사람)와 같이 복합명사로 사용될 때는 형용사처럼 해석되어 '복 있는 사람, 혹은 행복한 사람' 으로 해석된다.

אֲשֶׁר이하는 모두 관계 대명사절로 여기서 관계대명사는 '~하는 자' 로 번역이 된다. לֹא הָלַךְ는 부정어 לֹא(not)+הָלַךְ로 הָלַךְ(가다, 걷다)는 칼 완료 3인칭 남성 단수형이며 번역하면 '그가 걷지 않았다' 이다. בַּעֲצַת רְשָׁעִים는 전치사구로 전치사 בְּ(~안에)+복합명사 עֲצַת רְשָׁעִים로 עֲצַת은 עֵצָה(모략, 꾀)의 여성 단수 연계형이다. 그리고 רְשָׁעִים는 형용사 רָשָׁע(악한)의 남성 복수 절대형으로 여기서는 형용사의 독립적 용법으로 '악한 사람들' 로 번역이 된다. 그러므로 בַּעֲצַת רְשָׁעִים는 '악한 사람들의 꾀로' 로 번역된다.

וּבְדֶרֶךְ חַטָּאִים לֹא עָמָד 죄인들의 길에 서지 않고

이 구문은 전치사구가 앞에 나와 강조가 되고 있다. וּ는 접속사 '그리고' 이고 בְּדֶרֶךְ חַטָּאִים는 전치사 בְּ(~안에)+복합명사 דֶרֶךְ חַטָּאִים로 דֶרֶךְ(길)는 단수 명사 연계형이다. 그리고 חַטָּאִים는 형용사 חַטָּא(죄의)의 남성 복수 절대형으로 형용사의

독립적 용법으로 '죄인들'로 번역된다. 그러므로 בְּדֶרֶךְ חַטָּאִים는 '죄인들의 길에'로 번역된다.

לֹא עָמָד는 부정어 לֹא(not)+עָמַד(서다)이며 עָמָד는 칼 완료 3인칭 남성 단수형으로 번역하면 '그가 서지 않았다'이다.

וּבְמוֹשַׁב לֵצִים לֹא יָשָׁב 경멸하는 자들의 자리에 앉지 않는 사람이다.

이 구문도 앞의 구문과 같은 형태로 시적 통일성을 주고 있다. וּ는 접속사 '그리고'이고 בְּמוֹשַׁב לֵצִים는 전치사 בְּ(~안에)+복합명사 מוֹשַׁב לֵצִים이다. מוֹשָׁב(자리)는 남성 단수 연계형이고 לֵצִים은 לִיץ(경멸하다)의 칼 분사 남성 복수 절대형으로 여기서 분사는 '~하는 사람'의 의미로 사용되었기 때문에 여기서는 '경멸하는 사람'으로 번역된다. 그러므로 בְּמוֹשַׁב לֵצִים는 '경멸하는 자들의 자리에'로 번역된다.

לֹא יָשָׁב는 부정어 לֹא(not)+ יָשַׁב(앉다)이며 יָשָׁב는 칼 완료 3인칭 남성 단수형으로 번역하면 '그가 앉지 않는다'이다.

▶ 이 절은 시편을 들어가는 첫 절로 시편의 행복관 혹은 인간관, 세계관을 보여준다. 즉, 인간의 행복은 악한 자를 멀리하고 하나님의 말씀을 따라 사는 것이라는 것이다. 선인과 악인의 결과를 명확히 보여주므로 하나님의 말씀대로 살아야 함을 강조한다.

57. 시편 8편 1절

יְהוָה אֲדֹנֵינוּ
מָה־אַדִּיר שִׁמְךָ בְּכָל־הָאָרֶץ
אֲשֶׁר תְּנָה הוֹדְךָ עַל־הַשָּׁמָיִם

여호와 우리 주여
온 땅에 당신의 이름이 얼마나 장엄하신지요
하늘 위에 당신의 광채를 주십시오

יְהוָה אֲדֹנֵינוּ 여호와 우리 주여

이 부분은 호격으로 하나님의 이름을 부르고 있다. יְהוָה는 '여호와' 이고 אֲדֹנֵינוּ는 명사 אָדוֹן(주인)의 남성 복수명사 연계형에 1인칭 복수 대명사 접미를 붙인 것으로 번역하면 '우리의 주님이여' 이다.

מָה־אַדִּיר שִׁמְךָ בְּכָל־הָאָרֶץ 온 땅에 당신의 이름이 얼마나 장엄하신지요

이 문장은 감탄문으로 מָה־אַדִּיר에서 의문사 מָה(무엇)는 감탄사로 사용되어 '얼마나' 로 해석되며 אַדִּיר는 형용사로 '장엄한' 이다. 우리말에는 '아름다운' 으로 번역되어 있지만 원뜻인 '장엄한' 이 하나님의 이름에 어울리는 해석으로 보인다. 그러므로 같이 해석하면 '얼마나 장엄한지요' 이다. שִׁמְךָ는 문장의 주어로 명사 שֵׁם(이름)에 2인칭 남성 단수 인칭대명사를 붙인 것으로 '당신의 이름이' 로 번역이 된다. 그리고 בְּכָל־הָאָרֶץ는 장소를 나타내는 부사구로 전치사 בְּ(~안에)+כָל(모든)+정관사 הַ+אָרֶץ(땅)으로 '온 땅에' 라고 번역이 된다.

אֲשֶׁר תְּנָה הוֹדְךָ עַל־הַשָּׁמָיִם 하늘 위에 당신의 광채를 주십시오

이 문장은 관계대명사절이지만 여기서 אֲשֶׁר는 주어인 '당신을' 강조하는 역할을 하지만 해석되지 않는다. תְּנָה는 동사 נָתַן(주다)의 칼 명령형 남성 단수형에 접미 ה를 붙인 것으로 청유형이다. 그러므로 번역하면 '당신은 주십시오' 이다. הוֹדְךָ는 명사

הוֹד(광채)에 2인칭 대명사 접미를 붙인 것으로 번역하면 '당신의 광채' 이다. 그리고 עַל־הַשָּׁמָיִם는 부사구로 전치사 עַל(~위에)+정관사 הַ+שָׁמַיִם(하늘)으로 '하늘 위에' 로 번역한다.

▶ 이 절은 시로 상반절과 하반절이 거의 동일한 형식을 가지고 있다. 이 시는 수미상관법을 이루는 시로 여호와의 창조와 영광을 찬양하는 대표적인 찬양시이다.

58. 시편 23편 1-2절

יְהוָה רֹעִי
לֹא אֶחְסָר
בִּנְאוֹת דֶּשֶׁא יַרְבִּיצֵנִי
עַל־מֵי מְנֻחוֹת יְנַהֲלֵנִי

여호와는 나의 목자이십니다.
나는 부족하지 않을 것입니다.
그는 나를 초원에 눕게 하실 것입니다.
그는 나를 쉴만한 물가로 인도하실 것입니다.

יְהוָה רֹעִי 여호와는 나의 목자이십니다.

이 문장은 명사 문장으로 יְהוָה(여호와)가 주어이고 רֹעִי가 술부의 역할을 한다. רֹעִי는 동사 רָעָה(양을 치다)의 칼 분사 남성 단수 רֹעֶה에 1인칭 단수 대명사 접미를 붙인 형태로 분사 רֹעֶה는 '양치는 사람' 즉, '목동' 으로 번역이 된다. 그러므로 רֹעִי는 '나의 목자' 로 번역된다.

לֹא אֶחְסָר 나는 부족하지 않을 것입니다.

לֹא는 not이고 אֶחְסָר는 동사 חָסֵר(부족하다)의 칼 미완료 1인칭 단수형으로 לֹא אֶחְסָר를 번역하면 '나는 부족하지 않을 것입니다' 이다.

בִּנְאוֹת דֶּשֶׁא יַרְבִּיצֵנִי 그는 나를 초원에 눕게 하실 것입니다.

이 구절은 전치사구가 앞에 나와 강조를 하였다. בִּנְאוֹת דֶּשֶׁא는 전치사 בְּ(~안에)+ נְאוֹת דֶּשֶׁא로 נְאוֹת는 נָוָה(풀밭)의 여성 복수 연계형이고 דֶּשֶׁא(풀)는 남성 단수 절대형이다. 그러므로 בִּנְאוֹת דֶּשֶׁא을 직역하면 '풀의 밭' 이지만 '초원' 으로 번역하는 것이 더 적당하게 생각된다.

יַרְבִּיצֵנִי는 동사 רָבַץ(눕다)의 히필 미완료 3인칭 남성 단수형에 1인칭 남성 대명사를 붙인 것으로 직역하면 '그가 나를 눕게 만드실 것이다' 로 번역하면 '그가 나를 눕게

하실 것이다' 이다.

עַל־מֵי מְנֻחוֹת יְנַהֲלֵנִי 그는 나를 쉴만한 물가로 인도하실 것입니다.

이 문장도 전치사구가 앞으로 나와 강조가 된 것으로 עַל־מֵי מְנֻחוֹת는 전치사 עַל(~위, ~옆에)+ מֵי מְנֻחוֹת로 מֵי는 명사 מַיִם(물)의 복수 연계형이고 מְנֻחוֹת는 명사 מְנוּחָה(쉴 곳, 휴식)의 여성 복수 절대형이므로 עַל־מֵי מְנֻחוֹת는 '쉴만한 물가로' 로 번역이 된다.

יְנַהֲלֵנִי는 동사 נָהַל(인도하다)의 피엘 미완료 3인칭 남성 단수형에 1인칭 단수 대명사 접미를 붙인 것으로 번역하면 '그가 나를 인도하실 것이다' 이다.[22)]

▶ 시편 23편은 우리가 가장 잘 아는 구절 중의 하나로 하나님에 대한 철저한 신뢰를 표현한 시이다. 하나님은 우리가 그를 믿고 따라 갈 때에 우리에게 가장 좋은 곳으로 인도하시고 우리에게 평온한 마음을 주시는 것이다.

---

22) 참고: 여기서는 동사가 미완료형이기 때문에 일단은 미래형으로 번역하였지만 미래형보다는 현재 우리말 번역처럼 현재 시제로 번역하는 것이 더 적당하다. 시의 경우는 내러티브와 달리 시제의 개념이 좀 약하다. 그리고 여기서는 미래의 있을 상황이 아니라 하나님의 일반적인 성품을 말하고 있기 때문에 현재형으로 번역하는 것이 더 적당하다.

59. 시편 42편 1절

כְּאַיָּל תַּעֲרֹג עַל־אֲפִיקֵי־מָיִם
כֵּן נַפְשִׁי תַעֲרֹג אֵלֶיךָ אֱלֹהִים

사슴이 시냇물을 갈망하는 것 같이
그렇게 나의 영혼이 하나님 당신을 갈망합니다.

כְּאַיָּל תַּעֲרֹג עַל־אֲפִיקֵי־מָיִם 사슴이 시냇물을 갈망하는 것 같이

이 구문은 전체적으로 전치사 כְּ(~처럼)가 이끄는 종속절이다. אַיָּל(사슴)는 문장의 주어로 문장의 맨 앞에 나와 강조가 되고 있다. תַּעֲרֹג는 동사 עָרַג(갈망하다)의 칼 미완료 3인칭 여성 단수형으로 주어인 사슴이 여성 단수형이기 때문이다. 그리고 이 동사는 전치사 עַל이나 אֶל과 동반하여 숙어적으로 '~을 갈망하다' 라는 뜻을 갖는다. 그러므로 כְּאַיָּל תַּעֲרֹג을 번역하면 '사슴이 갈망하는 것 같이' 이다.

עַל־אֲפִיקֵי־מָיִם은 문장의 목적어로 전치사 עַל은 동사와 동반되어 사용된 것이고 אֲפִיקֵי־מָיִם은 복합 명사로 אֲפִיקֵי은 אָפִיק(수로, 통로)의 남성 복수 연계형이고 מָיִם(물)은 절대형이다. אֲפִיקֵי־מָיִם를 직역하면 '물의 통로들' 이지만 좀 더 시적으로 표현하여 우리말 번역으로 따라 '시냇물' 로 번역하였다.

כֵּן נַפְשִׁי תַעֲרֹג אֵלֶיךָ אֱלֹהִים 그렇게 나의 영혼이 하나님 당신을 갈망합니다.

이 구문은 접속사 כֵּן이 이끄는 주절로 여기서 '그렇게' 로 번역이 된다. נַפְשִׁי는 명사 נֶפֶשׁ(생명, 영혼)에 1인칭 단수 대명사 접미를 붙인 형태로 '나의 영혼' 으로 번역된다. תַּעֲרֹג는 동사 עָרַג(갈망하다)의 칼 미완료 3인칭 여성 단수형으로 주어인 נַפְשִׁי가 여성 단수형이기 때문이다. 그러므로 נַפְשִׁי תַעֲרֹג를 번역하면 '나의 영혼이 갈망합니다' 이다. אֵלֶיךָ는 전치사 אֶל에 2인칭 단수 대명사 접미를 붙인 것으로 위에서 설명한 것처럼 동사와 숙어적으로 사용된 것으로 이 문장에서는 목적어로 사용되었다. 그러므로 번역하면 '당신을' 이다. אֱלֹהִים은 여기서 목적어인 '당신' 의 구체적인 대상을 반복적으로 말한 것으로 여기서 אֱלֹהִים(하나님)은 호격이다.

▶ 이 절은 하나님을 갈망하는 시인의 마음을 물을 찾는 사슴에 비유하였다. 여기서 사슴은 광야에서 물을 찾지 못하면 죽는 것을 알기위해 목숨을 걸고 물을 찾는 것이다. 이런 사슴처럼 시인도 자신의 목숨을 걸고 생명의 근원인 여호와를 찾는다고 고백하는 것이다.

60. 시편 119편 105-106절

נֵר־לְרַגְלִי דְבָרֶךָ וְאוֹר לִנְתִיבָתִי
נִשְׁבַּעְתִּי וָאֲקַיֵּמָה
לִשְׁמֹר מִשְׁפְּטֵי צִדְקֶךָ

당신의 말씀은 나의 발에 등이요 나의 길에 빛입니다.
나는 맹세하고 확증하였습니다.
당신의 의로운 규례들를 지키기로

נֵר־לְרַגְלִי דְבָרֶךָ וְאוֹר לִנְתִיבָתִי 당신의 말씀은 나의 발에 등이요 나의 길에 빛입니다.

이 문장은 동사가 없는 명사 문장이며 주어는 דְבָרֶךָ로 문장의 가운데 위치하여 두 서술부의 주어 역할을 한다. דְבָרֶךָ는 דָּבָר(말)에 2인칭 단수 대명사 접미를 붙인 것으로 번역하면 '너의 말' 이지만 여기서 2인칭의 대상이 하나님이므로 '당신의 말씀' 으로 번역해야 한다.

נֵר־לְרַגְלִי는 서술부로 נֵר는 절대형으로 '등불' 이고 לְרַגְלִי는 전치사구로 전치사 לְ(~에게) + רַגְלִי이며 רַגְלִי는 명사 רֶגֶל(발)에 1인칭 단수 대명사 접미를 붙인 형태이다. 그러므로 לְרַגְלִי를 번역하면 '나의 발에게' 이다. 그러므로 נֵר־לְרַגְלִי를 번역하면 '나의 발에 등불입니다' 이다.

וְאוֹר לִנְתִיבָתִי도 서술부로 וְ는 접속사 '그리고' 이고 אוֹר는 명사로 '빛' 이다. 그리고 לִנְתִיבָתִי는 전치사구로 전치사 לְ(~에게) + נְתִיבָתִי이며 נְתִיבָתִי는 여성 명사 נְתִיבָה(길)에 1인칭 단수 대명사 접미를 붙인 형태이다. 그러므로 לִנְתִיבָתִי를 번역하면 '나의 길에게' 이다. וְאוֹר לִנְתִיבָתִי도 서술부이므로 번역을 하면 '그리고 나의 길의 빛입니다' 이다.

נִשְׁבַּעְתִּי וָאֲקַיֵּמָה 나는 맹세하고 확증하였습니다.

이 구문은 동사 두 개가 연결된 구문으로 נִשְׁבַּעְתִּי는 שָׁבַע(맹세하다)의 니팔 완료 1인칭 단수형으로 이 단어는 니팔형이 '맹세하다' 의 뜻을 가지므로 '나는 맹세하였다' 로 번역된다. 그리고 וָאֲקַיֵּמָה는 동사 קוּם(일어나다)의 바브연속법 피엘 미완료 1인칭 단수형에 강조의 ה를 붙인 형태로 1인칭 화자의 의지를 강조하고 있다. 그리고 קוּם의 피엘형의 뜻은 '확증하다, 완수하다' 이므로 וָאֲקַיֵּמָה를 번역하면 '그리고 나는 확증하였습니다' 이다.

לִשְׁמֹר מִשְׁפְּטֵי צִדְקֶךָ 당신의 의로운 규례들를 지키기로

이 구문은 앞의 구절과 연결되는 부정사 구문이다. לִשְׁמֹר는 전치사 לְ+שְׁמֹר로 שְׁמֹר는 동사 שָׁמַר(지키다)의 칼 부정사 연계형으로 번역하면 '지키기로' 이다. צִדְקֶךָ מִשְׁפְּטֵי는 שְׁמֹר의 목적어로 복합명사이다. מִשְׁפְּטֵי는 명사 מִשְׁפָּט(규례)의 남성 복수 연계형이고 צִדְקֶךָ는 명사 צֶדֶק(의)의 단수 절대형에 2인칭 남성 단수 대명사 접미를 붙인 형태로 여기서는 형용사처럼 번역된다. 그러므로 מִשְׁפְּטֵי צִדְקֶךָ를 번역하면 '당신의 의로운 규례들' 이다.

▶ 시편 119편은 토라 찬양시로 178개의 거의 모든 절에 토라와 비슷한 말이 들어있다. 이 절은 하나님의 말씀을 발의 등불과 길의 빛으로 비유하여 토라가 우리가 바른 곳으로 인도하는 기능을 하는 것을 강조하고 있다. 그렇기 때문에 시인들은 자신이 하나님의 말씀을 꼭 지키겠다고 결심을 하는 것이다.

61. 시편 127편 1절

אִם־יְהוָה לֹא־יִבְנֶה בַיִת
שָׁוְא עָמְלוּ בוֹנָיו בּוֹ
אִם־יְהוָה לֹא־יִשְׁמָר־עִיר
שָׁוְא שָׁקַד שׁוֹמֵר׃

만일 여호와께서 집을 짓지 않으시면
그의 집을 짓는 자들이 헛되게 일하는 것이다.
만약 여호와께서 성을 지키시지 않으시면
지키는 자가 헛되게 경계를 하는 것이다.

אִם־יְהוָה לֹא־יִבְנֶה בַיִת 만일 여호와께서 집을 짓지 않으시면

이 구문은 조건절로 **אִם**은 '만일' 로 번역된다. 그리고 주어인 **יְהוָה**가 앞으로 나와 강조가 되었다. **לֹא־יִבְנֶה בַיִת**에서 **לֹא־יִבְנֶה**는 동사 **בָּנָה**(짓다)의 칼 미완료 3인칭 남성 단수에 부정사 **לֹא**(not)를 붙인 것이다. 그리고 **בַיִת**는 '집' 이므로 **לֹא־יִבְנֶה בַיִת אִם־יְהוָה**는 '만일 여호와께서 집을 짓지 않으시면' 이 된다.

שָׁוְא עָמְלוּ בוֹנָיו בּוֹ 그의 집을 짓는 자들이 헛되게 일하는 것이다.

이 구문은 앞 문장과 연결된 결과절이다. **שָׁוְא**는 동사 보다 앞에 나와 강조가 된 부사로 '헛되게' 로 번역된다. 그리고 **עָמְלוּ**는 동사 **עָמַל**(일하다)의 칼 완료 3인칭 복수형으로 '그들이 일했다' 이다. 그리고 **בוֹנָיו**는 **בָּנָה**(건축하다)의 칼 분사 남성 복수형에 3인칭 남성 단수 대명사 접미를 붙인 형태로 '그것을 건축하는 자들' 로 번역이 되며 문장의 주어로 역할을 한다. 그리고 **בּוֹ**는 전치사 **בְּ**에 3인칭 남성 단수 대명사 접미를 붙인 것으로 여기서는 **בוֹנָיו**와 같이 사용되어 '그의 집을 짓는 자' 로 번역된다.

אִם־יְהוָה לֹא־יִשְׁמָר־עִיר 만약 여호와께서 성을 지키시지 않으시면

이 구문은 첫 번째 문장과 같은 형식의 조건절로 **אִם**은 '만일' 로 번역된다. 여기서도

마찬가지로 יְהוָה가 주어이다. לֹא־יִשְׁמָר־עִיר는 동사 שָׁמַר(지키다))의 칼 미완료 3인칭 남성 단수형에 부정사 לֹא(not)를 붙인 것이고 עִיר(성)는 목적어이므로 번역하면 '성을 지키지 않을 것이다' 이다. 그러므로 אִם־יְהוָה לֹא־יִשְׁמָר־עִיר는 '만약 여호와께서 성을 지키지 않으시면' 으로 번역된다.

שָׁוְא שָׁקַד שׁוֹמֵר 지키는 자가 헛되게 경계를 하는 것이다.

이 구문도 앞의 두 번째 행과 동일한 형태로 부사인 שָׁוְא(헛되이)가 앞에 나와 강조가 되었다. שָׁקַד는 '경계하다' 라는 뜻으로 칼 완료 3인칭 남성 단수형이며 '그가 경계하였다' 로 번역되며 שׁוֹמֵר는 문장의 주어이며 שָׁמַר(지키다)의 칼 분사 남성 단수형으로 '지키는 자' 로 번역이 된다.

▶ 이 절은 우리의 인생에서 무엇이 가장 중요한 지를 말하는 것으로 우리 인생에서 가장 중요한 것은 하나님이 함께하신다는 것이다. 하나님이 함께 하시지 않으면 우리의 모든 노력들이 헛되다는 것이다. 반대로 무엇을 하든 늘 하나님과 동행하면 2절에서 말하는 깊은 잠을 자는 것 같은 평안을 누릴 수 있을 것이다.

62. 잠언 1장 7절

יִרְאַת יְהוָה רֵאשִׁית דָּעַת
חָכְמָה וּמוּסָר אֱוִילִים בָּזוּ

여호와를 경외하는 것이 지식의 시작이다.
어리석은 자들은 지혜와 훈계를 멸시한다.

יִרְאַת יְהוָה רֵאשִׁית דָּעַת 여호와를 경외하는 것이 지식의 시작이다.

이 구문은 명사 구문으로 복합 명사 두 개가 문장을 이루고 있다. **יִרְאַת יְהוָה**에서 **יִרְאַת**는 **יִרְאָה**(경외, 두려움)의 여성 단수 연계형으로 **יְהוָה**와 함께 직역하면 '여호와의 경외' 이지만 좀 더 의미를 분명하게 살려서 번역하면 '여호와를 경외하는 것' 으로 주어의 역할을 한다. **רֵאשִׁית דָּעַת**에서 **רֵאשִׁית**(머리, 시작)는 연계형이고 **דָּעַת**는 절대형으로 '지식' 이다. 그러므로 직역하면 '지식의 시작' 이며 서술부에 해당하므로 '지식의 시작이다' 로 번역해야 한다.

חָכְמָה וּמוּסָר אוִילִים בָּזוּ 어리석은 자들은 지혜와 훈계를 멸시한다.

이 문장은 목적어가 앞으로 나와 강조가 된 동사 문장이다. **חָכְמָה וּמוּסָר**는 문장의 목적어로 **חָכְמָה**는 '지혜' 이고 **מוּסָר**는 '훈계' 이다. **אֱוִילִים**은 문장의 주어로 **אֱוִיל**(어리석은 자)의 남성 복수형이다. **בָּזוּ**는 **בּוּז**(멸시하다)의 칼 완료 3인칭 남성 복수형으로 직역하면 '그들은 멸시했다' 이다. 하지만 이 문장은 격언이므로 과거형보다는 현재형으로 번역하는 것이 더 적당하다. 그러므로 **אֱוִילִים בָּזוּ**를 번역하면 '어리석은 자들은 멸시한다' 이다.

▶ 이 절은 잠언의 주제가 되는 절로 모든 지혜와 지식의 근본이 여호와께 있다는 것을 천명하고 이 기본 위에 하나님의 백성이 어떻게 지혜롭게 살 것인가를 이야기하고 있다. 여기서 어리석은 자는 머리가 나쁜 사람이 아니라 하나님의 말씀을 무시하는 자이다.

63. 잠언 3장 11-12절

מוּסַר יְהוָה בְּנִי אַל־תִּמְאָס
וְאַל־תָּקֹץ בְּתוֹכַחְתּוֹ
כִּי אֶת אֲשֶׁר יֶאֱהַב יְהוָה יוֹכִיחַ
וּכְאָב אֶת־בֵּן יִרְצֶה

내 아들아 여호와의 훈계를 거부하지 말아라
그리고 그의 책망을 싫어하지 말아라
왜냐하면 여호와는 사랑하는 자를 꾸짖으시기 때문이다.
아들을 기뻐하는 아버지처럼.

מוּסַר יְהוָה בְּנִי אַל־תִּמְאָס 내 아들아 여호와의 훈계를 거부하지 말아라

이 구문은 부정 명령문이다. מוּסַר יְהוָה는 목적어로 동사보다 앞에 나와 강조가 되었다. מוּסַר는 מוּסָר(훈계)의 단수 연계형으로 מוּסַר יְהוָה는 '여호와의 훈계' 로 번역된다. בְּנִי는 בֵּן(아들)에 1인칭 단수 대명사접미를 붙인 형태로 여기서는 호격이다. 그러므로 '나의 아들아' 로 번역된다.

אַל־תִּמְאָס는 אַל(not)+תִּמְאָס로 תִּמְאָס는 동사 מָאַס(거부하다)의 칼 미완료 2인칭 남성 단수형이다. 그런데 אַל+2인칭 미완료형은 명령법으로 해석되므로 אַל־תִּמְאָס를 번역하면 '거부하지 말아라' 이다.

וְאַל־תָּקֹץ בְּתוֹכַחְתּוֹ 그리고 그의 책망을 싫어하지 말아라

이 구문도 위와 동일한 부정 명령문으로 וְ는 접속사 '그리고' 이다. אַל־תָּקֹץ는 אַל(not)+תָּקֹץ로 תָּקֹץ는 동사 קוּץ(싫어하다)의 칼 미완료 2인칭 남성 단수형이며 위에서처럼 אַל־תָּקֹץ는 부정명령문으로 '싫어하지 말아라' 로 번역된다. בְּתוֹכַחְתּוֹ는 전치사 בְּ+תוֹכַחְתּוֹ로 전치사 בְּ는 동사 קוּץ와 연결되어 숙어적으로 사용된 것으로 여기서는 해석이 되지 않는다. תוֹכַחְתּוֹ는 문장의 목적어로 기능하며 명사 תוֹכַחַת(책망)에 3인칭 남성 단수 대명사 접미를 붙인 것으로 '그의 책망' 으로 번역된다.

כִּי אֶת אֲשֶׁר יֶאֱהַב יְהוָה יוֹכִיחַ 왜냐하면 여호와는 사랑하는 자를 꾸짖으시기 때문이다.

이 문장은 כִּי로 시작하는 이유를 설명하는 구문이다. 즉, 여호와의 책망을 싫어하지 말아야 하는 이유를 말하는 것이므로 כִּי는 '왜냐하면' 으로 번역된다. אֶת אֲשֶׁר יֶאֱהַב는 문장의 목적어로 기능하며 אֶת으로 목적격 불변화사이고 אֲשֶׁר는 관계대명사이고 יֶאֱהַב는 동사 אָהֵב(사랑하다)의 칼 미완료 3인칭 남성 단수형으로 직역하면 '그가 사랑할 것이다' 이다. אֲשֶׁר יֶאֱהַב는 선행사 없는 관계대명사절로 '그가 사랑하는 사람' 으로 번역이 된다. 그러므로 אֶת אֲשֶׁר יֶאֱהַב는 '그가 사랑하는 사람을' 로 번역된다.[23] יוֹכִיחַ는 문장의 동사로 동사 יָכַח(결정하다, 꾸짖다)의 히필 미완료 3인칭 남성 단수형이다. יְהוָה는 문장의 주어로 יְהוָה יוֹכִיחַ를 번역하면 '여호와는 꾸짖으신다' 로 번역된다. 잠언은 일반적인 진리를 말하고 있기 때문에 미완료가 주로 현재 시제로 번역된다.[24]

וּכְאָב אֶת־בֵּן יִרְצֶה 아들을 기뻐하는 아버지처럼.

이 문장은 앞의 문장과 연결되는 것으로 여호와를 좀 더 부연 설명하는 부사절이다. וּכְאָב는 접속사 וְ(그리고)+ 전치사 כְּ(~처럼) + אָב(아버지)로 여기서 접속사 וְ는 번역되지 않는다. 그러므로 וּכְאָב는 '아버지처럼' 이다. אֶת־בֵּן는 목적어로 אֶת는 목적격 불변사이고 בֵּן는 '아들' 이다. יִרְצֶה는 동사 רָצָה(기뻐하다)의 칼 미완료 3인칭 남성 단수형으로 직역하면 '그가 기뻐하다' 이다. 여기서 '그'는 '아버지' 를 가리킨다. 하지만 아버지에 전치사 כְּ가 붙어있기 때문에 여기서는 동사가 서술적인 기능보다는 수식적 기능을 하고 있다. 그렇기 때문에 יִרְצֶה를 '기뻐하는' 으로 번역하는 것이 더 적당하다.

▶ 이 절에 따르면 우리가 잘못했을 때 하나님께서 징계를 하시는 것은 하나님께서 우리를 사랑하신다는 증거이다. 그러므로 징계를 받고 어려움에 처하면 아프지만 그럼에도 불구하고 감사하고 기뻐해야하는 것은 하나님은 우리를 사랑하시는 아버지이시기 때문이다.

---

23) Williams § 464.
24) 주옹-무라오까, § 113. c.

64. 잠언 31장 30-31절

שֶׁקֶר הַחֵן וְהֶבֶל הַיֹּפִי
אִשָּׁה יִרְאַת־יְהוָה הִיא תִתְהַלָּל
תְּנוּ־לָהּ מִפְּרִי יָדֶיהָ
וִיהַלְלוּהָ בַשְּׁעָרִים מַעֲשֶׂיהָ

우아함도 거짓되고 아름다움도 헛되다.
여호와를 경외하는 여자인 그녀는 칭송을 받을 것이다
그녀의 양손의 열매를 그녀에게 주어라
그리고 성문에서 그녀의 업적에 대해 그녀를 칭송하라

שֶׁקֶר הַחֵן וְהֶבֶל הַיֹּפִי 우아함도 거짓되고 아름다움도 헛되다

이 문장은 형용사가 서술적 용법으로 사용된 문장이다. שֶׁקֶר הַחֵן에서 שֶׁקֶר는 형용사 남성 단수형으로 '거짓되다'로 번역된다. הַחֵן은 관사 הַ + חֵן(우아함, 호의)으로 주어의 역할을 한다. 여기서는 '호의'보다는 현숙한 여인을 묘사하고 있기 때문에 '우아함'으로 번역하는 것이 더 적당하다. 여기서 '우아함'은 외모보다는 인품을 말하고 있다.

וְהֶבֶל הַיֹּפִי이 한 문장으로 וְהֶבֶל은 접속사 וְ + הֶבֶל(헛됨)로 문장의 서술어로 기능하므로 번역하면 '그리고 헛되다'이다. הֶבֶל은 전도서에 가장 많이 나오는 단어로 본래의 뜻은 '숨, 안개, 연기'로 여기서 파생되어 '헛됨'으로 번역되는 것이다. הַיֹּפִי는 문장의 주어로 관사 הַ+יָפִי(아름다움)으로 יָפִי는 여성의 외모를 나타내는 단어로 '아름다움'이라고 번역할 수 있다.

אִשָּׁה יִרְאַת־יְהוָה הִיא תִתְהַלָּל 여호와를 경외하는 여자인 그녀는 칭송을 받을 것이다

이 문장은 주어가 앞으로 나와 강조가 되고 있는 구문이다. אִשָּׁה יִרְאַת־יְהוָה는 문장의 주어이다. אִשָּׁה는 명사로 '여자'이고 יִרְאַת־יְהוָה는 앞의 אִשָּׁה를 꾸며주는 것으로 יִרְאַת는 יָרֵא(두려워하다, 경외하다)의 분사 여성 단수 연계형으로 יְהוָה를 목적어로 취하고 있다. 분사 연계형이므로 현재적으로 번역하여 '여호와를 경외하는'으로 번역된다. הִיא(그녀)는 앞의 '여호와를 경외하는 여자'를 강조하는 기능으로 사용되었다.

תִּתְהַלָּל는 동사 הָלַל(찬양하다)의 히트파엘 미완료 3인칭 여성 단수형으로 여기서 히트파엘형은 재귀적용법이 아니라 수동태인 '찬양받다'의 의미로 사용되었다. 그런데 여기서는 대상이 하나님이 아닌 사람이므로 '찬양받을 것이다' 라는 번역보다는 '칭송받을 것이다' 라는 번역이 더 적당해 보인다.

תְּנוּ־לָהּ מִפְּרִי יָדֶיהָ 그녀의 양손의 열매를 그녀에게 주어라

이 문장은 명령문으로 תְּנוּ는 동사 נָתַן(주다)의 칼 명령 남성 복수형이고 לָהּ는 전치사 לְ(~에게)에 3인칭 여성 단수 대명사 접미를 붙인 형태이다. 그러므로 תְּנוּ־לָהּ는 '그녀에게 주어라' 로 번역이 된다. מִפְּרִי יָדֶיהָ는 문장의 목적어로 기능을 하며 전치사 מִן(~에서 나온) + פְּרִי יָדֶיהָ로 פְּרִי יָדֶיהָ는 명사 פְּרִי(열매)의 남성 단수 연계형이고 יָדֶיהָ는 명사 יָד(손)의 여성 쌍수 연계형에 3인칭 여성 단수 대명사 접미를 붙인 형태로 '그녀의 양손' 이다. 그러므로 מִפְּרִי יָדֶיהָ를 직역하면 '그녀의 양손의 열매에서 나온 것을' 이지만 '그녀의 양손의 열매에서 나온 것' 은 결국 '그녀의 양손의 열매' 를 의미하므로 여기서는 מִן을 해석하지 않고 그냥 목적어로 해석하여 '그녀의 양손의 열매를' 로 번역하였다.

וִיהַלְלוּהָ בַשְּׁעָרִים מַעֲשֶׂיהָ

그리고 성문에서 그녀의 업적에 대해 그녀를 칭송하게 하라

וִיהַלְלוּהָ는 접속사 וְ + יְהַלְלוּהָ로 יְהַלְלוּהָ는 동사 הָלַל(찬양하다)의 피엘 미완료 3인칭 남성 복수형에 3인칭 여성 단수 대명사 접미를 붙인 형태로 형태는 jussive가 아니지만 여기서는 jussive의 의미로 사용되었다. 그러므로 וִיהַלְלוּהָ를 직역을 하면 '그리고 그들이 그녀를 칭송하게 하라' 이다. בַשְּׁעָרִים는 전치사 בְּ(~에서) + שְּׁעָרִים으로 שְּׁעָרִים은 שַׁעַר(문)의 남성 복수형으로 직역하면 '문들에서' 이지만 성문에 문짝이 하나가 아니므로 '성문에서' 로 번역하였다. מַעֲשֶׂיהָ는 문장의 목적어로 명사 מַעֲשֶׂה(일, 업적)에 3인칭 여성 단수 대명사접미를 붙인 형태로 번역하면 '그녀의 업적' 이다.

▶ 이 절은 현숙한 여인에 대한 칭송으로 이 현숙한 여인은 지혜의 화신이다. 즉, 지혜를 얻는 자는 현숙하고 유능한 여인을 아내로 얻는 것과 같은 유익과 기쁨을 누릴 수 있다는 것이다.

65. 전도서 1장 2-3절

הֲבֵל הֲבָלִים אָמַר קֹהֶלֶת
הֲבֵל הֲבָלִים הַכֹּל הָבֶל
מַה־יִּתְרוֹן לָאָדָם בְּכָל־עֲמָלוֹ
שֶׁיַּעֲמֹל תַּחַת הַשָּׁמֶשׁ

헛됨은 헛되다. 전도자가 말하였다.
헛됨은 헛되다. 모든 것이 헛되도다
그의 모든 수고가 사람에게 무엇이 유익한가?
해아래서 그가 수고하는

הֲבֵל הֲבָלִים אָמַר קֹהֶלֶת 헛됨은 헛되다. 전도자가 말하였다.

일반적인 구문은 직접화법을 이끄는 절이 먼저 나오는데 여기서는 전도자의 말이 먼저 나왔다. הֲבֵל הֲבָלִים은 명사문장으로 주어가 הֲבֵל이고 서술부가 הֲבָלִים이다. הֲבֵל은 일차적인 뜻은 '공기, 기체, 안개' 이다. 하지만 여기서 파생된 이차적인 뜻은 '헛됨' 이다. 헛됨은 전도서에서 '무가치함과 부조리함' 이란 두 가지 의미를 가진다. 여기서는 무가치함을 의미하는 '헛됨' 으로 번역하는 것이 적당하다. הֲבָלִים은 הֲבֵל의 남성 복수형으로 직역하면 '헛됨들' 이지만 הֲבֵל은 추상명사로 해석되므로 여기서의 복수형은 강조를 위한 것으로 해석된다. 그러므로 הֲבֵל הֲבָלִים은 '헛됨은 헛되다' 로 번역된다.

אָמַר קֹהֶלֶת에서 אָמַר는 칼 완료 3인칭 남성 단수형으로 '그가 말했다' 로 번역되고 קֹהֶלֶת은 남성 단수 명사로 '회집자, 설교자' 의 뜻을 가지며 한글 성경은 전통적으로 '전도자' 로 번역한다.

הֲבֵל הֲבָלִים הַכֹּל הָבֶל 헛됨은 헛되다. 모든 것이 헛되다

הַכֹּל הָבֶל은 명사 문장으로 הַכֹּל은 주어이고 הָבֶל은 서술어로 기능한다. הַכֹּל은 관사 הַ+כֹּל(모든 것)으로 '모든 것이' 로 번역된다. הָבֶל은 서술어로 '헛되다' 로 번역된다.

מַה־יִּתְרוֹן לָאָדָם בְּכָל־עֲמָלוֹ 그의 모든 수고가 사람에게 무엇이 유익한가?

이 문장은 의문문이다. מַה־יִּתְרוֹן은 의문사 מָה(무엇)+יִתְרוֹן(유익)으로 מַה가 주어이고 יִתְרוֹן가 서술부에 해당된다. 그러므로 번역하면 '무엇이 유익한가?' 이다. לָאָדָם은 전치사 לְ(~에게)+אָדָם(사람)으로 '사람에게' 로 번역된다.

בְּכָל־עֲמָלוֹ은 전치사구로 여기서는 의미상 주어의 기능을 한다. 전치사 בְּ(~로)+כָּל(모든 것)의 연계형 + עֲמָלוֹ로 עֲמָלוֹ는 עָמָל(일, 수고)에 3인칭 남성 단수 대명사 접미를 붙인 형태로 번역하면 '그의 모든 수고가' 이다. 여기서 전치사 בְּ는 '~에 대해' 의 의미를 가지나 의미상 주어로 기능하므로 주격으로 번역하였다.

שֶׁיַּעֲמֹל תַּחַת הַשָּׁמֶשׁ 해아래서 그가 수고하는

이 구문은 관계대명사절로 앞의 בְּכָל־עֲמָלוֹ를 수식하고 있다. שֶׁיַּעֲמֹל는 שֶׁ+יַעֲמֹל로 שֶׁ는 관계대명사 אֲשֶׁר의 단축형으로 후기 히브리어에 많이 사용된다.[25] יַעֲמֹל은 עָמַל(수고하다)의 칼 미완료 3인칭 남성 단수형으로 여기서는 일반적인 진리를 이야기 하고 있기 때문에 현재 시제인 '그가 수고하다' 로 번역하였다. תַּחַת הַשָּׁמֶשׁ는 전치사구로 전치사 תַּחַת(~아래) + 관사 הַ +שָׁמֶשׁ(태양)로 번역하면 '해 아래서' 이다. 전도서에서 해 아래는 하나님의 말씀보다는 인간들의 질서가 지배하는 곳이다.

▶ 이 절은 전도서의 주제가 되는 구절로 전도자는 해 아래의 모든 것이 헛되다고 '헤벨' 을 한 절에 7번이나 사용하며 강조하고 있다. 여기서 해 아래는 하나님을 바라보지 않고 인간적인 방법으로 사는 인간 세상을 의미한다.

---

25) Williams § 470.

66. 전도서 12장 1절

וּזְכֹר אֶת־בּוֹרְאֶיךָ בִּימֵי בְּחוּרֹתֶיךָ
עַד אֲשֶׁר לֹא־יָבֹאוּ יְמֵי הָרָעָה
וְהִגִּיעוּ שָׁנִים
אֲשֶׁר תֹּאמַר אֵין־לִי בָהֶם חֵפֶץ

너는 청년의 때에 너의 창조주를 기억하라
악한 날들이 아직 오지 않았다.
그리고 해들이 가까워지기 전에
그것들에게 나에게 즐거움이 없다고 말하는

וּזְכֹר אֶת־בּוֹרְאֶיךָ בִּימֵי בְּחוּרֹתֶיךָ 너는 청년의 때에 너의 창조주를 기억하라

이 구문은 명령문으로 וּזְכֹר는 접속사 וּ+זְכֹר로 זְכֹר는 זָכַר(기억하다)의 칼 명령 남성 단수형으로 번역하면 '너는 기억하라' 이다. אֶת־בּוֹרְאֶיךָ는 문장의 목적어로 אֶת는 목적격 불변사이고 בּוֹרְאֶיךָ는 בָּרָא(만들다)의 칼 분사 남성 복수 연계형에 2인칭 남성 단수 대명사 접미가 붙은 형태로 분사는 '~한 사람' 의 의미를 가지며 여기서 대명사 접미는 분사의 목적어 기능을 하므로 אֶת־בּוֹרְאֶיךָ를 번역하면 '너의 창조주를' 이 된다.

בִּימֵי בְּחוּרֹתֶיךָ는 시간을 나타내는 부사구로 전치사 בְּ(~때)+ יְמֵי בְּחוּרֹתֶיךָ로 יְמֵי בְּחוּרֹתֶיךָ에서 יְמֵי는 יוֹם(날)의 복수 연계형이고 בְּחוּרֹתֶיךָ는 여성 복수 명사인 בְּחוּרוֹת(젊음, 유년)에 2인칭 남성 단수 대명사 접미를 붙인 형태로 בִּימֵי בְּחוּרֹתֶיךָ를 번역하면 '너의 젊은 날들에' 이다.

עַד אֲשֶׁר לֹא־יָבֹאוּ יְמֵי הָרָעָה 악한 날들이 아직 오지 않았다

이 구문은 전치사 עַד에 걸리는 관계대명사절로 여기서 עַד אֲשֶׁר는 '~하기 까지' 의 의미를 가진다. לֹא־יָבֹאוּ는 부정사 לֹא(not)+ יָבֹאוּ로 יָבֹאוּ는 בּוֹא(오다)의 칼 미완료 3인칭 남성 복수형으로 직역을 하면 '오지 않을 것이다' 이지만 여기서는 לֹא를

'아직' 의 개념으로 이해하여 '그것들이 아직 오지 않았다' 로 번역하는 것이 더 적당하다. יְמֵי הָרָעָה는 문장의 주어로 יְמֵי는 יוֹם(날)의 복수 연계형이고 הָרָעָה는 관사 הָ + רָעָה(악)로 יְמֵי הָרָעָה를 번역하면 '악한 날들이' 이다.

וְהִגִּיעוּ שָׁנִים 그리고 해들이 가까워지기 전까지

이 구문은 앞의 구문과 연결되는 등위구문이다. וְהִגִּיעוּ는 נָגַע(가까이가다)의 바브 연속법 히필 완료 3인칭 남성 복수형으로 히필형은 '가까이가다, 도착하다' 의 의미를 가진다. 그러므로 번역하면 '그리고 그들이 가까워질 것이다' 이다. שָׁנִים는 주어로 שָׁנָה(해, 년)의 남성 복수형이며 '해들이' 로 번역된다. 여기서 앞 구절의 '날들' 과 '해들' 이 서로 평행을 이루고 있다.

אֲשֶׁר תֹּאמַר אֵין־לִי בָהֶם חֵפֶץ 그것들에게 나에게 즐거움이 없다고 말하는

이 구문은 앞의 שָׁנִים을 꾸며주는 관계대명사절이다, 그리고 תֹּאמַר는 청년의 말을 직접화법으로 인용하는 기능을 하며 אָמַר(말하다)의 칼 미완료 남성 2인칭 단수형으로 번역하면 '네가 말할 것이다' 이다. אֵין־לִי בָהֶם חֵפֶץ는 청년이 직접 말한 내용으로 동사가 없는 명사 문장이며 אֵין(없다)이 서술어의 기능을 한다. אֵין־לִי는 אֵין(없다)+לִי로 לִי는 전치사 לְ(~에게)에 1인칭 단수 대명사 접미를 붙인 것으로 번역하면 '나에게' 이다. 그러므로 אֵין־לִי는 '나에게 없다' 이다. בָהֶם은 전치사 בְּ(~안에)에 3인칭 남성 복수 대명사 접미를 붙인 형태로 번역하면 '그것들 안에, 혹은 그것들에게' 이다. חֵפֶץ는 문장의 주어로 남성 단수 명사이며 번역하면 '즐거움이' 이다.

▶ 이 절은 전도서의 특징을 가장 잘 나타내는 구절로 전도자는 청년에게 하고 싶은 것을 모두 해 볼 수 있다고 말한다. 하지만 청년이 모든 것을 하는 가운데 기억해야 할 것은 바로 창조주가 계시며 그가 그의 행동에 대해 판단하실 것이라는 것이다. 이것은 우회적인 방법으로 청년들에게 바르게 살라고 권면하는 것이다. 직설적으로 바르게 살라는 잠언과 대조되는 부분이다.

67. 아가서 8장 6절

שִׂימֵנִי כַחוֹתָם עַל־לִבֶּךָ
כַּחוֹתָם עַל־זְרוֹעֶךָ
כִּי־עַזָּה כַמָּוֶת אַהֲבָה
קָשָׁה כִשְׁאוֹל קִנְאָה
רְשָׁפֶיהָ רִשְׁפֵּי אֵשׁ שַׁלְהֶבֶתְיָה

너는 나를 두라 도장같이 너의 마음 위에
도장같이 너의 팔에
참으로 사랑은 죽음처럼 강하고
질투는 스올처럼 잔인하다
그것의 불길이 불의 불길이 여호와의 불길이다.

שִׂימֵנִי כַחוֹתָם עַל־לִבֶּךָ 너는 나를 두라 도장같이 너의 마음 위에

이 문장은 명령문이다. שִׂימֵנִי는 שׂוּם(두다)의 칼 남성 단수 명령형에 1인칭 단수 대명사 접미를 붙인 것으로 번역하면 '너는 나를 두라' 이다. כַחוֹתָם는 전치사 כְּ(~처럼, ~같이) + חוֹתָם(도장)이며 번역하면 '도장같이' 이다. עַל־לִבֶּךָ은 전치사 עַל(~위에)+ לִבֶּךָ로 לִבֶּךָ는 명사 לֵב(마음)에 2인칭 남성 단수 대명사 접미를 붙인 것으로 '너의 마음' 이므로 עַל־לִבֶּךָ는 '너의 마음 위에' 로 번역된다.

כַּחוֹתָם עַל־זְרוֹעֶךָ 도장같이 너의 팔에

이 구절은 앞의 כַחוֹתָם와 평행을 이루는 전치사 구문이다. עַל־זְרוֹעֶךָ은 전치사 עַל(~위에)+ זְרוֹעֶךָ로 זְרוֹעֶךָ는 זְרוֹעַ(팔)에 2인칭 남성 단수 대명사 접미를 붙인 형태이며 '너의 팔' 이다. 그러므러 עַל־זְרוֹעֶךָ는 번역하면 '너의 팔에' 로 번역된다.

כִּי־עַזָּה כַמָּוֶת אַהֲבָה 참으로 사랑은 죽음처럼 강하고

이 구문은 명사구문이며 접속사 כִּי는 강조의 기능을 하며 '참으로' 로 번역된다. עַזָּה

는 형용사 עַז(강한)의 여성 단수형으로 주어인 אַהֲבָה(사랑)가 여성 단수 명사이기 때문이다. 그러므로 עַזָּה는 '강하다'로 번역된다. כַמָּוֶת는 전치사 כְּ(~처럼, ~같이)+ מָוֶת이며 מָוֶת는 명사로 '죽음'이다. 그러므로 כַמָּוֶת는 '죽음처럼'으로 번역된다.

קָשָׁה כִשְׁאוֹל קִנְאָה 질투는 스올처럼 잔인하다

이 구문은 앞의 구문과 평행되는 구문이다. קָשָׁה는 형용사로 여성 단수형으로 여기서는 서술어로 번역되어 '잔인하다'이다. 이것은 주어인 명사 קִנְאָה(질투)가 여성 단수 명사형이기 때문이다. כִשְׁאוֹל은 전치사 כְּ(~처럼, ~같이)+ שְׁאוֹל(스올)로 번역하면 '스올처럼'이다.

רְשָׁפֶיהָ רִשְׁפֵּי אֵשׁ שַׁלְהֶבֶתְיָה 그것의 불길이 불의 불길이 여호와의 불길이다.

이 구문은 명사 문장으로 동일한 단어로 주어가 반복되어 강조된 형태이다. רְשָׁפֶיהָ는 רֶשֶׁף(불길)의 남성 복수형에 3인칭 여성 대명사접미를 붙인 형태로 번역하면 '그것의 불길이'이다. 여기서 대명사접미가 가리키는 것은 여성단수 קִנְאָה(질투)이다. אֵשׁ רִשְׁפֵּי는 복합 명사로 רִשְׁפֵּי는 רֶשֶׁף(불길)의 남성 복수 연계형이고 אֵשׁ는 '불'로 단수 절대형이다. 그러므로 רִשְׁפֵּי אֵשׁ는 '불의 불꽃들'이다. 여기서 רְשָׁפֶיהָ와 רִשְׁפֵּי אֵשׁ는 강조를 위한 반복이다. 그리고 또한 주어의 역할을 하는 명사가 앞으로 나와 강조가 되었다. שַׁלְהֶבֶתְיָה는 여성명사 שַׁלְהֶבֶת(불길)에 יָה를 붙인 것으로 יָה는 יְהוָה의 단축형이다. 그러므로 직역을 하면 '여호와의 불꽃'이며 이것은 일반적으로 '강력한 불꽃'이란 의미를 가진다.[26]

▶ 아가서는 이성간의 사랑을 노래한 것으로 이 구절은 이성간의 사랑과 질투의 감정이 얼마나 강렬하며 무서울 수 있 잘 보여주는 구절이라고 할 수 있다. 질투는 후에 선지서에서 하나님께서 이스라엘에 대한 분노를 나타내실 때 사용되는 감정으로 등장한다.

---

26) Williams § 81. 신의 이름을 사용하여 최상급을 나타낸다.

68. 이사야 1장 3절

יָדַע שׁוֹר קֹנֵהוּ וַחֲמוֹר אֵבוּס בְּעָלָיו
יִשְׂרָאֵל לֹא יָדַע עַמִּי לֹא הִתְבּוֹנָן

소는 임자를 그리고 나귀는 그의 주인의 구유를 안다.
이스라엘은 알지 못한다. 나의 백성은 이해하지 못한다.

יָדַע שׁוֹר קֹנֵהוּ וַחֲמוֹר אֵבוּס בְּעָלָיו

소는 임자를 그리고 나귀는 그의 주인의 구유를 안다.

이 구절은 두 개의 절로 이루어져 있지만 동사가 하나만 나와 앞 뒤 문장에 모두 기능하는 이중 역할을 한다. יָדַע는 칼 완료 3인칭 남성 단수로 '그가 알다' 이다. שׁוֹר는 '숫소' 로 문장의 주어이다. קֹנֵהוּ는 문장의 목적어로 קָנָה(얻다, 사다)의 칼 분사 남성 단수 연계형에 3인칭 남성 단수 대명사 접미를 붙인 형태로 분사는 '얻은 사람, 즉, 주인' 으로 해석되므로 קֹנֵהוּ는 '그의 주인' 으로 번역된다. יָדַע שׁוֹר קֹנֵהוּ를 번역하면 '소는 그의 주인을 안다' 로 여기서는 일반적 진리를 말하므로 시제는 현재형으로 번역되어야 한다.

וַחֲמוֹר אֵבוּס בְּעָלָיו는 동사가 없는 문장으로 앞 문장의 יָדַע가 생략된 것이다. וַחֲמוֹר는 접속사 וְ + חֲמוֹר(나귀)로 문장의 주어가 된다. אֵבוּס בְּעָלָיו는 복합 명사로 문장의 목적어로 기능한다. אֵבוּס는 남성 단수 명사의 연계형으로 '구유' 이고 בְּעָלָיו는 명사 בַּעַל(주인)의 남성 단수 명사에 3인칭 남성 단수 대명사 접미를 붙인 형태로 '그의 주인' 이다. 그러므로 אֵבוּס בְּעָלָיו는 '그의 주인의 구유' 로 번역된다.

יִשְׂרָאֵל לֹא יָדַע עַמִּי לֹא הִתְבּוֹנָן

이스라엘은 알지 못한다. 나의 백성은 이해하지 못한다.

이 구문은 두 개의 동사 문장이 나란히 나오는 경우로 두 문장 다 주어가 앞으로 나와 강조가 되었다. יִשְׂרָאֵל לֹא יָדַע에서 יִשְׂרָאֵל(이스라엘)는 주어이다. 그리고 יָדַע לֹא는 부정사 לֹא(not) + יָדַע(알다)로 번역하면 '그는 알지 못한다' 로 시제는 앞의 구절과 일치하기 때문에 현재로 번역한다. עַמִּי는 문장의 주어로 명사 עַם(백성)에 1인칭 단수 대명사접미를 붙인 형태로 번역하면 '나의 백성' 이다. לֹא הִתְבּוֹנָן는 부정사

לֹא(not) + הִתְבּוֹנָן로 הִתְבּוֹנָן는 בִּין(이해하다)의 히트폴렐형의 3인칭 남성 단수형으로 '그는 스스로 주의 깊게 보다, 그는 이해하다'로 번역된다. 그러므로 לֹא הִתְבּוֹנָן는 '그는 이해하지 못한다'로 번역된다.

▶ 이 절은 하나님께서 이스라엘을 법정에 세우시는 문맥에서 나오는 것으로 하나님이 이스라엘을 자식으로 양육하였지만 이스라엘은 짐승도 아는 자신의 주인인 하나님을 몰라본다는 고발장이다. 이 구절에 따르면 이스라엘은 짐승만도 못한 인간으로 해석된다. 즉, 시내산에서 맺은 하나님과 이스라엘 사이의 언약을 이스라엘이 파기하였다는 것을 말한다.

69. 이사야 7장 14절

לָכֵן יִתֵּן אֲדֹנָי הוּא לָכֶם אוֹת
הִנֵּה הָעַלְמָה הָרָה וְיֹלֶדֶת בֵּן
וְקָרָאת שְׁמוֹ עִמָּנוּ אֵל

그러므로 나의 주님 그가 너희들에게 징조를 주실 것이다
보라 젊은 여자가 임신하고 아들을 낳을 것이다
그리고 그녀가 그의 이름을 임마누엘이라고 부를 것이다.

לָכֵן יִתֵּן אֲדֹנָי הוּא לָכֶם אוֹת 그러므로 나의 주님 그가 너희들에게 징조를 주실 것이다

이 구문은 접속사 לָכֵן(그러므로)으로 시작하는 결과 구문이다. יִתֵּן은 동사 נָתַן(주다)의 칼 미완료 3인칭 남성 단수형으로 '그가 줄 것이다' 라고 번역된다. **אֲדֹנָי הוּא**는 문장의 주어로 **הוּא**(그는)와 **אדֹנָי**는 동격으로 **הוּא**는 **אדֹנָי**를 강조를 위해 사용되었다. **אדֹנָי**는 אָדוֹן(주인)에 1인칭 단수 대명사 접미를 붙인 것으로 번역하면 '나의 주인' 이다. **לָכֶם**은 간접목적어로 전치사 לְ(~에게)에 2인칭 남성 복수 대명사를 붙인 것으로 '너희들에게' 이고 **אוֹת**는 직접 목적어로 '징표를 혹은 징조를' 로 번역된다.

הִנֵּה הָעַלְמָה הָרָה וְיֹלֶדֶת בֵּן 보라 젊은 여자가 임신하고 아들을 낳을 것이다

이 구문은 **הִנֵּה**로 시작되는데 징조에 대해 강조하기 위해 주의를 환기하는 것이다. **הִנֵּה**는 '보라' 로 번역된다. **הָעַלְמָה הָרָה**에서 **הָעַלְמָה**는 주어이며 관사 הַ + **עַלְמָה**로 **עַלְמָה**는 신약성경에서 '처녀' 로 번역되어 있지만 히브리어의 일치적인 의미는 '젊은 여자' 로 미혼이나 결혼한지 얼마 안 되는 젊은 여자를 의미한다. **הָרָה**는 여성 단수 형용사형으로 '임신한' 이란 의미를 가지며 여기서는 서술적으로 '임신할 것이다' 로 번역된다. 형용사는 시제가 없지만 문맥상 미래에 대한 신탁이므로 미래형으로 번역을 하는 것이 적절하다.

וְיֹלֶדֶת בֵּן에서 וְ는 접속사로 '그리고' 이고 **יֹלֶדֶת**는 **יָלַד**(낳다)의 칼 분사 여성 단수 절대형으로 분사형은 일반적으로는 현재형으로 번역되지만 여기서는 문맥상 미래로 번역되어야 하므로 '그녀가 낳을 것이다' 로 번역된다. **בֵּן**(아들)은 목적어로 기능한다.

וְקָרָאת שְׁמוֹ עִמָּנוּ אֵל 그리고 그녀가 그의 이름을 임마누엘이라고 부를 것이다.

וְקָרָאת는 קָרָא(부르다)의 바브연속법 칼 완료 3인칭 여성 단수형으로 번역하면 '그리고 그녀는 부를 것이다' 이다. שְׁמוֹ는 문장의 목적어이며 שֵׁם(이름)에 3인칭 남성 단수 대명사 접미를 붙인 것으로 '그의 이름을' 로 번역된다. עִמָּנוּ אֵל은 사람 이름으로 '임마누엘' 이다. 그리고 עִמָּנוּ אֵל의 뜻은 전치사 עִמָּנוּ + אֵל(하나님)로 עִמָּנוּ는 전치사 עִם(~와 함께)에 1인칭 복수 대명사 접미를 붙인 것으로 '우리와 함께' 이다. 그러므로 עִמָּנוּ אֵל의 뜻은 '하나님이 우리와 함께 계신다' 이다. 그리고 עִמָּנוּ אֵל은 עִמָּנוּאֵל의 형태로도 사용된다.

▶ 이 절은 하나님께서 유다는 멸망되지 않을 것을 예언하면서 이사야를 통해 아하스에게 징조를 구하라고 하셨는데 아하스는 하나님을 믿지 않음으로 징조를 구하지 않았다. 그렇기 때문에 하나님께서 이사야를 통해 앗수르의 멸망을 예고하고 있다. 이 예언은 구약의 유다시대에 일차적으로 이루어졌으며 신약에서는 임마누엘의 예언이 완전히 이루어진 것을 예수 그리스도의 탄생으로 본다.

70. 이사야 9장 6절

כִּי־יֶלֶד יֻלַּד־לָנוּ בֵּן נִתַּן־לָנוּ
וַתְּהִי הַמִּשְׂרָה עַל־שִׁכְמוֹ
וַיִּקְרָא שְׁמוֹ פֶּלֶא יוֹעֵץ אֵל גִּבּוֹר
אֲבִיעַד שַׂר־שָׁלוֹם

왜냐하면 아기가 우리에게 태어났고 아들이 우리에게 주어졌기 때문이다.
그리고 그의 어깨에는 통치권이 있다.
그리고 그의 이름이 불렸다. 놀라운 조언자, 전능한 하나님
영원한 아버지, 평강의 왕

כִּי־יֶלֶד יֻלַּד־לָנוּ בֵּן נִתַּן־לָנוּ

왜냐하면 아기가 우리에게 태어났고 아들이 우리에게 주어졌기 때문이다.

이 구문은 앞의 구문과 연결되는 것으로 이유를 나타내기 때문에 접속사 כִּי는 '왜냐하면' 으로 해석된다. 이 구문은 בֵּן נִתַּן־לָנוּ와 יֶלֶד יֻלַּד־לָנוּ가 평행을 이루어 같은 형식을 갖는다. יֶלֶד는 남성 단수 명사로 '아이' 이며 문장의 주어이다. 이렇게 주어가 앞에 나오는 것은 주어를 강조하기 위한 것이다. יֻלַּד는 동사 יָלַד(낳다)의 푸알 완료 3인칭 남성 단수형으로 '그는 태어났다, 혹은 낳아졌다' 로 번역된다. לָנוּ는 전치사 לְ(~에게)에 1인칭 복수 대명사 접미를 붙인 형태로 번역하면 '우리에게' 이다.

בֵּן은 남성 단수 명사로 '아들' 이며 문장의 주어이다. נִתַּן은 נָתַן(주다)의 니팔 완료 3인칭 남성 단수형으로 '그가 주어졌다' 로 번역된다. לָנוּ는 전치사 לְ(~에게)에 1인칭 복수 대명사 접미를 붙인 형태로 번역하면 '우리에게' 이다.

וַתְּהִי הַמִּשְׂרָה עַל־שִׁכְמוֹ 그리고 그의 어깨에는 통치권이 있다.

וַתְּהִי는 הָיָה(이다)의 바브연속법 칼 미완료 3인칭 여성 단수형이다. 그리고 주어는 여성 단수 명사인 מִשְׂרָה로 '통치권' 이란 의미를 가진다. 그러므로 וַתְּהִי הַמִּשְׂרָה는 '그리고 통치권이 있다' 로 번역된다. עַל־שִׁכְמוֹ는 전치사 עַל(~위에)+שִׁכְמוֹ로 שִׁכְמוֹ는 שְׁכֶם(어깨)에 3인칭 남성 단수 대명사 접미를 붙인 형태로 '그의 어깨 위에' 로 번역된다.

וַיִּקְרָא שְׁמוֹ פֶּלֶא יוֹעֵץ אֵל גִּבּוֹר

그리고 그의 이름이 불렸다. 놀라운 조언자, 전능한 하나님

이 구문은 וַיִּקְרָא שְׁמוֹ가 동사와 주어이고 나머지 4개의 구들이 목적어로 기능을 한다. 하지만 이 구문은 시 형태로 이루어진 하나님의 신탁이기 때문에 네 개의 목적어가 접속사 없이 나열되어 있다. וַיִּקְרָא는 קָרָא(부르다)의 바브연속법 칼 미완료 3인칭 남성 단수형이다. 그리고 שְׁמוֹ는 주어로 שֵׁם(이름)에 3인칭 남성 단수 대명사 접미를 붙인 형태로 '그의 이름'으로 번역된다. 그러므로 וַיִּקְרָא שְׁמוֹ를 직역하면 '그리고 그의 이름이 불렀다'인데 이런 해석은 우리말 어법상 맞지 않는다. 이 경우처럼 קָרָא의 주어로 שֵׁם이 오는 경우에는 '~라는 이름으로 부르다, 이름이 불렸다'로 번역이 된다. 그러므로 여기서는 '그리고 그의 이름이 불렸다'로 번역하는 것이 적당하게 여겨진다.

פֶּלֶא יוֹעֵץ는 남성 단수 명사 절대형 פֶּלֶא(경이, 훌륭함, 놀라움)와 יוֹעֵץ(조언자)로 יוֹעֵץ는 동사 יָעַץ(조언하다)의 칼 분사 남성 단수 절대형이다. 분사형은 종종 '~하는 사람'으로 번역되므로 여기서는 '조언자'로 번역될 수 있다. 우리말 번역은 이 두 단어를 독립적으로 보고 '기묘자, 모사'라고 번역하였지만 대부분의 영어 번역은 פֶּלֶא를 형용사적으로 해석하여 'wonderful counselor'로 번역하였는데 히브리어 액센트 법칙으로 볼 때 연결된 것으로 보는 것이 더 적당하다. 그러므로 번역하면 앞의 פֶּלֶא가 형용사적으로 기능하여 '놀라운 조언자'가 된다. אֵל גִּבּוֹר는 명사 אֵל(하나님)의 절대형에 형용사 גִּבּוֹר(전능한, 강한) 남성 단수형이 꾸며주는 형태로 번역하면 '전능한 하나님'이다.

אֲבִיעַד שַׂר־שָׁלוֹם 영원한 아버지, 평강의 왕

이 구문은 앞의 구문과 계속 연결되는 목적어들이다. אֲבִיעַד는 남성 명사 אָב(아버지)의 단수 연계형 אֲבִי에 남성 명사 עַד(영원)가 결합된 형태로 직역하면 '영원의 아버지'이지만 עַד가 형용사적 기능을 하는 것으로 보고 '영원한 아버지'로 번역하는 것이 더 적당하다. שַׂר־שָׁלוֹם는 남성 명사 שַׂר(왕, 지도자)의 연계형에 남성 단수 명사 שָׁלוֹם(평화, 평강)의 절대형을 연결한 복합 명사로 번역하면 '평강의 왕'이다.

▶ 이 절은 이스라엘의 구원의 메시지 중에서 이스라엘을 평화와 경이와 전능한 힘과 조언으로 영원히 다스릴 메시아에 대한 예언이다. 이 예언은 이스라엘의 역사상 이루어지지 못하였고 신약의 예수님에게서 성취된 것으로 해석한다.

71. 이사야 40장 9절

עַל הַר־גָּבֹהַ עֲלִי־לָךְ מְבַשֶּׂרֶת צִיּוֹן
הָרִימִי בַכֹּחַ קוֹלֵךְ מְבַשֶּׂרֶת יְרוּשָׁלָם
הָרִימִי אַל־תִּירָאִי
אִמְרִי לְעָרֵי יְהוּדָה הִנֵּה אֱלֹהֵיכֶם

높은 산 위에 너는 올라가라, 좋은 소식을 전하는 자 시온아
너의 소리를 강하게 높여라, 좋은 소식을 전하는 자 예루살렘아
높이 들어라, 두려워하지 말라
여호와의 도시에 말하라, 보라 너희들의 하나님이시라

עַל הַר־גָּבֹהַ עֲלִי־לָךְ מְבַשֶּׂרֶת צִיּוֹן

높은 산 위에 너는 올라가라, 좋은 소식을 전하는 자 시온아

이 구문은 전치사구가 맨 앞으로 나와 강조가 된 명령문이지만 주어가 명시적으로 언급된다. עַל הַר־גָּבֹהַ은 장소를 나타내는 전치사구로 עַל은 전치사로 '~위에' 이다. 그리고 הַר־גָּבֹהַ에서 הַר는 명사 절대형으로 '산' 이다. גָּבֹהַ는 형용사 남성 단수형으로 '높은' 을 의미한다. 그러므로 עַל הַר־גָּבֹהַ를 번역하면 '높은 산 위에' 이다. עֲלִי־לָךְ에서 עֲלִי는 동사 עָלָה(올라가다)의 칼 명령 남성 단수형이고 לָךְ는 전치사 לְ(~에게)에 2인칭 여성 단수 대명사 접미를 붙인 것으로 여기서는 주어가 강조가 된 것이다. 그러므로 עֲלִי־לָךְ를 번역하면 '너는 올라가라' 이다.

מְבַשֶּׂרֶת צִיּוֹן는 문장의 주어로 두 개의 단어가 동격으로 사용되었다. 일반적으로 명령형은 주어를 생략하지만 여기서는 강조를 위해서 주어를 명시하고 있다. מְבַשֶּׂרֶת는 동사 בָּשַׂר(좋은 소식을 전하다)의 피엘 분사 여성 단수 연계형으로 '좋은 소식을 전하는 자' 라고 번역이 된다. 그리고 צִיּוֹן은 '시온' 으로 מְבַשֶּׂרֶת와 동격이며 주어의 역할을 한다. מְבַשֶּׂרֶת צִיּוֹן를 번역하면 '좋은 소식을 전하는 자, 시온아' 이다. 우리말 번역에서는 시온이 소식을 전해야할 대상이지만 원문에서는 소식을 전하는 주어이다.

הָרִימִי בַכֹּחַ קוֹלֵךְ מְבַשֶּׂרֶת יְרוּשָׁלָםִ

너의 소리를 강하게 높여라 좋은 소식을 전하는 자 예루살렘아

이 구문은 앞의 구문과 동일한 형식을 가지는 명령문이다. הָרִימִי는 동사 רוּם(높이다)의 히필 명령 여성 단수형으로 번역하면 '너는 높여라' 이다. בַכֹּחַ는 전치사 בְּ(~로)+ כֹּחַ(힘, 강함)으로 번역하면 '강하게' 이다. קוֹלֵךְ는 문장의 목적어로 קוֹל(소리)에 2인칭 여성 단수 대명사 접미를 붙인 것으로 '너의 소리' 로 번역된다. יְרוּשָׁלָםִ מְבַשֶּׂרֶת는 문장의 주어로 앞의 구문과 마찬가지로 두 개의 단어는 동격이다. יְרוּשָׁלָםִ은 '예루살렘' 으로 מְבַשֶּׂרֶת יְרוּשָׁלָםִ를 번역은 '좋은 소식을 전하는 자, 예루살렘아' 이다.

הָרִימִי אַל־תִּירָאִי 높이 들어라 두려워하지 말라

이 구문은 명령형 두 개가 연속으로 나온 구문이다. הָרִימִי는 동사 רוּם(높이다)의 히필 명령 여성 단수형으로 번역하면 '너는 높여라' 이다. 높이는 대상이 여기서는 불분명하지만 소리로 추측할 수 있다. אַל־תִּירָאִי는 부정사 אַל(not)+תִּירָאִי로 תִּירָאִי는 동사 יָרֵא(두려워하다)의 칼 명령 여성 단수형으로 '두려워하다' 이므로 אַל־תִּירָאִי는 '두려워하지 말라' 이다.

אִמְרִי לְעָרֵי יְהוּדָה הִנֵּה אֱלֹהֵיכֶם

여호와의 도시들에 말하라, 보라 너희들의 하나님이시라

אִמְרִי לְעָרֵי יְהוּדָה는 명령문으로 אִמְרִי는 동사 אָמַר(말하다)의 칼 명령 여성 단수형으로 '너는 말하라' 이다. לְעָרֵי יְהוּדָה는 말하는 대상으로 전치사 לְ(~에게)+עָרֵי יְהוּדָה로 עָרֵי יְהוּדָה는 עִיר(도시)의 남성 복수 연계형인 עָרֵי와 יְהוּדָה(여호와)를 결합한 형태로 '여호와의 도시들에' 로 번역된다.

הִנֵּה אֱלֹהֵיכֶם는 말하는 내용으로 직접화법에 해당한다. הִנֵּה는 강조나 전환을 나타내는 기능을 하며 '보라' 로 번역된다. אֱלֹהֵיכֶם는 אֱלֹהִים(하나님)에 2인칭 남성 복수 대명사 접미를 붙인 형태로 '너의 하나님' 이다. 하지만 이 문장에는 서술어가 따로 없기 때문에 이 단어 하나가 서술적인 기능까지 하므로 '너희들의 하나님이시라' 로 번역하는 것이 적당하다.

▶ 이 절은 예루살렘 회복에 대한 메시지로 시온과 예루살렘이 복음을 듣는 대상이 아니라 복음을 전하는 자들로 표현되며 그들이 말해야 하는 내용은 여호와의 백성들에게 하나님이 이제 다시 '너희의 하나님' 이시라는 사실 즉, 이스라엘이 여전히 하나님의 언약의 백성이라는 사실이다.

72. 이사야 53장 5절

וְהוּא מְחֹלָל מִפְּשָׁעֵנוּ
מְדֻכָּא מֵעֲוֺנֹתֵינוּ
מוּסַר שְׁלוֹמֵנוּ עָלָיו
וּבַחֲבֻרָתוֹ נִרְפָּא־לָנוּ

그리고 그가 우리의 허물 때문에 찔린다
우리의 죄 때문에 짓밟힌다
우리의 평화를 위한 징계가 그의 위에 있다
그리고 그가 채찍에 맞음으로 우리가 치유를 받았다.

וְהוּא מְחֹלָל מִפְּשָׁעֵנוּ 그리고 그가 우리의 허물 때문에 찔린다

이 문장은 주어가 앞으로 나와 강조가 되었다. **וְהוּא**는 접속사 וְ(그리고) + **הוּא**로 **הוּא**(그는)는 문장의 주어이다. **מְחֹלָל**는 동사 **חָלַל**(찌르다)의 폴랄형 분사 남성 단수 절대형으로 폴랄형[27]은 수동태이며 또한 여기서 분사형은 현재시제로 번역되어야 하므로 '그가 찔리다' 로 번역된다. **מִפְּשָׁעֵנוּ**는 전치사 **מִן**+**פְּשָׁעֵנוּ**로 **פְּשָׁעֵנוּ**는 **פֶּשַׁע**(허물)에 1인칭 복수 대명사 접미 **נוּ**를 붙인 형태이다. 그리고 **מִן**은 일반적으로 '~로부터, ~가운데' 로 번역되지만 여기서는 '~ 때문에' 로 번역된다. 그러므로 **מִפְּשָׁעֵנוּ**는 '우리의 허물 때문에' 로 번역된다.

מְדֻכָּא מֵעֲוֺנֹתֵינוּ 우리의 죄 때문에 짓밟힌다

이 구문은 위의 구문과 동일한 형식의 분사 구문으로 **מְדֻכָּא**는 **דָּכָא**(짓밟다, 부수다)의 푸알 분사 남성 단수 절대형으로 현재 시제인 '짓밟히다' 로 번역된다. 그리고 **מֵעֲוֺנֹתֵינוּ**는 전치사 **מִן**+**עֲוֺנֹתֵינוּ**로 **עֲוֺנֹתֵינוּ**는 **עָוֺן**(죄)에 1인칭 복수 대명사 접미 **נוּ**를 붙인 형태이다. 여기서도 **מִן**은 '~때문에' 이므로 **מֵעֲוֺנֹתֵינוּ**를 번역하면 '우리의 죄 때문에' 이다.

---

27) 폴랄(polal)형은 피엘의 다른 형태인 포엘(poel)의 수동태인 포알(poal)의 변형이므로 강의형의 수동태로 생각하면 된다. 주옹-무라오까, § 59a.

מוּסַר שְׁלוֹמֵנוּ עָלָיו 우리의 평화를 위한 징계가 그의 위에 있다

이 문장은 동사가 없는 명사 문장이다. מוּסַר שְׁלוֹמֵנוּ는 히브리어 구문상 복합 명사로 מוּסַר(훈계, 징계)는 명사의 연계형이고 שְׁלוֹמֵנוּ는 명사 שָׁלוֹם(평화)에 1인칭 복수 대명사 접미 נוּ를 붙인 형태이다. 그러므로 직역을 하면 '우리의 평화의 징계' 이지만 שְׁלוֹמֵנוּ는 여기서 מוּסַר를 꾸며주는 형용사 역할을 한다. 그러므로 '평화를 위한 징계'로 번역하였다. 그런데 여기서는 징계의 결과로 평화를 얻게 되는 결과적 용법으로 사용되었기 때문에[28] 개역개정의 번역은 '그가 징계를 받음으로 우리는 평화를 누리고' 로 풀어서 번역을 하였다. עָלָיו는 전치사 עַל(~위에)에 3인칭 남성 단수 대명사 접미를 붙인 것으로 직역하면 '그의 위에' 이지만 이 문장은 서술어가 따로 없기 때문에 이 단어를 서술적으로 해석해야 한다. 그러므로 '그의 위에 있다' 로 번역하는 것이 적당하다.

וּבַחֲבֻרָתוֹ נִרְפָּא־לָנוּ 그리고 그가 채찍에 맞음으로 우리가 치유를 받았다.

וּבַחֲבֻרָתוֹ는 접속사 וּ(그리고)+전치사 בְּ(~안에, ~에 의해)+חֲבֻרָתוֹ로 חֲבֻרָתוֹ는 명사 חַבּוּרָה(채찍질, 구타)에 3인칭 남성 단수 대명사 접미를 붙인 것으로 בַחֲבֻרָתוֹ를 직역하면 '그의 채찍질에 의해' 이지만 이것도 의미가 불분명하기 때문에 의미를 분명하게 하기 위해 '그가 채찍에 맞음으로' 로 풀어서 해석하였다. נִרְפָּא־לָנוּ는 동사 נִרְפָּא+전치사 לָנוּ로 נִרְפָּא는 동사 רָפָא(치료하다)의 니팔 완료 3인칭 남성 단수형으로 직역을 하면 '그는 치료를 받을 것이다' 이지만 여기서 3인칭 남성 단수는 영어의 비인칭 주어 it와 같은 기능을 하여 해석이 되지 않으며 이 동사의 의미상 주어는 לָנוּ이다. לָנוּ는 전치사 לְ(~에게)에 1인칭 복수 대명사접미를 붙인 것이다. 그러므로 נִרְפָּא־לָנוּ는 '우리가 치유를 받았다' 라고 번역해야 한다.

▶ 이 53:4-6절은 우리의 죄 때문에 고난 받는 종의 모습이 등장을 한다. 이 구절을 볼 때마다 우리는 우리의 죄를 대신해 고난 받으신 예수님의 모습을 떠올리지 않을 수 없으며 다시 한 번 하나님과 예수님께 감사하지 않을 수 없다.

---

28) Williams § 44a.

73. 이사야 53장 6절

כֻּלָּנוּ כַּצֹּאן תָּעִינוּ
אִישׁ לְדַרְכּוֹ פָּנִינוּ
וַיהוָה הִפְגִּיעַ בּוֹ
אֵת עֲוֹן כֻּלָּנוּ

우리 모두는 양처럼 잘못된 길로 갔다
우리 각각의 사람은 그의 길로 돌아섰다.
그리고 여호와는 그에게 놓으셨다.
우리 모두의 죄를

כֻּלָּנוּ כַּצֹּאן תָּעִינוּ 우리 모두는 양처럼 잘못된 길로 갔다

이 문장은 동사보다 주어가 앞으로 나와 강조가 되고 있다. כֻּלָּנוּ는 כֹּל(모든)에 1인칭 복수 대명사접미를 붙인 형태로 문장의 주어이며 번역하면 '우리 모두는' 이다. כַּצֹּאן는 전치사 כַּ(~처럼, 같이)+צֹאן(양)로 '양처럼' 으로 번역된다. תָּעִינוּ는 תָּעָה(헤매다, 잘못된 길로 가다)의 칼 완료 1인칭 복수형으로 번역하면 '우리는 잘못된 길로 갔다' 이다.

אִישׁ לְדַרְכּוֹ פָּנִינוּ 우리 각각의 사람은 그의 길로 돌아섰다.

이 문장도 위와 동일한 형식으로 주어가 앞으로 나와 강조가 되었다. אִישׁ는 일반적으로 '사람' 으로 번역되지만 여기서는 각각의 사람을 의미한다. 그러므로 '각각의 사람 혹은 각자' 로 번역된다. לְדַרְכּוֹ는 전치사 לְ(~로, ~에게)+דַרְכּוֹ로 דַרְכּוֹ이며 דֶּרֶךְ(길)에 3인칭 남성 단수 대명사접미를 붙인 형태로 לְדַרְכּוֹ를 번역하면 '그의 길로' 이다. פָּנִינוּ는 פָּנָה(돌아서다)의 칼 완료 1인칭 복수형으로 '우리는 돌아섰다' 로 번역된다.

וַיהוָה הִפְגִּיעַ בּוֹ 그리고 여호와는 그에게 놓으셨다.

이 문장도 주어인 יְהוָה(여호와)가 앞에 나와 강조가 되었다. הִפְגִּיעַ בּוֹ는 פָּגַע

(만나다, 도달하다)의 히필 완료 3인칭 남성 단수형으로 전치사 בְּ 와 함께 사용되어 '그가 ~에게 놓았다' 의 의미를 가진다. 그리고 בוֹ 는 전치사 בְּ 에 3인칭 남성 단수 대명사 접미를 붙인 형태로 הִפְגִּיעַ בּוֹ 를 번역하면 '그가 그에게 놓았다' 이다.

אֵת עֲוֹן כֻּלָּנוּ 우리 모두의 죄를

이 구절은 앞 문장의 목적어로 אֵת 는 목적격 불변사이다. עֲוֹן כֻּלָּנוּ 에서 עֲוֹן (죄)은 단수 연계형이고 כֻּלָּנוּ 는 כֹּל (모든)에 1인칭 복수 대명사접미를 붙인 형태로 עֲוֹן 을 꾸며준다. 그러므로 עֲוֹן כֻּלָּנוּ 를 번역하면 '우리 모두의 죄' 이다.

▶ 하나님께서는 자신을 버리고 다른 길로 잘못 가는 이스라엘의 죄를 그가 선택한 종에게 담당시킴으로 우리가 구원을 받을 길을 여셨듯이 지금도 예수님을 통해 잘못된 길로 가는 우리를 부르시고 계신다.

74. 예레미야 5장 1절

שׁוֹטְטוּ בְּחוּצוֹת יְרוּשָׁלַםִ
וּרְאוּ־נָא וּדְעוּ וּבַקְשׁוּ בִרְחוֹבוֹתֶיהָ
אִם־תִּמְצְאוּ אִישׁ
אִם־יֵשׁ עֹשֶׂה מִשְׁפָּט מְבַקֵּשׁ אֱמוּנָה
וְאֶסְלַח לָהּ

너희는 예루살렘 거리를 빨리 걸어라
그리고 지금 보아라 그리고 알아라 그리고 찾아라 그곳의 넓은 길에서
만약 너희가 사람을 찾으면
만약 정의를 행하는 사람 진리를 찾는 사람이 있으면
그러면 내가 그곳을 용서할 것이다.

שׁוֹטְטוּ בְּחוּצוֹת יְרוּשָׁלַםִ 너희는 예루살렘 거리를 빨리 걸어라

이 구문은 명령형으로 **שׁוֹטְטוּ**는 **שׁוּט**(배회하다)의 폴렐 명령 남성 복수형으로 폴렐형은 '빨리 걷다, 열심히 걷다'의 뜻을 가지므로 번역하면 '너희는 빨리 걸어라'이다. **בְּחוּצוֹת יְרוּשָׁלַםִ**는 전치사 **בְּ**(~에, ~안에)+**חוּצוֹת יְרוּשָׁלַםִ**로 **חוּצוֹת**는 **חוּץ**(야외, 거리)의 남성 복수 연계형이고 **יְרוּשָׁלַםִ**(예루살렘)은 절대형으로 **בְּחוּצוֹת יְרוּשָׁלַם**를 번역하면 '예루살렘 거리에서'이다.

וּרְאוּ־נָא וּדְעוּ וּבַקְשׁוּ בִרְחוֹבוֹתֶיהָ

그리고 지금 보아라 그리고 알아라 그리고 찾아라 그곳의 넓은 길에서

이 구문은 앞의 구문과 연결되어 명령문이 계속된다. **רְאוּ־נָא**는 **רָאָה**(보다)의 명령 남성 복수형에 강조 혹은 청유형에 쓰이는 **נָא**를 붙인 것으로 여기서는 강조로 '지금'으로 번역된다.[29] 그러므로 **וּרְאוּ־נָא**는 '그리고 지금 너희는 보아라'로 번역된다. **דְעוּ**는 **יָדַע**(알다)의 명령 남성 복수형으로 '너희는 알아라'이고 **בַקְשׁוּ**는 **בָּקַשׁ**(찾다)의 명령

29) 주옹-무라오까, § 105. c.

남성 복수형으로 '너희는 찾아라' 이다. בִּרְחוֹבוֹתֶיהָ는 전치사 בְּ(~에, ~안에) + רְחוֹבוֹתֶיהָ로 רְחוֹבוֹתֶיהָ는 רְחוֹב(넓은 길)의 여성 복수형에 3인칭 여성 단수 대명사 접미를 붙인 것이며 여기서 3인칭 여성 단수 대명사는 예루살렘성을 나타내므로 בִּרְחוֹבוֹתֶיהָ는 '그곳의 넓은 길에서' 라고 번역하였다.

אִם־תִּמְצְאוּ אִישׁ 만약 너희가 사람을 찾으면

이 구문은 조건절로 אִם은 '만약에' 이다. תִּמְצְאוּ는 מָצָא(찾다)의 칼 미완료 2인칭 남성 복수형으로 אִם־תִּמְצְאוּ는 '만약 너희가 찾으면' 이다. אִישׁ는 문장의 목적어로 '사람' 으로 불특정한 사람을 말한다.

אִם־יֵשׁ עֹשֶׂה מִשְׁפָּט מְבַקֵּשׁ אֱמוּנָה

만약 정의를 행하는 사람 진리를 찾는 사람이 있으면

이 구문도 조건절로 앞의 조건절을 좀 더 설명하는 기능을 한다. אִם־יֵשׁ에서 יֵשׁ는 부사로 '있다' 의 의미로 אִם־יֵשׁ는 '만약에 있다면' 으로 번역된다. עֹשֶׂה מִשְׁפָּט에서 עֹשֶׂה는 동사 עָשָׂה(행하다)의 칼 분사 남성 단수형으로 '행하는 사람' 이란 의미이고 מִשְׁפָּט는 עָשָׂה의 목적어로 '정의' 로 해석된다. 그러므로 עֹשֶׂה מִשְׁפָּט는 '정의를 행하는 사람' 이다. מְבַקֵּשׁ אֱמוּנָה에서 מְבַקֵּשׁ는 בָּקַשׁ(찾다)의 칼 분사 남성 단수형으로 '찾는 사람' 을 의미하며 אֱמוּנָה를 '진리' 로 번역하면 '진리를 찾는 사람' 이 된다.

וְאֶסְלַח לָהּ 그러면 내가 그곳을 용서할 것이다.

이 구문은 조건절에 대한 귀결절로 접속사 וְ는 '그러면' 으로 번역된다. אֶסְלַח는 동사 סָלַח(용서하다)의 칼 미완료 1인칭 단수형으로 의미상으로 화자의 의지를 나타낸다. 그러므로 번역하면 '내가 용서할 것이다' 이다. 이 동사는 주로 전치사 לְ를 동반하여 목적어를 나타낸다. לָהּ는 전치사 לְ에 3인칭 여성 단수 대명사접미를 붙인 것으로 여기서 대명사가 가리키는 것은 예루살렘 성이기 때문에 '그곳을' 로 번역하는 것이 적당하다.

▶ 이 절은 하나님께서 예루살렘을 심판을 선언하시면서 한명의 의인이라도 있으면 용서하시겠다고 하신 것이다. 이것은 의인 10명이 없어 망한 소돔과 고모라 보다 더 심각한 상황으로 결국 의인 한 명이 없어 예루살렘이 멸망하게 된 것이다. 이런 하나님의 말씀은 정말 예루살렘을 심판하시고 싶지 않은 간절한 하나님의 마음을 보여준다.

75. 예레미야 18장 6절

הֲכַיּוֹצֵר הַזֶּה לֹא־אוּכַל לַעֲשׂוֹת לָכֶם בֵּית יִשְׂרָאֵל
נְאֻם־יְהוָה
הִנֵּה כַחֹמֶר בְּיַד הַיּוֹצֵר
כֵּן־אַתֶּם בְּיָדִי בֵּית יִשְׂרָאֵל

이 토기장이처럼 내가 너를 만들 수 없겠느냐? 이스라엘 집아!
여호와의 말씀이다
보라 토기장이 손 안에 있는 진흙처럼
그렇게 나의 손 안에 너희가 있다. 이스라엘 집아!

הֲכַיּוֹצֵר הַזֶּה לֹא־אוּכַל לַעֲשׂוֹת לָכֶם בֵּית יִשְׂרָאֵל
이 토기장이처럼 내가 너를 만들 수 없겠느냐? 이스라엘 집아!

이 구문은 의문문으로 הֲכַיּוֹצֵר에서 הֲ가 의문사이다. כַיּוֹצֵר הַזֶּה는 전치사구로 כַ가 전치사 כְּ와 관사 הַ의 결합형으로 '~처럼' 이다. יוֹצֵר는 יָצַר(형성하다)의 칼 분사형으로 '토기장이' 라는 의미가 있다. הַזֶּה는 관사 הַ + זֶה(이것)으로 앞의 יוֹצֵר를 꾸며주는 역할을 하므로 כַיּוֹצֵר הַזֶּה는 '이 토기장이처럼' 으로 해석된다.

לֹא־אוּכַל은 부정사 לֹא(not) + אוּכַל로 אוּכַל은 동사 יָכֹל(할 수 있다)의 칼 미완료 1인칭 단수형으로 לֹא־אוּכַל는 '나는 할 수 없다' 이다. 하지만 의문문이므로 '내가 할 수 없겠느냐?' 로 번역되어야 한다. לַעֲשׂוֹת לָכֶם는 אוּכַל과 연결되는 부정사 구문으로 לַעֲשׂוֹת는 עָשָׂה(행하다, 만들다)의 부정사 연계형에 전치사 לְ를 붙인 것이며 לָכֶם은 לַעֲשׂוֹת의 목적어로 전치사에 2인칭 남성 복수 대명사 접미를 붙인 것이므로 לָכֶם לַעֲשׂוֹת은 '너희를 만드는 것' 이다. 그러므로 אוּכַל לַעֲשׂוֹת לָכֶם은 '나는 너희들을 만들 수 있다' 로 변역된다. בֵּית יִשְׂרָאֵל는 호격으로 בֵּית는 בַּיִת(집)의 연계형으로 בֵּית יִשְׂרָאֵל는 직역하면 '이스라엘의 집' 이지만 호격이므로 '이스라엘의 집아!' 라고 번역해야 한다.

נְאֻם־יְהוָה 여호와의 말씀이다

이 구문은 선지서에서 주로 나오는 것으로 נְאֻם은 명사로 '선언, 말씀' 이므로 יְהוָה־נְאֻם을 직역하면 '여호와의 말씀' 이지만 일반적으로 우리말로 번역할 때 '여호와의 말씀이다' 라고 서술적으로 번역한다.

הִנֵּה כַחֹמֶר בְּיַד הַיּוֹצֵר 보라 토기장이 손 안에 있는 진흙처럼

이 구문은 전치사구로 הִנֵּה는 강조를 위해 사용되었으며 '보라' 로 번역된다. כַחֹמֶר는 전치사 כַ(~처럼)+חֹמֶר(진흙)로 '진흙처럼' 이다. בְּיַד הַיּוֹצֵר은 앞의 חֹמֶר(진흙)을 꾸며주는 말로 전치사 בְּ(안에)+יַד הַיּוֹצֵר로 יַד는 יָד(손)의 단수 연계형이므로 בְּיַד הַיּוֹצֵר는 '토기장이의 손 안에' 로 번역된다.

כֵּן־אַתֶּם בְּיָדִי בֵּית יִשְׂרָאֵל 그렇게 나의 손 안에 너희가 있다. 이스라엘 집아!

כֵּן은 부사로 '그렇게' 로 해석되며 앞의 문장 전체를 나타난다. אַתֶּם은 대명사로 '너희들' 이며 여기서는 의미상의 주어의 역할을 한다. בְּיָדִי는 전치사 בְּ(안에)+יָדִי로 יָדִי는 יָד(손)에 1인칭 단수 대명사접미를 붙인 형태로 בְּיָדִי를 번역하면 '나의 손 안에' 이다. בֵּית יִשְׂרָאֵל는 여기서도 호격으로 사용되었다.

▶ 이 절은 토기장이가 그릇을 만들기도 하고 깨기도 하는 것처럼 하나님께서 죄를 짓는 자들을 심판하고 하나님께로 돌아온 자들을 복 주실 권한이 있음을 밝히신 것이다. 즉, 인간은 하나님이 세상의 주인이시므로 하나님의 말씀이 세상의 규칙이 되며 그 규칙에 따라 세상의 심판과 복이 주어지는 것임을 인정해야 한다.

76. 예레미야 31장 33절

כִּי זֹאת הַבְּרִית
אֲשֶׁר אֶכְרֹת אֶת־בֵּית יִשְׂרָאֵל אַחֲרֵי הַיָּמִים הָהֵם
נְאֻם־יְהוָה נָתַתִּי אֶת־תּוֹרָתִי בְּקִרְבָּם
וְעַל־לִבָּם אֶכְתֲּבֶנָּה
וְהָיִיתִי לָהֶם לֵאלֹהִים
וְהֵמָּה יִהְיוּ־לִי לְעָם

그러나 이것이 언약이다.
그날들 이후에 이스라엘의 집과 내가 맺을
여호와의 말씀이다. 내가 나의 율법을 그들 가운데 주었고
그들의 마음에 내가 쓸 것이고
내가 그들에게 하나님이 될 것이다.
그리고 그들은 나에게 백성이 될 것이다.

כִּי זֹאת הַבְּרִית 그러나 이것이 언약이다.

이 문장은 접속사 כִּי로 시작되는데 여기서 כִּי는 앞 문장과 역접의 관계를 이루고 있기 때문에 '그러나'로 번역되어야 한다. 그리고 이 문장은 동사가 없는 명사 문장으로 זֹאת(이것)가 주어의 기능을 하고 הַבְּרִית(언약)가 서술부이다. 여성형인 זֹאת가 온 이유는 여성 명사인 בְּרִית와 일치시키기 위해서이다.

אֲשֶׁר אֶכְרֹת אֶת־בֵּית יִשְׂרָאֵל אַחֲרֵי הַיָּמִים הָהֵם
그날들 이후에 이스라엘의 집과 내가 맺을

이 문장은 앞의 הַבְּרִית를 꾸며주는 관계대명사절로 אֲשֶׁר는 관계사이다. אֶכְרֹת는 동사 כָּרַת(자르다)의 칼 미완료 1인칭 단수형으로 여기서는 앞의 בְּרִית와 같이 사용되어 '언약을 맺다'의 의미로 사용되었다. 그러므로 번역하면 '나는 언약을 맺을 것이다'이다. אֶת־בֵּית יִשְׂרָאֵל는 목적어로 אֶת는 목적격 불변사이고 בֵּית는 בַּיִת(집)의 단수 연

계형이고 יִשְׂרָאֵל(이스라엘)은 절대형으로 번역을 하면 '이스라엘 집과' 이다. הָהֵם יָּמִים הַיָּמִים אַחֲרֵי는 시간을 나타내는 전치사구이며 אַחַר는 전치사로 '~이후에' 이다. יָּמִים 는 יוֹם(날)의 복수형으로 '날들' 이고 הֵם은 대명사로 '그들' 이며 여기서는 הַיָּמִים을 수식하기 때문에 관사와 성과 수가 일치되었다. 그러므로 אַחֲרֵי הַיָּמִים הָהֵם는 번역하면 '그날들 이후에' 이다.

נְאֻם־יְהוָה נָתַתִּי אֶת־תּוֹרָתִי בְּקִרְבָּם
여호와의 말씀이다. 내가 나의 율법을 그들 가운데 주었고

נְאֻם־יְהוָה에서 נְאֻם은 명사로 '선언, 말씀' 이므로 נְאֻם־יְהוָה를 직역하면 '여호와의 말씀' 이지만 일반적으로 우리말로 번역할 때 '여호와의 말씀이다' 라고 서술적으로 번역한다. נָתַתִּי는 동사 נָתַן(주다)의 칼 완료 1인칭 단수형이어서 과거형으로 번역되어야 하지만 문맥상 여기서는 미래의 어느 날을 말하고 있기 때문에 미래로 번역되어야 한다.[29] 그러므로 '내가 줄 것이다' 로 번역된다. אֶת־תּוֹרָתִי는 목적어로 תּוֹרָתִי는 תּוֹרָה(율법)의 연계형에 1인칭 단수 대명사접미를 붙인 것으로 '나의 율법을' 로 번역된다. בְּקִרְבָּם은 전치사 בְּ(~안에) + קִרְבָּם로 קִרְבָּם은 קֶרֶב(가운데)에 3인칭 남성 복수 대명사 접미를 붙인 것으로 בְּקִרְבָּם를 번역하면 '그들 가운데에' 이다.

וְעַל־לִבָּם אֶכְתֲּבֶנָּה 그들의 마음에 내가 쓸 것이고

이 구문은 목적어가 앞으로 나와 강조가 되었다. עַל־לִבָּם은 전치사 עַל(~위에) + לִבָּם로 לִבָּם은 לֵב(마음)에 3인칭 남성 복수 대명사 접미를 붙인 것으로 ־לִבָּם עַל을 번역하면 '그들의 마음 위에' 이다. אֶכְתֲּבֶנָּה는 동사 כָּתַב(쓰다)의 칼 미완료 1인칭 단수형으로 '나는 쓸 것이다' 로 번역된다.

וְהָיִיתִי לָהֶם לֵאלֹהִים 내가 그들에게 하나님이 될 것이다.

וְהָיִיתִי는 הָיָה(이다, 되다)의 바브연속법 칼 미완료 1인칭 단수형으로 '내가 될 것이다' 로 번역된다. לָהֶם는 전치사 לְ(~에게)에 3인칭 남성 복수 대명사 접미를 붙인 것으

---

30) 이 용법은 예언에서 주로 사용되는 것으로 이것을 확신의 완료, 혹은 예언의 완료라고 한다. Williams § 165.

로 '그들에게' 로 번역된다. לֵאלֹהִים는 전치사 לְ + אֱלֹהִים(하나님)로 אֱלֹהִים이 보어이기 때문에 전치사 לְ는 해석되지 않으므로 '하나님이' 라고 번역된다.

וְהֵמָּה יִהְיוּ־לִי לְעָם 그리고 그들은 나에게 백성이 될 것이다.

이 구문은 주어인 הֵמָּה(그들은)가 앞으로 나와 강조가 되었다. יִהְיוּ는 동사 הָיָה(~이 되다)의 칼 미완료 3인칭 남성 복수형이고 לִי는 전치사 לְ(~에게)에 1인칭 단수 대명사 접미를 붙인 것으로 יִהְיוּ־לִי를 번역하면 '그들은 나에게 ~이 될 것이다' 이다. לְעָם는 전치사 לְ + עָם(백성)로 동사의 보어로 기능을 하기 때문에 לְ는 해석 되지 않으므로 '백성이' 로 번역된다.

▶ 이 절은 이스라엘의 잘못으로 깨진 시내산 언약을 미래에 다시 맺을 것이라고 약속하시는 하나님의 말씀이다. 다만 다른 것은 율법을 이전에는 돌판에 써주셨지만 미래에는 잊지 않게 마음에 써주실 것이라는 것이다. 즉, 영원히 깨지지 않는 언약을 맺으시겠다는 하나님의 굳은 의지와 사랑을 보여주신다.

77. 예레미야애가 3장 22-23절

חַסְדֵי יְהוָה כִּי לֹא־תָמְנוּ
כִּי לֹא־כָלוּ רַחֲמָיו
חֲדָשִׁים לַבְּקָרִים רַבָּה אֱמוּנָתֶךָ

우리가 끝나지 않은 것이 여호와의 자비입니다.
그의 긍휼이 끝나지 않았기 때문입니다.
매일 아침이 새롭습니다. 당신의 성실함이 크십니다.

חַסְדֵי יְהוָה כִּי לֹא־תָמְנוּ 우리가 끝나지 않은 것이 여호와의 자비입니다.

이 문장은 일종의 명사문장으로 חַסְדֵי יְהוָה가 서술부에 해당한다. חַסְדֵי는 חֶסֶד(자비)의 남성 복수 연계형으로 חַסְדֵי יְהוָה는 '여호와의 자비입니다'로 번역된다. כִּי לֹא־תָמְנוּ는 문장의 주어로 기능을 하며 접속사 כִּי는 '~하는 것'으로 명사절을 만드는 역할을 한다. לֹא־תָמְנוּ는 לֹא(not) + תָמְנוּ로 תָמְנוּ는 תָּמַם(완전하다, 끝나다)의 칼 완료 1인칭 복수형으로 '우리는 끝났다'이다. 그러므로 כִּי לֹא־תָמְנוּ를 번역하면 '우리가 끝나지 않은 것은'이 된다.

כִּי לֹא־כָלוּ רַחֲמָיו 그의 긍휼이 끝나지 않았기 때문입니다.

이 문장은 이유를 설명하는 절로 כִּי는 '왜냐하면~하기 때문이다'로 번역된다. לֹא־כָלוּ는 לֹא(not) + כָלוּ로 כָלוּ는 כָּלָה(끝나다)의 칼 완료 3인칭 복수형으로 '그들이 끝났다'이다. 그러므로 לֹא־כָלוּ는 '끝나지 않았다'이다. רַחֲמָיו는 רַחֲמִים(긍휼)에 3인칭 남성 단수 대명사 접미를 붙인 것으로 '그의 긍휼'로 번역되며 문장의 주어의 역할을 한다.

חֲדָשִׁים לַבְּקָרִים רַבָּה אֱמוּנָתֶךָ 매일 아침이 새롭습니다. 당신의 성실함이 크십니다.

이 구문은 두 개의 문장으로 이루어져 있으며 두 문장 다 형용사가 서술어의 역할을 한다. חֲדָשִׁים לַבְּקָרִים에서 חֲדָשִׁים는 חָדָשׁ(새로운)의 남성 복수형으로 주어인

לַבְּקָרִים과 성과 수를 일치시켰으며 서술적 기능을 한다. 번역을 하면 '새롭다' 이다. לַבְּקָרִים는 전치사 לַ+בְּקָרִים으로 בְּקָרִים는 בֹּקֶר(아침)의 남성 복수형으로 숙어적으로 '매일 아침' 으로 해석된다. 그러므로 חֲדָשִׁים לַבְּקָרִים는 '매일 아침이 새롭습니다' 이다.

רַבָּה אֱמוּנָתֶךָ에서 רַבָּה는 형용사 רַב(많은, 큰)의 여성 단수형으로 주어 אֱמוּנָתֶךָ와 성과 수를 일치시켰고 번역하면 '많다, 크다' 이다. אֱמוּנָתֶךָ는 여성 명사 אֱמוּנָה(성실)의 단수형에 2인칭 남성 단수 대명사 접미를 붙인 형태로 '당신의 성실함' 으로 번역된다. 그러므로 רַבָּה אֱמוּנָתֶךָ는 '당신의 성실함이 크십니다' 로 번역된다.

▶ 이 절은 예루살렘의 멸망을 바라보면서 예레미야가 그래도 하나님의 자비와 긍휼과 성실로 인해 완전히 멸망당하지 않고 새로운 아침을 맞이할 수 있게 될 수 있을 것에 대한 소망을 담은 시이다.

78. 에스겔 3장 3절

וַיֹּאמֶר אֵלַי
בֶּן־אָדָם בִּטְנְךָ תַאֲכֵל וּמֵעֶיךָ תְמַלֵּא
אֵת הַמְּגִלָּה הַזֹּאת אֲשֶׁר אֲנִי נֹתֵן אֵלֶיךָ
וָאֹכְלָה וַתְּהִי בְּפִי כִּדְבַשׁ לְמָתוֹק

그리고 나에게 말씀하셨다.
사람의 아들아 너는 배에 먹게 하고 너는 너의 창자에 가득 채워라
내가 너에게 주는 이 두루마리를
그리고 나는 먹었고 그것이 나의 입에 꿀처럼 달콤했다

וַיֹּאמֶר אֵלַי 그리고 나에게 말씀하셨다.

직접화법을 이끄는 구문으로 **וַיֹּאמֶר**는 **אָמַר**(말하다)의 바브연속법 칼 미완료 3인칭 남성 단수형으로 '그리고 그가 말하였다'로 번역된다. **אֵלַי**는 전치사 **אֶל**(~에게)에 1인칭 단수 대명사 접미를 붙인 형태로 '나에게'로 번역된다.

בֶּן־אָדָם בִּטְנְךָ תַאֲכֵל וּמֵעֶיךָ תְמַלֵּא

사람의 아들아! 너는 배에 먹게 하고 너는 너의 창자들에 가득 채워라

이 구문은 하나님의 명령을 표현하는 구문으로 미완료형을 명령형으로 번역해야 한다.[31] **בֶּן־אָדָם**은 호격으로 **בֶּן**은 **בֵּן**(아들)의 연계형이며 번역하면 '사람의 아들아!'이다.

בִּטְנְךָ תַאֲכֵל에서 **בִּטְנְךָ**은 간접 목적어로 **בֶּטֶן**(배, 위)에 2인칭 남성 단수 대명사 접미를 붙인 형태로 '너의 배에'로 번역된다. **תַאֲכֵל**은 동사 **אָכַל**(먹다)의 히필 미완료 2인칭 단수 단축형으로 여기서는 명령의 의미를 갖는다. 그러므로 번역하면 '너는 먹게 하라'이다.

וּמֵעֶיךָ תְמַלֵּא에서 **וּ**는 접속사이고 **מֵעֶיךָ**도 간접 목적어로 **מֵעֶה**(창자)의 복수 연계

31) Williams, §173a.

형에 2인칭 남성 단수 대명사접미를 붙인 것으로 '너의 창자에' 로 번역된다. **תְמַלֵּא**는 동사 **מָלֵא**(가득하다)의 피엘 미완료 2인칭 남성 단수형으로 이 동사도 명령령으로 번역된다. 그러므로 번역하면 '너는 가득 채워라' 이다.[32)]

אֵת הַמְּגִלָּה הַזֹּאת אֲשֶׁר אֲנִי נֹתֵן אֵלֶיךָ 내가 너에게 주는 이 두루마리를

이 구문은 앞 동사의 목적어에 해당한다. **אֵת הַמְּגִלָּה הַזֹּאת**에서 **אֵת**는 목적격 불변사이고 **הַמְּגִלָּה**는 **מְגִלָּה**(두루마리)에 정관사를 붙인 것이고 **הַזֹּאת**는 지시대명사 **זֶה**(이것)의 여성 단수형에 정관사를 붙인 것으로 앞의 여성 단수형인 **מְגִלָּה**를 꾸며주고 있다. 그러므로 **אֵת הַמְּגִלָּה הַזֹּאת**를 번역하면 '이 두루마리를' 이다.

אֲשֶׁר אֲנִי נֹתֵן אֵלֶיךָ는 앞의 두루마리를 꾸며주는 관계대명사절로 **אֲשֶׁר**는 관계사이다. **אֲנִי**는 주어로 '나는' 이다. **נֹתֵן**은 **נָתַן**(주다)의 칼 분사 남성 단수형으로 계속적인 행동을 의미하므로 계속해서 '주는' 의 의미가 된다. **אֵלֶיךָ**는 전치사 **אֶל**(~에게)에 2인칭 단수 대명사 접미를 붙인 형태로 '너에게' 로 번역된다.

וָאֹכְלָה וַתְּהִי בְּפִי כִּדְבַשׁ לְמָתוֹק

그리고 나는 먹었고 그것이 나의 입에 꿀처럼 달콤했다

이 구문은 하나님의 말씀을 듣고 행동에 옮기는 에스겔의 행동을 묘사하고 있다. **וָאֹכְלָה**는 동사 **אָכַל**(먹다)의 칼 완료 1인칭 단수형에 강조의 **ה**가 붙은 형태로 '그리고 나는 먹었다' 로 번역되지만 여기서는 '정말 먹었다' 의 의미이다. **וַתְּהִי**는 **הָיָה**(이다. 되다)의 바브연속법 칼 미완료 3인칭 여성 단수형으로 '그것이~ 했다' 로 번역된다. **בְּפִי**는 전치사 **בְּ**(안에)+**פִי**로 **פִי**는 **פֶּה**(입)의 1인칭 단수 대명사 접미를 붙인 것으로 '나의 입에' 로 번역된다. **כִּדְבַשׁ**는 전치사 **כִּ**(~처럼)+**דְּבַשׁ**(꿀)로 '꿀처럼' 이다. **לְמָתוֹק**는 전치사 **לְ**(~에서)+**מָתוֹק**(달콤한)로 '달콤하게' 로 번역된다.

▶ 에스겔은 하나님의 말씀을 두루마리로 받아 먹는데 그렇게 받은 말씀이 쓴 것이 아니라 잠언의 교훈처럼 꿀처럼 실제적으로 달다는 것이다. 진정한 하나님의 말씀을 따를 때 하나님은 우리에게 기쁨을 주시는 것이다.

---

32) 상태 동사의 피엘형은 "~하도록 만들다'의 의미를 가진다. Williams, § 142.

79. 에스겔 33장 7절

וְאַתָּה בֶן־אָדָם
צֹפֶה נְתַתִּיךָ לְבֵית יִשְׂרָאֵל
וְשָׁמַעְתָּ מִפִּי דָּבָר
וְהִזְהַרְתָּ אֹתָם מִמֶּנִּי

너 인자야!
내가 너를 이스라엘 집에게 파수꾼으로 주었다
그러므로 너는 나의 입술로부터 말을 들을 것이다
그리고 너는 내 대신 그들에게 가르칠 것이다

וְאַתָּה בֶן־אָדָם 너 인자야!

이 구문은 호격으로 2인칭 대명사 **אַתָּה**(너)를 통해 강조를 하고 있다. **בֶן־אָדָם**에서 **בֶן**은 **בֵּן**(아들)의 연계형이므로 번역하면 '사람의 아들아!' 이다. 여기서 '사람의 아들' 이란 용어는 신약에서처럼 예수님의 고유 호칭이 아니라 인간의 아들이라는 의미로 즉, 인간이라는 독특한 표현이다. 이 용어가 다니엘서를 지나 중간기를 거쳐 신약시대에 예수님께서 사용하심으로 메시아에 대한 특별한 용어가 되었다.

צֹפֶה נְתַתִּיךָ לְבֵית יִשְׂרָאֵל 내가 너를 이스라엘 집에 파수꾼으로 주었다

이 문장은 동사 앞에 목적어가 앞으로 나와 강조가 되어 있다. **צֹפֶה**는 **צָפָה**(지키다. 파수하다)의 칼 분사 남성 단수형으로 여기서는 '지키는 자, 파수꾼' 의 의미로 사용되었다. **נְתַתִּיךָ**는 **נָתַן**(주다)의 칼 완료 1인칭 단수형에 2인칭 남성 단수 대명사 접미를 붙인 것으로 번역을 하면 '나는 너에게 주었다' 이다. 그러므로 **צֹפֶה נְתַתִּיךָ**는 직역하면 '내가 너를 파수꾼으로 주었다' 이다.

לְבֵית יִשְׂרָאֵל는 준 대상으로 전치사 **לְ**는 '~에게' 의 의미로 사용되었다. **בֵית**는 **בַּיִת**(집)의 연계형으로 **בֵית יִשְׂרָאֵל**는 '이스라엘의 집' 이다. 그러므로 **לְבֵית יִשְׂרָאֵל**는 '이스라엘의 집에게' 로 번역이 된다.

וְשָׁמַעְתָּ מִפִּי דָּבָר 그러므로 너는 나의 입으로부터 말을 들을 것이다

이 구문은 앞과 연결되는 결과 구문으로 접속사 וְ가 '그러므로'의 의미로 사용되었다. וְשָׁמַעְתָּ는 שָׁמַע(듣다)의 바브연속법 칼 완료 2인칭 남성 단수형으로 '그러므로 너는 들을 것이다'로 번역된다. מִפִּי는 전치사 מִן(~로부터)+פִּי로 פִּי는 명사 פֶּה(입)에 1인칭 단수 대명사 접미를 붙인 형태로 '나의 입'이다. 그러므로 מִפִּי는 '나의 입으로부터'로 번역된다. דָּבָר는 문장의 목적어로 '말을'이다.

וְהִזְהַרְתָּ אֹתָם מִמֶּנִּי 그리고 너는 내 대신 그들에게 가르칠 것이다

이 문장은 앞의 문장의 연속으로 וְהִזְהַרְתָּ는 זָהַר(hip.가르치다)의 바브연속법 히필 완료 2인칭 남성 단수형으로 '그리고 너는 가르칠 것이다'로 번역된다. אֹתָם은 목적격 불변사인 אֵת에 3인칭 남성 복수 대명사 접미를 붙인 형태로 '그들'로 번역되며 가르치는 대상이 된다. מִמֶּנִּי는 전치사 מִן에 1인칭 단수 대명사접미를 붙인 형태로 여기서 מִן은 일반적인 뜻인 '~로부터'가 아니라 '~대신에'라는 의미로 사용되었다. 그러므로 מִמֶּנִּי는 '나 대신'으로 번역된다.

▶ 이 절은 에스겔 선지자의 사명을 알려주는 것으로 하나님께서는 선지자를 이스라엘을 지키시는 파수꾼으로 세우셨다는 것이다. 그가 하나님의 말씀을 바로 전해서 백성이 죄에서 돌이켜 구원을 받을 수 있게 해야 한다는 것이다. 그렇지 않으면 그 피 값을 에스겔에게서 찾겠다고 하셨다. 이것이 바로 말씀을 전하는 우리에게 주어진 사명이다.

80. 에스겔 36장 26절

וְנָתַתִּי לָכֶם לֵב חָדָשׁ
וְרוּחַ חֲדָשָׁה אֶתֵּן בְּקִרְבְּכֶם
וַהֲסִרֹתִי אֶת־לֵב הָאֶבֶן מִבְּשַׂרְכֶם
וְנָתַתִּי לָכֶם לֵב בָּשָׂר

그리고 너희에게 새 마음을 줄 것이다
그리고 새 영을 내가 너희 가운데 줄 것이다
그리고 너희의 육체에서 돌 같은 마음을 돌리게 할 것이다
그리고 너희에게 살 같은 마음을 줄 것이다

וְנָתַתִּי לָכֶם לֵב חָדָשׁ 그리고 너희에게 새 마음을 줄 것이다

וְנָתַתִּי는 동사 נָתַן(주다)의 바브연속법 칼 완료 1인칭 단수형으로 '그리고 나는 줄 것이다'로 번역된다. לָכֶם은 전치사 לְ(~에게)에 2인칭 남성 복수형이 붙은 형태로 '너희에게'로 번역된다. לֵב חָדָשׁ는 문장의 목적어로 형용사 חָדָשׁ(새로운)은 명사 לֵב(마음)을 꾸며주고 있으며 번역하면 '새로운 마음을'이다.

וְרוּחַ חֲדָשָׁה אֶתֵּן בְּקִרְבְּכֶם 그리고 새 영을 내가 너희 가운데 줄 것이다

이 문장은 목적어가 동사 앞으로 나와 강조가 되어있다. רוּחַ חֲדָשָׁה는 문장의 목적어로 형용사 חֲדָשָׁה(새로운)가 여성 단수 명사인 רוּחַ(영, 바람)를 꾸며주고 있고 여기서 רוּחַ는 하나님이 보내신 영을 의미하므로 번역을 하면 '새로운 영을'이다. אֶתֵּן은 נָתַן(주다)의 칼 미완료 1인칭 단수형으로 '그리고 나는 줄 것이다'로 번역된다. בְּקִרְבְּכֶם은 전치사 בְּ(~안에)+קִרְבְּכֶם로 קִרְבְּכֶם는 קֶרֶב(가운에)에 2인칭 남성 복수 대명사 접미를 붙인 것으로 '너희들 가운데에'로 번역된다.

וַהֲסִרֹתִי אֶת־לֵב הָאֶבֶן מִבְּשַׂרְכֶם
그리고 너희의 육체에서 돌 같은 마음을 돌리게 할 것이다.

וַהֲסִרֹתִי는 סוּר(돌이키다)의 바브연속법 히필 완료 1인칭 단수형으로 '그리고 내가

돌리게 할 것이다' 로 번역된다. 즉, 내가 돌리게 만들겠다는 의지를 표현한다. הָאֶבֶן אֶת־לֵב는 문장의 목적어로 אֶת는 목적격 불변사이다. לֵב הָאֶבֶן은 복합 명사로 לֵב(마음)는 연계형이고 אֶבֶן(돌)은 절대형으로 직역하면 '돌 마음' 이지만 여기서 돌은 마음을 꾸며주는 역할을 하므로 '돌 같은 마음' 으로 번역하는 것이 더 적당하다. מִבְּשַׂרְכֶם은 전치사 מִן(~에서, ~로 부터) + בְּשַׂרְכֶם으로 בְּשַׂרְכֶם은 בָּשָׂר(육체, 살)에 2인칭 남성 복수 대명사 접미를 붙인 것이며 번역하면 '너희 육체에서' 이다.

וְנָתַתִּי לָכֶם לֵב בָּשָׂר 그리고 너희에게 살 같은 마음을 줄 것이다.

이 구절은 1행과 거의 같은 단어와 형식으로 반복되고 있다. וְנָתַתִּי는 동사 נָתַן(주다)의 바브연속법 칼 완료 1인칭 단수형으로 '그리고 나는 줄 것이다' 로 번역된다. לָכֶם은 전치사 לְ(~에게)에 2인칭 남성 복수형이 붙은 형태로 '너희에게' 로 번역된다. 문장의 목적어인 לֵב בָּשָׂר는 복합명사로 לֵב(마음)는 연계형이고 בָּשָׂר(육체, 살)는 절대형으로 직역하면 '살 마음' 이다. 여기서 בָּשָׂר는 윗 행의 אֶבֶן(돌)과 대조되는 의미로 לֵב를 꾸며주고 있다. 그러므로 직역하면 '살 같은 마음' 으로 살처럼 부드러운 마음을 의미한다. 그렇기 때문에 우리말 번역은 '부드러운 마음' 으로 번역하였다.

▶ 하나님의 영이 우리에게 임하면 하나님께 반역하던 돌 같은 마음대신 하나님의 말씀에 순종하며 그 말씀을 따라 사는 살 같이 부드러운 마음을 갖게 된다는 것이다. 이렇게 우리의 죄 된 속성을 바꾸실 분도 바로 하나님이시며 하나님의 은혜인 것이다.

81. 다니엘서 1장 8절

וַיָּשֶׂם דָּנִיֵּאל עַל־לִבּוֹ
אֲשֶׁר לֹא־יִתְגָּאַל בְּפַתְבַּג הַמֶּלֶךְ וּבְיֵין מִשְׁתָּיו
וַיְבַקֵּשׁ מִשַּׂר הַסָּרִיסִים
אֲשֶׁר לֹא יִתְגָּאָל

그리고 다니엘은 그의 마음에 정하였다
　왕의 음식과 그가 마시는 포도주로 스스로를 더럽히지 않을 것을
그리고 환관장에게 요청하였다
　그가 스스로 더럽히지 않을 것을

וַיָּשֶׂם דָּנִיֵּאל עַל־לִבּוֹ 그리고 다니엘은 그의 마음에 정하였다

וַיָּשֶׂם은 동사 **שׂוּם**(두다, 정하다)의 바브연속법 칼 미완료 3인칭 남성 단수형으로 주어는 **דָּנִיֵּאל**(다니엘)이다. 그러므로 번역하면 '그리고 다니엘이 정하였다' 이다. **עַל־לִבּוֹ**은 전치사 **עַל**(~위에)+ **לִבּוֹ**로 **לִבּוֹ**는 명사 **לֵב**(마음)에 3인칭 남성 단수 대명사접미를 붙인 형태로 '그의 마음에' 라고 번역된다.

אֲשֶׁר לֹא־יִתְגָּאַל בְּפַתְבַּג הַמֶּלֶךְ וּבְיֵין מִשְׁתָּיו

왕의 음식과 그가 마시는 포도주로 스스로를 더럽히지 않을 것을

אֲשֶׁר로 시작하는 이 구문은 **לִבּוֹ**를 꾸며주는 관계대명사절이다. **לֹא־יִתְגָּאַל**는 부정사 **לֹא**(not) + **יִתְגָּאַל**로 **יִתְגָּאַל**는 **גָּאַל**(더럽히다)의 히트파엘 3인칭 남성 단수형으로 '그는 스스로 더럽히다' 이다. 그러므로 **לֹא־יִתְגָּאַל**는 '그는 스스로 더럽히지 않을 것이다' 로 번역된다.

בְּפַתְבַּג הַמֶּלֶךְ는 전치사 **בְּ**(~로, ~안에) + **פַּתְבַּג הַמֶּלֶךְ**로 **פַּתְבַּג**는 **פַּת־בָּג**(<왕을 위한> 음식, 진미)의 단수연계형으로 **בְּפַתְבַּג הַמֶּלֶךְ**는 '왕의 진미로' 로 번역된다.

וּבְיֵין מִשְׁתָּיו는 전치사 **בְּ**(~로, ~안에)+ **יֵין מִשְׁתָּיו**로 **יֵין מִשְׁתָּיו**에서 **יֵין**은 **יַיִן**(포도주)의 연계형이고 **מִשְׁתָּיו**는 **מִשְׁתֶּה**(마시는 것, 연회)에 3인칭 남성 단수대명사 접미

를 붙인 형태이다. 그러므로 בְּיֵין מִשְׁתָּיו를 번역하면 '그의 마시는 포도주로' 로 번역이 된다.

וַיְבַקֵּשׁ מִשַּׂר הַסָּרִיסִים 그리고 환관장에게 요청하였다

이 문장은 바브연속법이 계속되는 것으로 וַיְבַקֵּשׁ는 בִּקֵּשׁ (찾다)의 바브연속법 피엘 미완료 3인칭 남성 단수형으로 이 단어는 일반적으로 '찾다' 로 번역되지만 이 경우에는 전치사 מִן과 같이 사용되어 '요청하다' 로 번역된다. 그러므로 וַיְבַקֵּשׁ는 번역하면 '그리고 그는 ~에게 요청하였다' 로 번역된다.

מִשַּׂר הַסָּרִיסִים는 전치사 מִן+שַׂר הַסָּרִיסִים로 מִן은 동사와 연결되어 '~에게' 로 번역되고 שַׂר는 연계형으로 '장, 대장' 을 뜻한다. 그리고 סָרִיסִים는 סָרִיס(환관)의 남성 복수형으로 מִשַּׂר הַסָּרִיסִים는 '환관장에게' 로 번역된다.

אֲשֶׁר לֹא יִתְגָּאָל 그가 스스로 더럽히지 않을 것을

이 구문은 אֲשֶׁר로 시작되는 관계대명사절로 문장의 목적어 역할을 한다. לֹא는 'not'이고 יִתְגָּאָל는 גָּאַל(더럽히다)의 히트파엘 3인칭 남성 단수형으로 '그는 스스로 더럽히다' 이다. 그러므로 번역하면 '그는 스스로 더럽히지 않을 것을' 이다.

▶ 이 절은 다니엘이 외국 땅에서도 자신의 신앙을 지키기 위해 그는 하나님께서 금하신 부정한 음식들을 안 먹기로 결심한 것이다. 어떻게 하면 사소한 것 같아 보이지만 그러나 그는 하나님의 백성으로서의 정체성을 지키기 위해 그는 위험을 무릅쓴 것이다. 이것이 바로 신앙인 것이다. 불가능하고 어려운 상황에서도 하나님을 신뢰하는 것이다.

82. 호세아 2장 19-20절

וְאֵרַשְׂתִּיךְ לִי לְעוֹלָם
וְאֵרַשְׂתִּיךְ לִי בְּצֶדֶק וּבְמִשְׁפָּט וּבְחֶסֶד וּבְרַחֲמִים
וְאֵרַשְׂתִּיךְ לִי בֶּאֱמוּנָה
וְיָדַעַתְּ אֶת־יְהוָה

그리고 나는 너와 영원히 약혼할 것이다
그리고 나는 너와 공의와 정의와 인자과 긍휼로 약혼할 것이다
그리고 나는 너와 진실함으로 약혼할 것이다
그리고 너는 여호와를 알 것이다

וְאֵרַשְׂתִּיךְ לִי לְעוֹלָם 그리고 나는 너와 영원히 약혼할 것이다

וְאֵרַשְׂתִּיךְ는 **אָרַשׂ**(약혼하다)의 바브연속법 피엘 완료 1인칭 단수형에 2인칭 남성 단수 대명사접미를 붙인 것으로 '그리고 나는 너와 약혼할 것이다' 로 번역된다. 바브연속법이기 때문에 완료가 미래로 해석되었다. 구약에서 약혼은 결혼하기로 정하고 신랑이 신부와 그의 부모에게 선물을 준 상태로 법적으로는 이미 결혼한 것과 동일한 상황이다. **לִי**는 전치사 **לְ**에 1인칭 단수 대명사접미를 붙인 것으로 여기서는 주어인 '나'를 강조하기 위해 사용되었다.

לְעוֹלָם은 **עוֹלָם**(영원, 오랜 기간)에 전치사 **לְ**를 붙인 것으로 숙어적으로 '영원히' 로 번역된다.

וְאֵרַשְׂתִּיךְ לִי בְּצֶדֶק וּבְמִשְׁפָּט וּבְחֶסֶד וּבְרַחֲמִים
그리고 나는 너와 공의와 정의와 인자과 긍휼로 약혼할 것이다

이 구문은 앞의 문장이 거의 반복되므로 **וְאֵרַשְׂתִּיךְ לִי**는 '그리고 나는 너와 약혼할 것이다' 로 번역된다. **בְּצֶדֶק וּבְמִשְׁפָּט וּבְחֶסֶד וּבְרַחֲמִים**는 같은 형태의 단어 네 개를 접속사 **וְ**로 연결해 놓은 것으로 모두 전치사 **בְּ**(~로)+명사의 형태이며 '~와 ~와 ~와 ~로' 번역된다. **צֶדֶק**는 '공의' 이고 **מִשְׁפָּט**는 '정의' 이고 **חֶסֶד**는 '인자' 이고 **רַחֲמִים**은 '긍휼' 이다. 그러므로 **בְּצֶדֶק וּבְמִשְׁפָּט וּבְחֶסֶד וּבְרַחֲמִים**는 '공의와 정의와 인자와

긍휼로' 로 번역된다.

וְאֵרַשְׂתִּיךְ לִי בֶּאֱמוּנָה 그리고 나는 너와 진실함으로 약혼할 것이다

וְאֵרַשְׂתִּיךְ לִי는 '그리고 나는 너와 약혼할 것이다' 이고 **בֶּאֱמוּנָה**는 전치사 **בְּ**(~로) + **אֱמוּנָה**(진실함)로 '진실함으로' 로 번역된다.

וְיָדַעַתְּ אֶת־יְהוָה 그리고 너는 여호와를 알 것이다

וְיָדַעַתְּ는 동사 **יָדַע**(알다)의 바브연속법 칼 완료 2인칭 여성 단수형으로 번역하면 '너는 알 것이다' 로 번역된다. **אֶת־יְהוָה**는 문장의 목적어로 **אֶת**는 목적격 불변사이고 **יְהוָה**는 '여호와' 이므로 '여호와를' 로 번역된다.

▶ 이 절은 반복되는 시어로 '약혼할 것이다' 를 세 번이나 반복하므로 하나님의 강한 의지를 표현한다. 하나님께서 이방신에게 바람나 언약을 파기한 이스라엘을 용서하고 다시 언약을 맺겠다고 말씀하셨다. 여기서 사용된 의, 진실, 긍휼, 인자 등은 하나님의 속성으로 이스라엘을 구원하시고 사랑하시는 이유이기도 하다. 즉, 이스라엘이 잘해서가 아니라 하나님의 이런 성품 때문에 이스라엘이 사랑을 받고 구원을 받는다는 것이다.

83. 호세아 6장 1절

לְכוּ וְנָשׁוּבָה אֶל־יְהוָה
כִּי הוּא טָרָף וְיִרְפָּאֵנוּ
יַךְ וְיַחְבְּשֵׁנוּ

오라 그리고 우리가 여호와께로 돌아가자
왜냐하면 그가 찢으셨고 그가 우리를 고치실 것이다
그가 치실 것이고 그가 우리를 싸매실 것이다

לְכוּ וְנָשׁוּבָה אֶל־יְהוָה 오라 그리고 우리가 여호와께로 돌아가자

이 구문은 명령문으로 לְכוּ는 הָלַךְ(오다, 가다)의 칼 명령 남성 복수형으로 번역하면 '너희들은 오라' 이다. וְנָשׁוּבָה에서 וְ는 접속사로 '그리고' 이고 נָשׁוּבָה는 שׁוּב(돌아오다)의 칼 미완료 1인칭 복수 cohortative형이므로 청유형으로 번역하여 '우리가 돌아가자' 가 된다. אֶל־יְהוָה에서 전치사 אֶל은 '~에게' 이므로 번역하면 '여호와께로' 가 된다.

כִּי הוּא טָרָף וְיִרְפָּאֵנוּ 왜냐하면 그가 찢으셨고 그가 우리를 고치실 것이다

이 구문은 왜 돌아가야 하는지 이유를 설명하는 부분으로 כִּי는 '왜냐하면' 으로 번역된다. 그리고 여기서 주어인 대명사 הוּא(그가)가 동사 앞에 나와 강조가 되었다. טָרָף는 칼 완료 3인칭 남성 단수형으로 '그가 찢었다' 로 번역된다. יִרְפָּאֵנוּ는 רָפָא(치료하다)의 칼 미완료 3인칭 남성 단수형에 1인칭 복수 대명사 접미를 붙인 형태로 '그가 우리를 고치실 것이다' 로 번역된다. 그리고 접속사 וְ는 앞 뒤 문맥상 '~하면' 이라는 이유의 의미를 갖는다. 우리말 번역은 이런 의미를 잘 살리고 있다.

יַךְ וְיַחְבְּשֵׁנוּ 그가 치실 것이고 그가 우리를 싸매실 것이다

이 구문은 앞의 구문과 같은 형식으로 יַךְ는 נָכָה(치다)의 히필 미완료 3인칭 남성 단수형의 jussive형이지만 앞의 טָרָף와 평행을 이루기 때문에 의미상 완료로 해석을 해야 한다. 그러므로 יַךְ는 '그가 치셨다' 로 번역된다. ו는 접속사로 앞의 구문과 같은 의미로 사용되었고 יַחְבְּשֵׁנוּ는 חָבַשׁ(묶다, 싸매다)의 칼 미완료 3인칭 남성 단수형에 1인칭 복수 대명사 접미를 붙인 형태로 '그가 우리를 싸맬 것이다' 로 번역된다.

▶ 이 절은 이스라엘이 회개하고 여호와께로 돌아가자고 권유하는 것이다. 하나님께서 우리를 치시는 이유는 바로 우리가 여호와께로 돌아오기를 원하시기 때문이며 돌아가면 하나님께서 다시 회복시켜 주신다. 그러므로 하나님께 범죄한 우리가 해야할 일은 회개하고 여호와께 돌아가는 것 그 한 가지이다.

84. 요엘 2장 13절

וְקִרְעוּ לְבַבְכֶם וְאַל־בִּגְדֵיכֶם
וְשׁוּבוּ אֶל־יְהוָה אֱלֹהֵיכֶם
כִּי־חַנּוּן וְרַחוּם הוּא אֶרֶךְ אַפַּיִם וְרַב־חֶסֶד
וְנִחָם עַל־הָרָעָה

너희는 너희의 마음을 찢어라 그러나 너희의 옷을 찢지 말라
너희의 하나님 여호와께 돌아오라
왜냐하면 그는 은혜롭고 자비롭고 화를 천천히 내시며 인애가 크시고
재앙 내리는 것을 돌이키실 것이다.

וְקִרְעוּ לְבַבְכֶם וְאַל־בִּגְדֵיכֶם

너희는 너희의 마음을 찢어라 그러나 너희의 옷을 찢지 말라

이 구문은 명령문으로 구조적으로 동사 하나에 목적어가 두 개가 있는 형식인데 뒤에 나오는 목적어에는 동사가 생략된 것이다. קִרְעוּ는 קָרַע(찢다)의 명령 남성 복수형으로 '너희는 찢어라'로 번역된다. לְבַבְכֶם는 목적어로 לֵבָב(마음)에 2인칭 남성 복수 대명사 접미를 붙인 형태로 '너희들의 마음을'로 번역된다.

אַל־בִּגְדֵיכֶם는 אַל(not)+בִּגְדֵיכֶם로 בִּגְדֵיכֶם는 בֶּגֶד(겉옷)의 남성 복수 연계형에 2인칭 남성 복수 대명사 접미를 붙인 형태로 '너희의 겉옷들'이다. 그리고 여기서 וְ는 역접의 의미로 '그러나'의 의미이다. 그러므로 וְאַל은 '그러나 ~이 아니다'이므로 번역되므로 וְאַל־בִּגְדֵיכֶם를 직역하면 '그러나 너희의 옷이 아니다'이다. 하지만 여기에는 동사 קִרְעוּ가 생략된 것이다. 그러므로 וְקִרְעוּ לְבַבְכֶם וְאַל־בִּגְדֵיכֶם를 직역하면 '너희는 너희의 마음을 찢어라 그러나 너희의 옷이 아니다'이지만 생략된 קִרְעוּ의 의미를 살려 번역하면 '너희는 마음을 찢어라 그러나 너희의 옷을 찢지 말라'이다.

וְשׁוּבוּ אֶל־יְהוָה אֱלֹהֵיכֶם 너희의 하나님 여호와께 돌아오라

이 문장은 앞의 문장과 연결되는 명령문으로 שׁוּבוּ는 שׁוּב(돌아오다)의 명령 남성 복수형으로 '너희들은 돌아오라'로 번역된다. אֶל־יְהוָה אֱלֹהֵיכֶם은 전치사 אֶל(~에

게) + אֱלֹהֵיכֶם יְהוָה אֱלֹהֵיכֶם로 אֱלֹהֵיכֶם는 '너희의 하나님' 이므로 אֶל־יְהוָה אֱלֹהֵיכֶם는 '너희의 하나님 여호와께' 로 번역된다.

כִּי־חַנּוּן וְרַחוּם הוּא אֶרֶךְ אַפַּיִם וְרַב־חֶסֶד

왜냐하면 그는 은혜롭고 자비롭고 화를 천천히 내시며 인애가 크시고

이 문장은 이유를 나타내는 절로 כִּי는 '왜냐하면' 으로 번역된다. חַנּוּן은 형용사로 '은혜로운' 이고 רַחוּם은 '자비로운' 이다. הוּא는 '그는' 으로 이 문장의 주어가 되며 하나님을 가리킨다. אֶרֶךְ אַפַּיִם에서 אֶרֶךְ는 형용사로 '긴, 천천히, 참는' 을 가지고 있고 אַפַּיִם은 אַף(분노)의 남성 복수형으로 '분노들' 이다. אֶרֶךְ אַפַּיִם를 번역하면 '화를 천천히 내다' 이다. רַב־חֶסֶד에서 형용사 רַב는 '많은' 이고 חֶסֶד는 '인애, 자비' 로 '인애가 크다' 로 번역된다. 전체적으로 주어 הוּא를 중심으로 양쪽에 두 개씩 나오는 형용사 구문들은 주어의 성품을 설명해주는 것으로 이 형용사들은 모두 서술적 용법으로 사용되었다.

וְנִחָם עַל־הָרָעָה 재앙 내리는 것을 후회하시는 분이시다

נִחָם는 נחם(유감스럽게 여기다. 후회하다. 취소하다)의 니팔 분사 남성 단수형으로 번역을 하면 '후회하시는 분' 이다. עַל־הָרָעָה은 전치사 עַל(~위에, ~에 대해)+ הָרָעָה(재앙, 악)로 직역하면 '재앙에 대해' 로 이지만 의미를 분명히 하기 위해 '재앙 내리를 것' 으로 번역하였다.

▶ 이 절이 선지서의 핵심이다. 하나님께서 이스라엘을 심판하시는 이유는 하나님의 말씀을 떠나 사는 이들에게 벌을 내리심으로 하나님께로 다시 돌아오게 하시기 위한 것이다. 하나님은 우리가 잘못했을 때 회개하고 돌아오기를 기다리시는 사랑의 하나님이신 것이다.

85. 요엘 2장 28절

וְהָיָה אַחֲרֵי־כֵן אֶשְׁפּוֹךְ אֶת־רוּחִי עַל־כָּל־בָּשָׂר
וְנִבְּאוּ בְּנֵיכֶם וּבְנוֹתֵיכֶם
זִקְנֵיכֶם חֲלֹמוֹת יַחֲלֹמוּן
בַּחוּרֵיכֶם חֶזְיֹנוֹת יִרְאוּ

그 후에 모든 육체위에 나의 영을 부을 것이다
그리고 너희의 아들과 너희의 딸들이 예언을 할 것이다
너희의 노인들은 꿈을 꿀 것이다
너희 젊은이들은 환상들을 볼 것이다

וְהָיָה אַחֲרֵי־כֵן אֶשְׁפּוֹךְ אֶת־רוּחִי עַל־כָּל־בָּשָׂר

그 후에 모든 육체위에 나의 영을 부을 것이다

이 구문은 앞의 절과 시간적으로 구분을 시키기 위해 시간을 나타내는 문구로 시작한다. וְהָיָה אַחֲרֵי־כֵן는 시간을 나타내는 구로 וְהָיָה는 바브연속법 동사 3인칭 남성 단수형으로 '그리고 그가 있을 것이다' 이고 אַחֲרֵי는 전치사로 '~후에' 이다. 그리고 כֵן은 부사로 '그렇게' 이다. 그러므로 וְהָיָה אַחֲרֵי־כֵן를 직역하면 '그가 그 후에 있을 것이다' 이지만 이 구문은 숙어적으로 '그 후에' 로 번역된다.

אֶשְׁפּוֹךְ는 동사로 שָׁפַךְ(붓다)의 칼 미완료 1인칭 단수형으로 '나는 부을 것이다' 로 번역된다. אֶת־רוּחִי는 목적어로 רוּחִי는 רוּחַ(영)에 1인칭 단수 대명사 접미를 붙인 형태로 '나의 영' 으로 번역된다. עַל־כָּל־בָּשָׂר는 전치사 עַל(~위에) + כָּל(모든)+ בָּשָׂר(육체)로 '모든 육체 위에' 로 번역된다.

וְנִבְּאוּ בְּנֵיכֶם וּבְנוֹתֵיכֶם

그리고 너희의 아들과 너희의 딸들이 예언을 할 것이다

וְנִבְּאוּ는 נָבָא(예언하다)의 바브연속법 니팔 완료 3인칭 복수형으로 '그리고 그들이 예언할 것이다' 로 번역된다. בְּנֵיכֶם וּבְנוֹתֵיכֶם는 문장의 주어로 בְּנֵיכֶם은 בֵּן(아들)의 복수형에 2인칭 남성 복수 대명사 접미를 붙인 것으로 '너희의 아들들' 이고 בְּנוֹתֵיכֶם는

בַּת(딸)의 복수형에 2인칭 남성 복수 대명사 접미를 붙인 것으로 '너희의 딸들'이다.

זִקְנֵיכֶם חֲלֹמוֹת יַחֲלֹמוּן 너희의 노인들은 꿈을 꿀 것이다

이 문장은 주어가 앞으로 나와 강조가 되었다. זִקְנֵיכֶם는 형용사 זָקֵן(늙은)에 2인칭 남성 복수 대명사 접미를 붙인 형태로 여기서 זָקֵן은 독립적 용법으로 사용되어 '노인'로 번역된다. 그러므로 זִקְנֵיכֶם는 '너희의 노인들'로 번역된다.

חֲלֹמוֹת יַחֲלֹמוּן에서 חֲלֹמוֹת는 명사 '꿈'이고 יַחֲלֹמוּן는 동사 חָלַם(꿈꾸다)의 칼 미완료 3인칭 복수형에 강조의 ן을 붙인 형태로 '그들이 꿈을 꿀 것이다'로 번역된다. 그런데 이 동사의 경우는 항상 명사 חֲלֹמוֹת를 동반한다. 그러므로 חֲלֹמוֹת יַחֲלֹמוּן는 '그들이 꿈을 꿀 것이다'로 번역된다.

בַּחוּרֵיכֶם חֶזְיֹנוֹת יִרְאוּ 너희 젊은이들은 환상들을 볼 것이다

이 문장도 주어인 בַּחוּרֵיכֶם이 앞으로 나와 강조가 되었다. בַּחוּרֵיכֶם은 בָּחוּר(젊은이)에 2인칭 남성 복수 대명사접미를 붙인 형태로 '너희의 젊은이들은'으로 번역된다. חֶזְיֹנוֹת는 목적어로 חִזָּיוֹן(환상)의 복수형으로 '환상들을'로 번역된다. יִרְאוּ는 רָאָה(보다)의 칼 미완료 3인칭 남성 복수형이며 '그들이 볼 것이다'로 번역된다.

▶ 이 절은 여호와께서 심판을 예언하신 후에 심판이 다 끝나면 하나님의 백성들에게 하나님의 영을 부어주시겠다고 약속하신 구절이다. 여기서 하나님은 하나님의 영을 남녀 구분도 노소의 구분도 계급의 구분도 없이 모든 사람에게 주신다고 약속하셨다. 그리고 이것이 신약시대의 오순절에 성취되었고 바울은 그리스도 안에서 남녀의 구분도 신분의 구분도 이방인과 이스라엘의 구분도 없이 모두 하나라고 말하고 있다.

86. 아모스 3장 2절

רַק אֶתְכֶם יָדַעְתִּי
מִכֹּל מִשְׁפְּחוֹת הָאֲדָמָה
עַל־כֵּן אֶפְקֹד עֲלֵיכֶם
אֵת כָּל־עֲוֹנֹתֵיכֶם

오직 너희만을 나는 알았다.
땅의 모든 족속들 중에서
그러므로 나는 너희에게 찾을 것이다.
너희의 모든 죄들을

רַק אֶתְכֶם יָדַעְתִּי 오직 너희만을 나는 알았다.

이 문장은 목적어가 앞으로 나오고 부사 רַק(오직)까지 붙여 강조가 되어있다. אֶתְכֶם는 목적격 불변사 אֵת에 2인칭 남성 복수 대명사 접미를 붙인 목적어로 '너희를' 인데 앞에 강조를 하는 רַק가 왔기 때문에 '너희만을' 로 번역하는 것이 더 적당하다. יָדַעְתִּי는 동사 יָדַע(알다)의 칼 완료 1인칭 단수형으로 '내가 알았다' 로 번역된다.

מִכֹּל מִשְׁפְּחוֹת הָאֲדָמָה 땅의 모든 족속들 중에서

이 구문은 앞 문장의 부사구로 מִכֹּל은 전치사 מִן(~중에)+ כֹּל(모든)로 כֹּל은 뒤에 나오는 명사들을 꾸며준다. מִשְׁפְּחוֹת는 מִשְׁפָּחָה(족속, 부족)의 여성 복수 연계형이고 הָאֲדָמָה는 정관사 הָ אֲדָמָה(땅)이므로 מִשְׁפְּחוֹת הָאֲדָמָה는 '땅의 족속들' 이고 이 복합명사를 מִכֹּל이 꾸며주므로 '땅의 모든 족속들 중에' 로 번역된다.

עַל־כֵּן אֶפְקֹד עֲלֵיכֶם 그러므로 나는 너희에게 찾을 것이다.

이 문장은 עַל־כֵּן으로 시작하는 결과적 의미를 갖는 절이다. עַל־כֵּן은 전치사 עַל(위에)+부사 כֵּן(그렇게)이 결합된 것으로 일반적으로 '그러므로' 로 번역된다. אֶפְקֹד는 동사 פָּקַד(방문하다, 주목하다, 찾다)의 칼 미완료 1인칭 단수형으로 직역하면 '내가 찾을 것이다' 이다. 하지만 대부분의 영어번역은 'punish' 로 되어 있고 우리말 번역

도 '보응하리라' 로 번역하였다. 그것은 이 단어의 기본 뜻인 '찾다' 에 대해 해설을 한 번역이다. 즉, 찾는 이유가 보응 즉, 심판을 하기 위해서라는 것이다. **עֲלֵיכֶם**은 전치사 **עַל**(위에)에 2인칭 남성 복수 대명사 접미를 붙인 것으로 직역하면 '너희 위에서' 이지만 문맥상 '너희에게' 가 적당하다.

אֵת כָּל־עֲוֹנֹתֵיכֶם 너희의 모든 죄들을

이 구문은 앞 문장의 목적어로 **אֵת**는 목적격 불변사이고 **כָּל־עֲוֹנֹתֵיכֶם**는 형용사 **כָּל**(모든)+**עֲוֹנֹתֵיכֶם**으로 **עֲוֹנֹתֵיכֶם**은 **עָוֹן**(죄)의 여성 복수형에 2인칭 남성 복수 대명사 접미를 붙인 것으로 '너희의 죄들'이다. 그러므로 **כָּל־עֲוֹנֹתֵיכֶם**는 ' 너희의 모든 죄들 '이다. 일반적으로 **עָוֹן**(죄)은 재판을 받아야 할 '범죄' 를 뜻한다.

▶ 이 절은 하나님께서 이스라엘을 심판하시는 이유를 설명하는 것으로 하나님께서는 세상의 그 많은 민족과 나라들 중에서 오직 이스라엘만을 선택하셨고 그들과 함께 하셨지만 그들은 하나님만을 알지도 않고 하나님의 말씀도 따르지 않고 죄만을 저질렀기에 그들을 심판 할 수 밖에 없다는 것이다. 이 구절에서 사랑에 배신당한 하나님의 쓰라린 마음을 잘 읽을 수가 있다.

87. 아모스 5장 24절

וְיִגַּל כַּמַּיִם מִשְׁפָּט
וּצְדָקָה כְּנַחַל אֵיתָן

하지만 흐르게 하라 정의가 물같이
그리고 공의가 마르지 않는 강같이

וְיִגַּל כַּמַּיִם מִשְׁפָּט 하지만 흐르게 하라 정의가 물같이

וְיִגַּל는 접속사 וְ + יִגַּל로 יִגַּל는 동사 גָּלַל(구르다)의 니팔 미완료 3인칭 남성 단수형 jussive로 번역하면 '흐르게 하라'는 간접 명령형의 의미이다. 그리고 접속사 וְ는 '하지만'으로 번역된다. כַּמַּיִם은 전치사 כַּ(~처럼) + מַיִם(물)으로 번역하면 '물처럼'이다. מִשְׁפָּט는 문장의 주어로 '정의가'로 번역된다.

וּצְדָקָה כְּנַחַל אֵיתָן 그리고 공의가 마르지 않는 강같이

이 문장은 앞의 문장과 같은 형식으로 동사는 앞 문장의 동사를 공통으로 사용하기 때문에 생략되었다. וּצְדָקָה는 접속사 וְ + צְדָקָה(공의)로 צְדָקָה는 문장의 주어이며 '공의가'로 번역된다. כְּנַחַל אֵיתָן는 전치사 כְּ(~처럼) + נַחַל אֵיתָן로 נַחַל אֵיתָן에서 אֵיתָן은 형용사로 '마르지 않는'이며 명사 נַחַל(강)을 꾸며준다. 그러므로 כְּנַחַל אֵיתָן은 '마르지 않는 강같이'로 번역된다.

▶ 이 절은 제사와 절기를 지키는 것과 하나님을 찬양하는 것도 하지 말라고 명령하신 이후에 하신 말씀으로 그런 것보다는 정의를 행하라고 명령하시는 것이다. 정의를 행하지 않는 예배는 예배가 아니며 정직하고 올바른 삶이 바로 하나님께 드릴 수 있는 가장 좋은 예배를 드리는 방법이라는 것이다. 그러므로 행함과 믿음은 늘 같이 가는 것이다.

88. 오바댜 1장 4절

אִם־תַּגְבִּיהַּ כַּנֶּשֶׁר
וְאִם־בֵּין כּוֹכָבִים שִׂים קִנֶּךָ
מִשָּׁם אוֹרִידְךָ
נְאֻם־יְהוָה

만약 네가 독수리처럼 높아진다면
그리고 만약 별들 사이에 너의 둥지가 놓여 진다면
거기에서부터 내가 너를 내려오게 만들 것이다.
여호와의 말씀이다.

אִם־תַּגְבִּיהַּ כַּנֶּשֶׁר 만약 네가 독수리처럼 높아진다면

이 문장은 **אִם**(if)으로 시작하는 조건절이다. **תַּגְבִּיהַּ**는 **גָּבַהּ**(높다)의 히필 미완료 2인칭 남성 단수형으로 직역하면 '네가 높게 만들 것이다' 이지만 문맥을 고려해 '네가 높아질 것이다' 로 번역하는 것이 적당하며 이것은 본인의 의지로 높아지는 것을 뜻한다. **כַּנֶּשֶׁר**는 전치사 **כַּ**(~처럼) + **נֶשֶׁר**(독수리)로 번역을 하면 '독수리처럼' 이다.

וְאִם־בֵּין כּוֹכָבִים שִׂים קִנֶּךָ 그리고 만약 별들 사이에 너의 둥지가 놓여 진다면

이 문장도 앞 문장과 동일한 조건절이다. **וְאִם**은 접속사 **וְ**(그리고) + **אִם**(if)으로 '그리고 만약에' 로 번역하다. **בֵּין כּוֹכָבִים**에서 **בֵּין**(~사이에)은 전치사이고 **כּוֹכָבִים**은 명사 **כּוֹכָב**(별)의 남성 복수형으로 번역하면 '별들 사이에' 가 된다.

שִׂים은 문장의 서술어로 동사 **שׂוּם**(놓다)의 칼 수동 분사 남성 단수형으로 분사는 현재 상태를 표현하므로 '그것이 놓여 있다' 로 번역된다. **קִנֶּךָ**는 문장의 주어로 명사 **קֵן**(둥지)에 2인칭 남성 단수 대명사 접미를 붙인 것으로 번역하면 '너의 둥지가' 이다. 둥지가 별들 사이에 놓인다는 의미는 아주 높은 곳에 자리를 잡는다는 것으로 교만함과 안전함을 의미한다.

מִשָּׁם אוֹרִידְךָ 거기에서부터 내가 너를 내려오게 만들 것이다.

이 구문은 주절로 מִשָּׁם는 전치사 מִן(~로부터) + שָׁם(거기에)으로 해석하면 '거기에서부터'로 번역된다. אוֹרִידְךָ는 동사 יָרַד(내려오다)의 히필 미완료 1인칭 단수형에 2인칭 남성 단수 대명사 접미를 붙인 것으로 번역하면 '내가 너를 내려오게 만들 것이다'이다.

נְאֻם־יְהוָה 여호와의 말씀이다.

이 구문은 선지서에서 자주 나오는 것으로 하나님의 신탁 뒤에 나온다. 그리고 동사가 없는 명사 문장이다.

נְאֻם은 명사 남성 단수형으로 '말씀, 선언'이다. 그러므로 נְאֻם־יְהוָה은 '여호와의 말씀이다'로 번역된다.

▶ 이 절은 에돔에 대한 경고로 에돔이 아무리 강대해지고 안전한 곳에 거하더라도 하나님께서 일단 심판하시기로 결심하신 이상 반드시 심판하시겠다는 경고이다. 인간이 아무리 강해도 하나님을 피할 수는 없는 것이다. 그러므로 하나님이 아닌 인간을 의지하는 것은 어리석은 것이며 하나님을 거역하는 것은 더 어리석은 일이다.

89. 요나 3장 9절

מִי־יוֹדֵעַ
יָשׁוּב וְנִחַם הָאֱלֹהִים
וְשָׁב מֵחֲרוֹן אַפּוֹ
וְלֹא נֹאבֵד׃

누가 알겠느냐?
하나님께서 돌이키시고 불쌍히 여기시고
그리고 그의 코의 분노로부터 돌이키실지
그리고 우리가 멸망하지 않을지

מִי־יוֹדֵעַ 누가 알겠느냐?

이 문장은 의문문이다. מִי는 '누가' 이고 יוֹדֵעַ는 동사 יָדַע(알다)의 칼 분사 남성 단수형으로 '알고 있다' 는 현재 상태로 번역을 해야 한다. 그러므로 מִי־יוֹדֵעַ는 숙어적으로 '누가 알겠느냐?' 로 번역된다.

יָשׁוּב וְנִחַם הָאֱלֹהִים 하나님께서 돌이키시고 불쌍히 여기시고

이후의 문장은 앞의 '누가 알겠느냐?' 에 걸리는 구문들이다. יָשׁוּב는 שׁוּב(돌이키다)의 칼 미완료 3인칭 남성 단수형으로 번역하면 '그가 돌이키실 것이다' 이다. וְנִחַם는 נחם의 바브연속법 니팔 완료 3인칭 남성 단수형으로 니팔형이 '유감스러워하다, 후회하다, 불쌍히 여기다' 라는 의미를 갖는다. 그러므로 번역을 하면 '그가 불쌍히 여기실 것이다' 가 적당할 것이다. 그리고 이 두 동사의 주어는 모두 הָאֱלֹהִים(하나님)이다.

וְשָׁב מֵחֲרוֹן אַפּוֹ 그리고 그의 코의 분노로부터 돌이키실지

이 문장은 앞의 바브 연속법이 계속되고 있다. וְשָׁב는 שׁוּב(돌이키다)의 바브연속법 칼 완료 3인칭 남성 단수형으로 번역하면 '그는 돌이키실 것이다' 이다.

מֵחֲרוֹן אַפּוֹ은 전치사 מִן(~로부터) + חֲרוֹן אַפּוֹ로 חֲרוֹן אַפּוֹ에서 חֲרוֹן은 חָרוֹן(분노)의 연계형이고 אַפּוֹ는 אַף(코)에 3인칭 남성 단수 대명사 접미를 붙인 형태

이다. 그러므로 מֵחֲרוֹן אַפּוֹ를 직역하면 '그의 코의 분노로부터' 이지만 אַף가 '코' 라는 뜻 대신 '분노' 라는 의미도 가지고 있기 때문에 분노를 두 번 써서 강조한 것으로 보고 우리말 번역처럼 '그의 진노' 라고 번역하는 것도 가능하다.

וְלֹא נֹאבֵד׃ 그리고 우리가 멸망하지 않을지

이 문장은 לֹא(not)로 시작하는 부정문으로 바브 연속법이 사용될 수 없기 때문에 여기서 וְ는 바브 연속법이 아닌 단순 접속사 '그리고' 이다. נֹאבֵד는 אָבַד(멸망하다, 죽다)의 칼 미완료 1인칭 복수형으로 번역을 하면 '우리가 멸망할 것이다' 이다. 그러므로 וְלֹא נֹאבֵד는 '우리가 멸망하지 않을 것이다' 이지만 앞 문장과 계속 연결이 되기 때문에 '멸망하지 않을지' 로 번역하는 것이 적당하다.

▶ 이 절은 니느웨왕이 요나의 말을 듣고 금식을 선포하면서 그 이유를 설명하는 부분이다. 그는 이들의 금식하며 회개하는 행동에 그의 뜻을 돌이키실지도 모른다는 희망을 표현하고 있다. 이런 니느웨 왕의 행동은 요엘 2:12-14의 예언을 실행한 것으로 이스라엘은 한번도 회개하지 않았지만 이방인인 니느웨 백성들이 이런 행동으로 하나님의 자비를 구하고 있는 것이다. 이것은 하나님의 백성이라는 요나와 이스라엘의 회개하지 않는 행동을 비판하는 것이다.

90. 요나서 4장 11절

וַאֲנִי לֹא אָחוּס עַל־נִינְוֵה הָעִיר הַגְּדוֹלָה
אֲשֶׁר יֶשׁ־בָּהּ הַרְבֵּה מִשְׁתֵּים־עֶשְׂרֵה רִבּוֹ אָדָם
אֲשֶׁר לֹא־יָדַע בֵּין־יְמִינוֹ לִשְׂמֹאלוֹ
וּבְהֵמָה רַבָּה׃

그러므로 나는 큰 도시 니느웨를 불쌍히 여기지 않겠느냐?
그 안에 12만명 이상의 사람이 있는
오른쪽과 왼쪽을 알지 못하는
그리고 많은 가축도 있는

וַאֲנִי לֹא אָחוּס עַל־נִינְוֵה הָעִיר הַגְּדוֹלָה

그러므로 나는 큰 도시 니느웨를 불쌍히 여기지 않겠느냐?

이 문장은 10절과 연결되어 있는 문장으로 접속사 וְ는 결과적 용법으로 '그러므로'로 번역된다. אֲנִי(나는)는 문장의 주어로 문장 맨 앞에 나와 강조를 하고 있다. אָחוּס לֹא에서 לֹא는 '아니다' 이고 אָחוּס는 동사 חוס(불쌍히 여기다)의 칼 미완료 1인칭 단수형으로 '나는 불쌍히 여길 것이다' 이다. 하지만 לֹא אָחוּס는 문맥상 수사의문문으로 기능하고 있기 때문에 '내가 불쌍히 여기지 않겠는가?' 라고 번역해야 한다.

עַל־נִינְוֵה הָעִיר הַגְּדוֹלָה은 문장의 목적어로 전치사 עַל은 숙어로 חוס와 함께 사용되어 '~을 불쌍히 여기다' 로 번역된다. נִינְוֵה는 고유명사인 '니느웨' 이다. 그리고 הָעִיר הַגְּדוֹלָה는 '니느웨' 와 동격으로 니느웨를 설명하는 구문이다. הָעִיר는 '도시' 이고 הַגְּדוֹלָה는 גָּדוֹל(큰)의 여성 단수형으로 הָעִיר가 여성형 단수 명사이기 때문에 그것에 맞추어 여성 단수 형태를 쓴 것이다. 그러므로 עַל־נִינְוֵה הָעִיר הַגְּדוֹלָה는 '큰 도시 니느웨를' 이다.

אֲשֶׁר יֶשׁ־בָּהּ הַרְבֵּה מִשְׁתֵּים־עֶשְׂרֵה רִבּוֹ אָדָם

그 안에 12만명 이상의 사람이 있는

이 구문은 앞의 '니느웨' 를 수식하는 관계대명사절이다. יֶשׁ־בָּהּ에서 יֶשׁ는 '있다' 이고 בָּהּ는 전치사 בְּ(~안에)에 3인칭 여성 단수 대명사 접미를 붙인 형태로 '그 안에' 로 번역되며 여기서는 도시 안을 의미한다. הַרְבֵּה는 동사 רָבָה(많다)의 히필 부정사 절대형으로 여기서 부정사는 수식적 기능을 하여 '많은' 으로 번역된다. מִשְׁתֵּים־עֶשְׂרֵה 는 전치사 מִן + שְׁתֵּים־עֶשְׂרֵה로 전치사 מִן은 비교급으로 여기서는 '~보다' 로 번역해야 한다. שְׁתֵּים은 שְׁנַיִם(둘)의 여성 쌍수로 '둘' 이다. 그리고 עֶשְׂרֵה는 עָשָׂר(열)의 여성 단수형으로 שְׁתֵּים־עֶשְׂרֵה는 '12' 이다. 그리고 רִבּוֹ는 '만' 단위를 나타낸다. 그러므로 מִשְׁתֵּים־עֶשְׂרֵה רִבּוֹ אָדָם는 '12만명의 사람 보다' 라는 의미이다. 여기서 אָדָם은 단수로 사용되었는데 이렇게 숫자의 단위로 붙을 경우 단수, 복수 모두 가능하다.

אֲשֶׁר לֹא־יָדַע בֵּין־יְמִינוֹ לִשְׂמֹאלוֹ 오른쪽과 왼쪽을 구별하지 못하는

이 구문은 앞의 אָדָם을 수식하는 관계대명사절로 לֹא־יָדַע는 לֹא(not) + יָדַע이며 יָדַע는 '그가 알았다' 이므로 לֹא־יָדַע는 '그는 알지 못했다' 로 변역된다.

בֵּין־יְמִינוֹ לִשְׂמֹאלוֹ는 בֵּין(~사이에) + יְמִינוֹ로 יְמִינוֹ는 יָמִין(오른쪽)에 3인칭 남성 단수 대명사 접미가 붙은 형태로 '그의 오른쪽' 이다 그리고 לִשְׂמֹאלוֹ는 전치사 לְ(~에게) + שְׂמֹאלוֹ로 שְׂמֹאלוֹ는 שְׂמֹאל(왼쪽)에 3인칭 남성 단수 대명사 접미가 붙은 형태로 '그의 왼쪽' 으로 해석된다. 그리고 יָדַע בֵּין־יְמִינוֹ לִשְׂמֹאלוֹ는 숙어적으로 '오른쪽과 왼쪽을 구별하다' 라는 의미를 가진다.

וּבְהֵמָה רַבָּה 그리고 많은 가축(이 있는)

בְּהֵמָה는 '가축' 이고 רַבָּה는 רַב(많은)의 여성 단수형으로 בְּהֵמָה רַבָּה는 '많은 가축' 이다. 이 문장은 앞의 יֵשׁ와 연결되는 것이기 때문에 '그리고 많은 가축(이 있는)' 으로 번역한다.

▶ 이 절은 하나님께서 요나에게 니느웨를 멸망하지 않는 이유를 설명하시는 것으로 하나님께서는 기본적으로 생명을 아끼신다는 것을 보여주신다. 하나님께서는 회개하며 자신에게 돌아온 자들은 반드시 긍휼이 여기시며 그들을 사랑하시고 아끼신다. 비록 죄가 많았던 니느웨 사람일지라도 말이다.

91. 미가 5장 2절

וְאַתָּה בֵּית־לֶחֶם אֶפְרָתָה
צָעִיר לִהְיוֹת בְּאַלְפֵי יְהוּדָה
מִמְּךָ לִי יֵצֵא לִהְיוֹת מוֹשֵׁל בְּיִשְׂרָאֵל
וּמוֹצָאֹתָיו מִקֶּדֶם מִימֵי עוֹלָם׃

그리고 너 베들레헴 에브라다야
유다 가문 가운데서 작도다
너에게서 나에게 이스라엘을 다스릴 자가 나올 것이다
그리고 그의 기원은 동쪽에서부터 영원의 날부터

וְאַתָּה בֵּית־לֶחֶם אֶפְרָתָה 그리고 너 베들레헴 에브라다야

이 구문은 호격으로 **אַתָּה**(너는)는 **בֵּית־לֶחֶם אֶפְרָתָה**와 동격으로 사용되었다. **בֵּית־לֶחֶם**은 고유명사인 '베들레헴' 이며 **אֶפְרָתָה**는 '에브라다' 로 벧엘 근처의 지명으로 관용적으로 베들레헴의 다른 이름으로 사용하기도 한다. 여기서는 베들레헴의 다른 이름이다. 그러므로 '너' 와 '베들레헴' 과 '에브라다' 는 모두 동격이다.

צָעִיר לִהְיוֹת בְּאַלְפֵי יְהוּדָה 유다의 가문들 가운데서 작도다

이 구문은 앞의 구절의 서술부에 해당하는 부분으로 **צָעִיר**(작은)는 형용사 남성 단수형으로 여기서는 서술적 용법으로 사용되어 '작다' 로 번역 된다. 하지만 이것은 예언의 말이므로 '작도다' 라고 번역하였다. **לִהְיוֹת**는 전치사 **לְ**에 **הָיָה**(이다)의 부정사 연계형 **הֱיוֹת**을 붙인 것으로 일반적으로 '하는 것' 으로 번역되지만 여기서는 부정사 연계형이 서술적으로 사용되어 '~이다' 로 번역된다. 그러므로 **צָעִיר לִהְיוֹת**를 합쳐서 '작다' 로 번역하면 된다.

בְּאַלְפֵי는 전치사 **בְּ**(~안에)에 명사 **אֶלֶף**의 남성 복수 연계형을 붙인 것으로 **אֶלֶף**는 일반적으로 '천' 이란 뜻을 가지고 있지만 드물게 '가족, 가문' 이라는 뜻으로 사용되는데 여기서는 '가문' 이라는 의미로 사용되어다. 그리고 **יְהוּדָה**는 고유명사로 '유다' 이다. 그러므로 **בְּאַלְפֵי יְהוּדָה**는 '유다의 가문들 가운데서' 로 번역된다.

מִמְּךָ לִי יֵצֵא לִהְיוֹת מוֹשֵׁל בְּיִשְׂרָאֵל

너에게서 나에게 이스라엘을 다스릴 자가 나올 것이다

이 구문은 전치사가 동사 앞에 나와 강조가 된 구문이다. **מִמְּךָ**는 전치사 **מִן**(~로부터)에 2인칭 남성 단수 대명사 접미를 붙인 것으로 '너에게서'로 번역된다. **לִי**는 전치사 **לְ**(~에게)에 1인칭 단수 대명사 접미를 붙인 것으로 '나에게'로 번역된다.

יֵצֵא는 **יָצָא**(나오다)의 칼 미완료 3인칭 남성 단수형으로 '그가 나올 것이다'로 번역된다. **לִהְיוֹת**는 전치사 **לְ**에 **הָיָה**(이다)의 부정사 연계형 **הֱיוֹת**를 붙인 것으로 일반적으로 '하는 것'으로 번역되지만 여기서는 '~이 될'이라는 미래를 나타내는 부정사로 사용되었다. **מוֹשֵׁל**은 동사 **מָשַׁל**(다스리다)의 칼 분사 남성 단수형으로 여기서는 '다스리는 자'로 번역된다. 그러므로 **לִהְיוֹת מוֹשֵׁל**는 '다스릴 자'로 번역된다. **בְּיִשְׂרָאֵל**은 전치사 **בְּ**(~안에)에 **יִשְׂרָאֵל**을 붙인 것으로 이 구문은 **מָשַׁל**의 목적어로 사용되었기 때문에 '이스라엘을'로 번역된다.

וּמוֹצָאֹתָיו מִקֶּדֶם מִימֵי עוֹלָם׃ **그리고 그의 기원은 동쪽에서부터 영원의 날로부터**

이 구문은 앞의 다스리는 자에 대해 추가적으로 설명하는 구문이다. **מוֹצָאֹתָיו**는 **מוֹצָאָה**의 여성 복수형에 3인칭 남성 단수 대명사 접미를 붙인 형태로 '그의 기원'으로 번역된다. **מִקֶּדֶם**은 전치사 **מִן**(~로부터)에 명사 **קֶדֶם**(동쪽)을 붙인 형태로 '동쪽으로부터'로 번역된다. **מִימֵי עוֹלָם**에서 **מִימֵי**는 전치사 **מִן**(~로부터)에 명사 **יוֹם**(날)의 남성 복수 연계형을 붙인 것으로 '날들로부터'이다. 그리고 **עוֹלָם**(영원)은 명사의 절대형이므로 **מִימֵי עוֹלָם**는 '영원의 날들로부터'로 번역된다.

▶ 이 절은 메시야의 탄생을 예고하는 구절 즉, 예수님의 탄생을 예고하는 구절로 유명하다. 그런데 그의 기원이 영원이라고 하므로 메시야가 신적인 존재임을 암시적으로 밝히고 있다. 그리고 하나님께서는 예언하신 그대로 그의 아들을 베들레헴에 태어나게 하셨다. 하나님께서는 자신이 하신 말씀을 반드시 이루시는 분이다.

92. 미가 6장 8절

הִגִּיד לְךָ אָדָם מַה-טּוֹב
וּמָֽה־יְהוָה דּוֹרֵשׁ מִמְּךָ
כִּי אִם־עֲשׂוֹת מִשְׁפָּט וְאַהֲבַת חֶסֶד
וְהַצְנֵעַ לֶכֶת עִם־אֱלֹהֶיךָ׃

그가 너에게 말씀하셨다. 사람아 무엇이 선하냐?
여호와께서 너에게서 무엇을 찾으시는가?
참으로 공의를 행하고 은혜를 사랑하고
겸손하게 하나님과 함께 걷는 것이다.

הִגִּיד לְךָ אָדָם מַה־טּוֹב 그가 너에게 말씀하셨다. 사람아 무엇이 선하냐?

הִגִּיד לְךָ은 직접화법을 이끄는 문장으로 הִגִּיד는 נָגַד(말하다)의 히필 완료 3인칭 남성 단수형으로 '그가 말했다' 로 번역된다. לְךָ는 전치사 לְ에 2인칭 남성 단수 대명사 접미를 붙인 것으로 번역하면 '너에게' 이다.

אָדָם מַה־טּוֹב은 의문문이며 אָדָם은 호격으로 '사람아' 로 번역된다. מַה־טּוֹב는 의문사 מַה(무엇)에 형용사 טוֹב(선한)를 붙인 것으로 여기서 형용사 טוֹב는 서술적용법으로 사용되었다. 그러므로 번역하면 '무엇이 선하냐?' 이다.

וּמָֽה־יְהוָה דּוֹרֵשׁ מִמְּךָ 그리고 여호와께서 너에게서 무엇을 찾으시는가?

이 문장은 앞의 의문문과 같은 형식이다. מָה(무엇)는 의문사이고 יְהוָה(여호와)는 문장의 주어이다. דּוֹרֵשׁ는 דָּרַשׁ(찾다)의 칼 분사 남성 단수형으로 여기서는 현재시제를 나타내므로 '그가 찾는다' 로 번역된다. 그리고 מִמְּךָ는 전치사 מִן(~로부터)에 2인칭 남성 단수 대명사 접미를 붙인 것으로 '너에게서' 로 번역된다.

כִּי אִם־עֲשׂוֹת מִשְׁפָּט וְאַהֲבַת חֶסֶד

참으로 공의를 행하는 것이고 인자를 사랑하는 것이고

이 문장은 앞의 질문에 대한 답이다. כִּי אִם은 숙어적으로 강조적 기능을 하여 '참으로' 로 번역된다. עֲשׂוֹת는 עָשָׂה(행하다)의 칼 부정사 연계형으로 여기서는 형용사의 서술적 용법으로 기능하므로 '행하는 것이다' 로 번역된다. מִשְׁפָּט는 명사로 목적어로 기능하므로 '공의를' 로 번역된다.

וְאַהֲבַת חֶסֶד는 앞의 문장과 같은 형식이 반복되고 있다. אַהֲבַת는 אָהֵב(사랑하다)의 칼 부정사 연계형으로 뒤의 חֶסֶד(인자)를 목적어로 취하고 있기 때문에 וְאַהֲבַת חֶסֶד는 '인자를 사랑하는 것이다' 로 번역된다.

וְהַצְנֵעַ לֶכֶת עִם־אֱלֹהֶיךָ 겸손하게 하나님과 함께 걷는 것이다.

이 문장도 앞의 문장과 같은 형태이다. הַצְנֵעַ는 צָנַע(겸손하다)의 히필 부정사 절대형으로 뒤에 나오는 לֶכֶת를 수식하는 부사로 기능을 한다. 그러므로 '겸손하게' 로 번역된다. לֶכֶת는 동사 הָלַךְ(걷다)의 칼 부정사 연계형으로 앞의 구문처럼 '걷는 것이다' 로 번역된다. עִם־אֱלֹהֶיךָ은 전치사 עִם(~함께)에 אֱלֹהֶיךָ를 붙인 것으로 אֱלֹהֶיךָ는 אֱלֹהִים(하나님)에 2인칭 남성 단수 대명사 접미를 붙인 형태이다. 그러므로 עִם־אֱלֹהֶיךָ는 '너의 하나님과 함께' 로 번역된다.

▶ 이 절은 과연 무엇이 하나님께서 원하시는 신앙인지를 알려주는 것이다. 하나님께 제사를 드리는 행위보다 더 중요한 것은 하나님의 말씀을 따라 살아가는 것이다. 삶이 따르지 않는 예배는 하나님이 보시기에 선한 것이 아니다. 그러므로 올바른 신앙이란 예배와 삶이 일치된 신앙인 것이다.

93. 나훔 1장 7절

טוֹב יְהוָה לְמָעוֹז בְּיוֹם צָרָה
וְיֹדֵעַ חֹסֵי בוֹ׃

여호와는 선하시다. 환란의 날에 피난처이다.
그리고 그의 안에 피하는 자들를 아시는 분이다.

טוֹב יְהוָה לְמָעוֹז בְּיוֹם צָרָה 여호와는 선하시다. 환란의 날에 피난처이다.

이 문장은 동사가 없는 명사 문장으로 טוֹב יְהוָה에서 יְהוָה가 주어이고 형용사인 טוֹב(선한)가 서술적 기능을 하고 있기 때문에 '여호와는 선하시다'로 번역된다.

לְמָעוֹז בְּיוֹם צָרָה에서 לְמָעוֹז는 남성 단수 명사 מָעוֹז(피난처)에 전치사 לְ를 붙인 것으로 여기서 전치사 לְ는 해석되지 않고 לְמָעוֹז가 문장의 보어로 기능을 하게 한다. 그러므로 '피난처이다'로 번역되며 의미상의 주어는 '여호와'이다.

בְּיוֹם צָרָה에서 בְּיוֹם은 יוֹם(날)의 단수 연계형에 전치사를 붙인 것으로 여기서 전치사 בְּ는 '~때'라는 시간을 나타내는 것으로 사용되었다. צָרָה는 '환란, 재난'을 의미하는 명사로 בְּיוֹם צָרָה는 '환란의 날에'로 번역된다.

וְיֹדֵעַ חֹסֵי בוֹ׃ 그리고 그의 안에 피하는 자들를 아시는 분이다.

יֹדֵעַ는 동사 יָדַע(알다)의 칼 분사 남성 단수형으로 '아는 자'로 번역된다. 그리고 חֹסֵי는 동사 חָסָה(피난처를 찾다)의 칼 분사 남성 복수 연계형으로 이 단어는 복수 연계형이 절대형과 같은 의미로 사용된다. 그러므로 '피난처를 찾는 자들'로 번역되며 이 문장에서는 목적어로 기능을 한다. בוֹ는 전치사 בְּ(~안에)에 3인칭 남성 단수 대명사 접미를 붙인 것으로 '그의 안에'로 번역된다.

▶ 이 절은 니느웨의 멸망을 선언하시는 구문에 갑자기 구원의 이야기가 끼어들어 있는 구문이다. 이것은 하나님은 죄악 때문에 니느웨를 심판하시지만 그럼에도 불구하고 하나님을 찾고 그에게 피하는 자는 구원하시는 분이라는 것을 말함으로 죄인도 하나님께로 돌아오면 구원받을 기회가 있다고 말하는 것이다. 이렇게 모든 사람을 구원하는 것이 하나님의 진심이며 사랑인 것이다.

94. 하박국 2장 4절

הִנֵּה עֻפְּלָה לֹא־יָשְׁרָה נַפְשׁוֹ בּוֹ
וְצַדִּיק בֶּאֱמוּנָתוֹ יִחְיֶה׃

보라 그의 영혼이 그 안에서 교만하고 올바르지 못하다
그러나 의인은 그의 믿음으로 인해 살 것이다.

הִנֵּה עֻפְּלָה לֹא־יָשְׁרָה נַפְשׁוֹ בּוֹ
보라 그의 영혼이 그 안에서 교만해졌고 올바르지 못하다

이 구문은 הִנֵּה(보라)로 시작하는데 여기서는 강조의 용법으로 사용되었다. 이 문장은 독특한 형식을 가졌는데 하나의 주어에 두 개의 동사가 연속적으로 나오는 형태이다. 즉, עֻפְּלָה לֹא־יָשְׁרָה가 서술부분이고 נַפְשׁוֹ가 주어이다. נַפְשׁוֹ는 여성명사 נֶפֶשׁ(영혼, 마음)에 3인칭 남성 단수 대명사 접미를 붙인 형태로 '그의 영혼, 혹은 그의 마음이'로 번역된다.

עֻפְּלָה는 동사 עָפַל(부풀다)의 푸알 완료 3인칭 여성 단수형으로 주어 נַפְשׁוֹ가 여성 단수형이므로 여성 단수 접미가 붙었다. 직역하면 '그것이 부풀려졌다'인데 여기서 부풀려 진 것이 영혼이므로 '교만해졌다'라고 번역하는 것이 더 적당하다. לֹא־יָשְׁרָה는 부정사 לֹא(not)+יָשְׁרָה로 יָשְׁרָה는 동사 יָשַׁר(올바르다)의 칼 완료 3인칭 여성 단수형이다. 그러므로 לֹא־יָשְׁרָה는 '그것이 올바르지 않다'로 번역된다. בּוֹ는 전치사 בְּ(~안에)에 3인칭 남성 단수 대명사접미를 붙인 것으로 '그의 안에'로 번역된다.

וְצַדִּיק בֶּאֱמוּנָתוֹ יִחְיֶה׃ 그러나 의인은 그의 믿음으로 인해 살 것이다.

이 구문은 앞의 구문과 의미상으로 대조를 이루고 있기 때문에 접속사 וְ를 '그러나'로 번역한다. 그리고 주어인 צַדִּיק가 문장 맨 앞으로 나와 강조가 되어 있다. צַדִּיק(의로운)는 기본적으로 형용사 남성 단수 형태이지만 여기서는 형용사의 독립적 용법으로 사용되었기 때문에 명사로 해석해야 한다. 그러므로 '의인'으로 번역된다.

בֶּאֱמוּנָתוֹ는 전치사 בְּ(~로 인해, ~안에) + אֱמוּנָתוֹ로 אֱמוּנָתוֹ는 여성명사 אֱמוּנָה(충실함, 믿음, 굳건함)에 3인칭 남성 단수 대명사 접미를 붙인 형태로 '그의 믿음'으로

번역된다. 그리고 여기서 전치사 בְּ는 수단의 의미로 사용되었기 때문에 בֶּאֱמוּנָתוֹ는 '그의 믿음으로 인해' 로 번역된다.

יִחְיֶה는 이 구문의 동사로 동사 חָיָה(살다)의 칼 미완료 3인칭 남성 단수형으로 '그는 살것이다' 로 번역된다.

▶ 이 절은 신약에서 더 유명한 구절로 로마서, 갈라디아서. 히브리서 이렇게 세 군데 인용되면서 이신칭의 신학에서 가장 중요한 구절로 여겨지는 부분이다. 그러나 하박국 본문에서는 하나님의 심판이 올 때에 심판 받는 악한 자의 모습과 대조되어 오직 의인은 하나님에 대한 굳건한 믿음으로 인해 살 것이라는 것을 말하고 있다.

95. 스바냐 3장 17절

יְהוָה אֱלֹהַיִךְ בְּקִרְבֵּךְ
גִּבּוֹר יוֹשִׁיעַ
יָשִׂישׂ עָלַיִךְ בְּשִׂמְחָה
יַחֲרִישׁ בְּאַהֲבָתוֹ
יָגִיל עָלַיִךְ בְּרִנָּה׃

너의 하나님 여호와께서 너희 가운데 계신다.
용사인 그가 구원하실 것이다.
그가 너로 인해 참으로 기뻐할 것이다.
그는 그의 사랑으로 잠잠하실 것이다.
그는 너로 인해 소리치며 즐거워할 것이다.

יְהוָה אֱלֹהַיִךְ בְּקִרְבֵּךְ 너의 하나님 여호와께서 너의 가운데 계신다.

이 구문은 동사가 없는 명사 문장으로 יְהוָה אֱלֹהַיִךְ가 주어의 역할을 하고 בְּקִרְבֵּךְ가 서술어를 포함하고 있는 것으로 간주한다. אֱלֹהַיִךְ는 '하나님'을 뜻하는 אֱלֹהִים에 2인칭 여성 대명사 접미를 붙인 형태로 여기서 '너'는 '시온'을 가리키고 있는데 도시는 일반적으로 여성형이기 때문에 여성 접미를 사용하였다. בְּקִרְבֵּךְ는 전치사 בְּ(~안에) + קֶרֶב(~가운데) + 2인칭 여성대명사 접미 ךְ를 붙인 형태로 직역을 하면 '너의 가운데에'이다.

גִּבּוֹר יוֹשִׁיעַ 용사인 그가 구원하실 것이다.

이 문장은 주어가 강조된 문장으로 주어는 גִּבּוֹר(용사)로 동사 앞에 나와 강조가 되고 있다. 서술부 יוֹשִׁיעַ는 동사 יָשַׁע의 히필 미완료 3인칭 남성 단수형으로 이 동사는 주로 히필형으로 사용되며 '그는 구원할 것이다'로 해석된다. 이 문장을 번역할 때 '용사가 구원할 것이다'로 번역하지 않고 '용사이신 그가 구원하실 것이다'로 번역한 것은 구원하시는 용사가 그 곧 하나님이시라는 것을 강조하기 위한 것이다. 이것은 주어를 앞으로 보내 강조한 구문의 의미를 더 잘 드러내는 해석이다.

יָשִׂישׂ עָלַיִךְ בְּשִׂמְחָה 그가 너로 인해 참으로 기뻐할 것이다.

이 문장은 동사 문장으로 יָשִׂישׂ는 '기뻐하다' 라는 뜻의 동사 שׂוּשׂ의 칼 미완료 3인칭 남성 단수형으로 '그는 기뻐할 것이다' 로 번역된다. 그리고 עָלַיִךְ는 전치사 עַל에 2인칭 여성 단수 대명사 접미를 붙인 형태로 전치사 עַל은 일반적으로 '~위에' 라는 의미를 갖지만 동사 שׂוּשׂ와 함께 사용될 때는 '~ 때문에 기뻐하다' 라는 의미로 해석된다. 영어 번역도 'rejoice over' 인데 이 뜻도 '~로 인해 기뻐하다' 이다.

בְּשִׂמְחָה는 부사구로 전치사 בְּ(~로)에 שִׂמְחָה(기쁨)를 붙인 형태로 해석하면 '기쁨으로' 이다. 그러므로 위의 문장을 직역하면 '그가 너로 인해 기쁨으로 기뻐할 것이다' 로 기쁨을 의미하는 단어를 두 번씩이나 사용하여 기쁨을 강조하고 있다. 그렇기 때문에 이것을 살짝 의역하여 '참으로 기뻐하다' 로 번역하였다.

יַחֲרִישׁ בְּאַהֲבָתוֹ 그는 그의 사랑으로 잠잠하실 것이다.

이 문장은 동사문장이며 יַחֲרִישׁ는 동사 חָרֵשׁ(잠잠하다)의 히필 미완료 3인칭 남성 단수형으로 '그가 잠잠할 것이다' 로 번역된다. 이 단어는 일반적으로 칼형과 히필형의 의미가 같다. 그리고 בְּאַהֲבָתוֹ는 전치사 בְּ(~로)에 '사랑' 이란 뜻의 명사 אַהֲבָה의 3인칭 남성 단수형 대명사 접미형인 אַהֲבָתוֹ를 붙인 형태로 번역을 하면 '그의 사랑으로' 이다.

יָגִיל עָלַיִךְ בְּרִנָּה 그는 너로 인해 소리치며 즐거워할 것이다.

이 문장은 동사 문장으로 יָגִיל은 동사 גִּיל(즐거워하다)의 칼 미완료 3인칭 남성 단수형으로 '그가 즐거워 할 것이다' 로 번역이 된다. 그리고 עָלַיִךְ는 전치사 עַל에 2인칭 여성 단수 대명사 접미를 붙인 형태로 동사 שׂוּשׂ의 경우와 마찬가지로 גִּיל과 함께 사용될 때는 '~ 때문에 즐거워하다' 라는 의미로 해석된다. שׂוּשׂ와 גִּיל은 비슷한 말이다. בְּרִנָּה는 전치사 בְּ(~로)에 명사 רִנָּה(울리는 소리, 외침)를 붙인 것으로 '소리치며' 로 번역이 된다. 그러므로 이 문장은 바로 앞 문장과 반대적 의미를 가진다.

▶ 이 구절은 세 문장이 동일한 구조로 평행을 이루며 또한 동심원 구조를 가진 것이다.

A. 참으로 기뻐할 것이다.

X. 잠잠히 사랑할 것이다

A'. 소리치며 즐거워할 것이다.

이런 구조를 보면 A와 A'에서 즐거움이 반복되어 강조가 되지만 A보다는 A'가 즐거움이 더욱 격하게 표현이 된다. 그리고 가운데 있는 X는 A'와 완전한 대조를 이루며 우리를 가만히 사랑하시는 하나님의 모습을 볼 수 있다. 이렇게 잠잠한 하나님의 사랑을 가운데 넣으므로 하나님의 사랑이 더욱 강조되고 있는 것이다. 이렇게 '소리치는 것'과 '잠잠함'의 대조를 통해 언제나 우리를 기뻐하시고 사랑하시는 하나님의 모습을 잘 드러내고 있다.

96. 학개 1장 8절

עֲלוּ הָהָר וַהֲבֵאתֶם עֵץ
וּבְנוּ הַבָּיִת
וְאֶרְצֶה־בּוֹ וְאֶכָּבֵד
אָמַר יְהוָה׃

너희들은 산으로 올라가라 그리고 나무를 가져와라
그리고 너희들은 집을 지어라
그러면 내가 그것을 기뻐할 것이고 내가 영화롭게 할 것이다.
여호와가 말씀하셨다.

עֲלוּ הָהָר וַהֲבֵאתֶם עֵץ 너희들은 산을 올라가라 그리고 나무를 가져와라

이 구문은 명령문과 완료형 구문이 접속사 바브로 연결되어 바브 연속법이 된다. 그러므로 뒤의 완료구문도 명령형으로 해석 되어야 한다. **עֲלוּ**는 동사 **עָלָה**(올라가다)의 칼 명령 2인칭 남성 복수형으로 '너희들은 올라가라' 로 번역된다. **הָהָר**는 문장의 목적어로 명사 **הָר**(산)에 정관사 **הָ**를 붙인 것이며 '그 산을' 로 번역된다.

וַהֲבֵאתֶם는 동사 **בּוֹא**(오다)의 바브연속법 히필 완료 2인칭 남성 복수형으로 **בּוֹא**의 히필형은 '가져오다' 로 번역되므로 직역을 하면 '그리고 너희들이 가져왔다' 이지만 바브 연속법이기 때문에 명령형으로 '너희들은 가져와라' 로 번역되어야 한다. 그리고 **עֵץ**(나무)는 문장의 목적어이다.

וּבְנוּ הַבָּיִת 그리고 너희들은 집을 지어라

וּבְנוּ는 전치사 **ו**(그리고)+**בְנוּ**로 **בְנוּ**는 동사 **בָּנָה**(짓다)의 칼 명령 2인칭 복수형이므로 '그리고 너희들은 지어라' 로 번역이 된다. **הַבָּיִת**는 목적어로 '그 집을' 로 번역되며 여기서 집은 하나님의 집을 의미한다.

וְאֶרְצֶה־בּוֹ וְאֶכָּבֵד

그러면 내가 그것을 기쁘게 받을 것이고 내가 영화롭게 할 것이다.

וְאֶרְצֶה־בּוֹ는 접속사 וְ + אֶרְצֶה + בּוֹ로 접속사 וְ는 여기서 앞의 명령문과 결합되어 '~하라 그러면 ~할 것이다' 라는 결과적 용법으로 사용되었다. 그리고 אֶרְצֶה는 동사 רָצָה(기쁘게 받아들이다. 기뻐하다)의 칼 미완료 1인칭 단수형으로 여기서는 cohortative의 의미를 가져 화자의 의지를 표현한다. 그러므로 번역을 하면 '나는 기쁘게 받을 것이다' 로 하나님께서 정말로 그의 성전을 기쁘게 받으실 것이라는 의지를 표현한 것이다. בּוֹ는 전치사 בְּ에 3인칭 남성 단수 대명사 접미를 붙인 것으로 여기서는 동사의 목적어로서 역할을 하여 '그것을' 로 번역되며 성전을 가리키고 있다.

וְאֶכָּבֵד는 케티브와 케레가 있는데 וְאֶכָּבֵד는 본문에 쓰여진 케티브이고 케레는 וְאֶכָּבְדָה로 일반적으로 케레로 읽는다. 케티브인 וְאֶכָּבֵד는 동사 כָּבֵד(무겁다)의 니팔 미완료 1인칭 단수형에 접속사를 붙인 형태이고 케레는 니팔 미완료 1인칭 단수 cohortative형으로 여기서는 화자의 의지를 나타내는 케레의 형태가 더 적당한 의미를 갖는다. כָּבֵד의 니팔형은 '영화롭게 하다' 라는 뜻을 갖는다. 그러므로 케레를 따라 번역을 하면 '그리고 내가 영화롭게 할 것이다' 로 번역이 된다. 우리말 번역은 케레와 케티브의 번역이 구별되지 않는다. 하지만 본문 상 화자의 의지가 강조되었음을 인식해야 한다.

אָמַר יְהוָה 여호와가 말씀하셨다.

이 구문은 직접화법을 이끄는 문장으로 일반적으로 직접화법 앞에 나오지만 여기서는 직접화법을 끝내는 위치에 와서 화자가 누구인지를 강조하고 있다. 여호와의 화접에서 자주 사용되는 기법이다.

אָמַר יְהוָה에서 יְהוָה는 주어이고 אָמַר(말하다)는 칼 완료 3인칭 남성 단수로 אָמַר יְהוָה를 번역하면 '여호와께서 말씀하셨다' 이다.

▶ 이 절은 여호와께서 성전을 지으라고 촉구하는 것으로 에스라서 1장에서 보면 이스라엘 백성들이 바벨론에서 나온 이유가 바로 성전을 짓기 위해서였다. 하지만 사마리아인들과 여러 이방인들의 방해로 성전 공사가 상당히 오랫동안 중단되었다. 이때 학개 선지자가 일어나 성전을 지으라는 하나님의 말씀을 전한 것이다. 방해를 하는 세력을 두려워하지 말고 그들과 함께 하시는 하나님을 바라보며 행동을 하라는 의미로 이것이 바로 믿음인 것이다.

97. 스가랴 8장 16절

אֵלֶּה הַדְּבָרִים אֲשֶׁר תַּעֲשׂוּ
דַּבְּרוּ אֱמֶת אִישׁ אֶת־רֵעֵהוּ
אֱמֶת וּמִשְׁפַּט שָׁלוֹם
שִׁפְטוּ בְּשַׁעֲרֵיכֶם׃

이것이 너희들이 행할 일들이다.
너희들은 각각 그의 이웃에게 진실을 말하라
진리와 평화의 재판을
너희의 성문에서 재판하라

אֵלֶּה הַדְּבָרִים אֲשֶׁר תַּעֲשׂוּ 이것이 너희들이 행할 일들이다.

이 구문은 동사가 없는 명사구문으로 **אֵלֶּה**가 주어부로 '이것이'로 번역되며 **תַּעֲשׂוּ הַדְּבָרִים אֲשֶׁר**이 술부에 해당한다. **הַדְּבָרִים**는 **דָּבָר**(일, 말)의 남성 복수형에 정관사 **הַ**를 붙인 것으로 여기서는 '말'이란 뜻보다는 '일'이란 의미로 사용되어 '일들'로 번역된다.

אֲשֶׁר תַּעֲשׂוּ는 앞의 **הַדְּבָרִים**을 꾸며주는 관계대명사절로 **אֲשֶׁר**는 관계대명사이다. 그리고 **תַּעֲשׂוּ**는 동사 **עָשָׂה**(행하다, 만들다)의 칼 미완료 2인칭 남성 복수형으로 '너희들이 행할 것이다'로 번역된다.

דַּבְּרוּ אֱמֶת אִישׁ אֶת־רֵעֵהוּ 너희들은 각각 그의 이웃에게 진실을 말하라

이 구문은 명령문으로 **דַּבְּרוּ**는 동사 **דָּבַר**(말하다)의 피엘 명령 남성 복수형으로 '너희들은 말하라'로 번역이 된다. **אֱמֶת**는 문장의 직접 목적어에 해당하는 것으로 '진실을'로 번역하는 것이 적당하다. 그리고 **אִישׁ**(사람)는 여기서 너희들을 좀 더 강조하기 위해 사용된 것으로 '각사람'을 나타낸다. 개역개정에서는 번역하지 않았지만 '각각'으로 번역하여 강조적 기능을 살리는 것이 더 좋은 해석으로 생각된다. 여기서 이웃에게 진실을 말하라는 것은 17절과 비교할 때 '서로 해하기를 도모하는 것'의 반대되는 행동으로 서로를 위해서 하는 행동을 말하는 것이다. 그러므로 서로를 위하는 관계의 기초는 바로 '진실함'이다.

אֶת־רֵעֵהוּ는 רֵעַ(이웃, 친구)의 남성 단수형에 3인칭 남성 단수 대명사 접미를 붙인 형태인 רֵעֵהוּ에 목적격 불변사 אֶת를 붙인 것으로 이 문장에서는 간접 목적어로 기능을 한다. 그러므로 '그의 이웃에게' 로 번역이 된다.

אֱמֶת וּמִשְׁפַּט שָׁלוֹם 진리와 평화의 재판을

이 구문은 뒤에 나오는 동사 문장의 목적어에 해당하는 부분으로 목적어가 동사보다 앞에 나와 강조를 하고 있다.

אֱמֶת는 '진리, 진실' 을 의미하며 하나님의 속성 중 하나이다. וּמִשְׁפַּט שָׁלוֹם에서 מִשְׁפַּט(재판, 심판)는 남성 단수 연계형이고 שָׁלוֹם(평화)은 남성 단수 절대형으로 직역하면 '평화의 재판' 이 된다. 여기서 '평화의 재판' 이란 평화를 가져오는 재판을 의미하는 것으로 분쟁과 다툼으로 인해 재판을 하게 될 때 지혜롭고 의로운 재판을 통해 시시비비를 정확히 가려 누구도 억울하지 않고 불공평하지 않은 그런 재판을 의미하는 것이다. 개역개정 번역은 אֱמֶת를 형용사적으로 해석하여 '진실하고 화평한 재판' 으로 번역하였지만 히브리어 문맥에서는 אֱמֶת도 목적어로 기능을 하고 있기 때문에 목적어가 두 개인 것으로 번역하는 것이 좀 더 본문의 의미에 가깝다. 즉, 재판을 하는데 '진리' 로 그리고 '평화의 재판' 으로 하라는 의미이다.

שִׁפְטוּ בְּשַׁעֲרֵיכֶם 너희의 성문에서 재판하라

이 구문은 명령문으로 שִׁפְטוּ는 동사 שָׁפַט(재판하다)의 칼 명령 남성 복수형으로 '너희들은 재판하라' 로 번역된다. 그리고 בְּשַׁעֲרֵיכֶם는 전치사 בְּ(~안에, ~에서)에 שַׁעֲרֵיכֶם을 붙인 형태이며 שַׁעֲרֵיכֶם는 명사 שַׁעַר(문)의 남성 복수형에 2인칭 남성 복수 대명사접미를 붙인 형태이다. 일반적으로 전치사 בְּ는 '~안에' 라는 의미를 갖지만 장소와 함께 사용될 때 그 장소에 있는 것을 의미하기 때문에 '~에서' 라고도 종종 번역이 된다. 그러므로 여기서는 '너희의 성문에서' 로 번역하는 것이 적당하다.

▶ 스가랴 선지자는 포로 귀환 후에 활동한 선지자로 이 본문은 이전에 이스라엘이 하나님의 말씀에 순종하지 않아 재앙을 내리기로 결심하였지만 이제 다시 하나님께서 마음을 돌이키셔서 은혜를 베풀기로 하셨다고 선언을 하신 후에 이렇게 하나님의 은혜를 받은 백성들이 할 일을 알려주시는 구절이다. 여기서 가장 강조가 되는 것은 '진실' 이다.

98. 스가랴 9장 9절

גִּילִי מְאֹד בַּת־צִיּוֹן
הָרִיעִי בַּת יְרוּשָׁלַםִ
הִנֵּה מַלְכֵּךְ יָבוֹא לָךְ
צַדִּיק וְנוֹשָׁע הוּא
עָנִי וְרֹכֵב עַל־חֲמוֹר
וְעַל־עַיִר בֶּן־אֲתֹנוֹת׃

시온의 딸아 매우 기뻐하라
예루살렘의 딸아 소리를 질러라
보라 너의 왕이 너에게 오신다
그는 의롭고 구원을 행하시는 분이다
겸손하고 나귀 위에 타는 분이시다.
그리고 암나귀의 새끼인 나귀 위에

גִּילִי מְאֹד בַּת־צִיּוֹן 시온의 딸아 매우 기뻐하라

이 구문은 명령문으로 גִּילִי מְאֹד에서 גִּילִי는 동사 גִּיל(기뻐하다)의 칼 명령 여성 단수형으로 '기뻐하라' 라고 번역되며 מְאֹד는 '매우' 라는 뜻의 부사로 동사를 꾸며준다. בַּת־צִיּוֹן은 문장의 주어이며 בַּת는 '딸' 이란 뜻의 여성 단수 명사이고 צִיּוֹן은 '시온' 즉, 예루살렘의 다른 이름으로 여기서는 '시온의 딸아' 라는 호격으로 번역된다.

הָרִיעִי בַּת יְרוּשָׁלַםִ 예루살렘의 딸아 소리를 질러라

이 구문은 위의 구절과 평행을 이루는 구절로 הָרִיעִי는 동사 רוּעַ(소리지르다)의 히필 명령 여성 단수형으로 이 단어는 주로 히필형으로 사용되어 번역하면 '소리를 질러라' 이다. בַּת יְרוּשָׁלַםִ도 문장의 주어이고 יְרוּשָׁלַםִ은 '예루살렘' 을 나타내므로 '예루살렘의 딸아' 로 번역된다.

הִנֵּה מַלְכֵּךְ יָבוֹא לָךְ 보라 너의 왕이 너에게 오신다

이 구문은 감탄문으로 הִנֵּה(보라)는 감탄문을 이끄는 감탄사 역할을 하고 있다. 그리고 주어인 מַלְכֵּךְ가 동사 앞으로 나와 강조가 되어 있다. מַלְכֵּךְ는 מֶלֶךְ(왕)에 2인칭 여성 단수 대명사 접미를 붙인 형태로 '너의 왕이' 으로 번역된다. יָבוֹא는 동사 בּוֹא(오다)의 칼 미완료 3인칭 남성 단수형으로 직역하면 '그가 오실 것이다' 이지만 이 구문은 현재 오고 계신 왕을 보라는 현재적 시점을 나타내고 있기 때문에 '그가 오신다' 로 번역하는 것이 적당하다. לָךְ는 전치사 לְ(~에게)에 2인칭 여성 단수 대명사 접미를 붙인 것으로 '너에게' 로 번역된다.

צַדִּיק וְנוֹשָׁע הוּא 그는 의롭고 구원을 행하시는 분이다

이 구문은 명사문장으로 왕의 인물됨을 묘사하고 있다. צַדִּיק는 '의로운' 이란 형용사로 여기서는 '의롭다' 로 번역되며 וְ는 단순접속사로 '그리고' 로 번역되며 נוֹשָׁע는 יָשַׁע(히필: 구원하다)의 니팔 분사형으로 직역을 하면 '구원을 받은 자' 가 된다. 이렇게 번역을 하게 되면 여기의 왕은 하나님이 아닌 다윗 가문을 계승한 인간 왕을 의미하며 그도 또한 하나님의 구원을 받은 자라는 의미가 된다. 하지만 전통적으로 이 구문은 메시야의 오심을 예언하는 것으로 간주하여 '구원자' 로 번역하여 왔다. הוּא는 주어로 '그는' 이다.

עָנִי וְרֹכֵב עַל־חֲמוֹר 겸손하고 나귀 위에 타는 분이시다.

이 구절은 앞의 구절과 연결되는 명사 구문으로 왕에 대한 설명이 계속되고 있다. עָנִי는 형용사로 '가난한, 겸손한' 이란 뜻을 가지므로 여기서는 서술적으로 '겸손하다' 로 번역된다. 그리고 접속사 וְ는 '그리고' 로 번역된다. רֹכֵב עַל־חֲמוֹר에서 רֹכֵב는 동사 רָכַב(타다)의 칼 분사 남성 단수형으로 '타는 사람' 이며 עַל־חֲמוֹר은 전치사 עַל(~위에)에 חֲמוֹר(나귀)를 붙인 것으로 '나귀 위에' 이다. 그러므로 רֹכֵב עַל־חֲמוֹר는 '나귀 위에 탄 사람' 이다.

וְעַל־עַיִר בֶּן־אֲתֹנוֹת 그리고 암나귀의 새끼인 나귀 위에

이 구문은 앞의 구절과 평행을 이루는 구문으로 앞의 나귀를 좀 더 자세히 설명하고 있다. וְעַל־עַיִר에서 וְ는 접속사로 '그리고' 이고 עַל־עַיִר은 전치사 עַל(~위에)에

עַיִר(나귀)를 붙인 것으로 '나귀 위에' 이다. 그리고 בֶּן־אֲתֹנוֹת는 부가적으로 עַיִר를 설명해 주는 구문으로 בֵּן(아들)의 남성 단수 연계형 בֶּן에 אָתוֹן(암나귀)의 여성 복수형을 붙인 것이며 여기서 복수형은 대표성을 뜻하는 것이다. 그러므로 '암나귀의 새끼인' 으로 번역하는 것이 적당하다.

▶ 이 절은 후에 예수님께서 유월절을 지내기 위해 예루살렘으로 들어오심을 예언한 구절로 해석되며 나귀는 가난한 자 즉, 약자를 표현하는 상징으로 하나님의 아들이 지극히 겸손하고 비천한 모습으로 오셨다는 것을 보여준다. 이렇게 예수님의 낮아짐으로 우리는 구원을 받았기 때문에 우리는 늘 겸손한 마음을 잊어서는 안되는 것이다.

99. 말라기 1장 11절

כִּי מִמִּזְרַח־שֶׁמֶשׁ וְעַד־מְבוֹאוֹ
גָּדוֹל שְׁמִי בַּגּוֹיִם
וּבְכָל־מָקוֹם מֻקְטָר מֻגָּשׁ לִשְׁמִי וּמִנְחָה טְהוֹרָה
כִּי־גָדוֹל שְׁמִי בַּגּוֹיִם
אָמַר יְהוָה צְבָאוֹת׃

왜냐하면 해뜨는 곳에서부터 그것이 지는 곳까지
나의 이름이 민족들 가운데 위대하기 때문이다.
그리고 모든 장소에 나의 이름을 위해 바쳐진 향과 정결한 제물이 있을 것이다.
왜냐하면 나의 이름이 민족들 가운데 위대하기 때문이다.
만군의 여호와께서 말씀하셨다.

כִּי מִמִּזְרַח־שֶׁמֶשׁ וְעַד־מְבוֹאוֹ
왜냐하면 해뜨는 곳에서부터 그것이 지는 곳까지

이 구문은 앞의 절에 연결되어 이유를 말하는 구문으로 접속사 **כִּי**는 '왜냐하면' 으로 번역된다. **מִמִּזְרַח־שֶׁמֶשׁ**에서 **מִמִּזְרַח**는 **מִזְרָח**(해 뜨는 곳, 동쪽)에 전치사 **מִן**(~에서부터)를 붙인 것이고 **שֶׁמֶשׁ**는 '태양' 이므로 **מִמִּזְרַח־שֶׁמֶשׁ**를 번역하면 '해 뜨는 곳으로부터' 이다. 그리고 **וְעַד־מְבוֹאוֹ**에서 **וְעַד**는 접속사 **וְ**(그리고)에 전치사 **עַד**(~까지)를 붙인 형태이고 **מְבוֹאוֹ**는 명사 **מָבוֹא**(입구, 들어가는 곳)에 3인칭 남성 단수 대명사 접미를 붙인 형태로 **וְעַד־מְבוֹאוֹ**를 번역하면 '그리고 그것이 지는 곳까지' 이며 여기서 '그것' 은 해를 가리킨다. '해 뜨는 곳부터 지는 곳까지' 라는 표현은 해가 비춰주는 온 세상을 의미한다.

גָּדוֹל שְׁמִי בַּגּוֹיִם 나의 이름이 민족들 가운데 위대하기 때문이다.

이 구문은 형용사가 서술어의 역할을 하는 문장으로 **גָּדוֹל**은 기본적으로 '큰, 위대한' 이란 형용사이지만 여기서는 '위대하다' 라로 번역되었다. **שְׁמִי**는 문장의 주어로 **שֵׁם**(이름)에 1인칭 단수 대명사 접미를 붙인 것으로 '나의 이름' 으로 번역된다. 그리고

בַּגּוֹיִם는 명사 גּוֹי(민족)의 남성 복수형에 전치사 בְּ(~안에)와 정관사 הַ를 붙인 것으로 '민족들 가운데' 로 번역된다.

וּבְכָל־מָקוֹם מֻקְטָר מֻגָּשׁ לִשְׁמִי וּמִנְחָה טְהוֹרָה
그리고 모든 장소에 나의 이름을 위하여 드려진 향과 정결한 제물이 있을 것이다.

이 문장은 동사가 없는 명사 문장이다. וּבְכָל־מָקוֹם는 מָקוֹם(장소)에 접속사 וּ(그리고)와 전치사 בְּ(~안에)와 형용사 כָּל(모든)을 붙인 것으로 '그리고 모든 장소 안에' 로 번역된다. 여기서 장소는 '성소' 로 볼 수 있다. מֻקְטָר는 '향' 으로 제사를 지낼 때 쓰는 '향품' 을 의미한다. מֻגָּשׁ는 동사 נָגַשׁ(가까이하다, 가까이 가져오다)의 호팔 분사 남성 단수형으로 '드려진' 으로 번역하며 앞의 מֻקְטָר를 꾸며주므로 מֻקְטָר מֻגָּשׁ는 '드려진 향' 으로 번역된다.

וּמִנְחָה טְהוֹרָה에서 וּמִנְחָה는 접속사 וְ에 מִנְחָה(예물, 제물)를 붙인 것이고 טְהוֹרָה는 기본적으로 '깨끗한, 정한' 이란 뜻으로 제의적으로 정결한 것을 의미하므로 וּמִנְחָה טְהוֹרָה는 '그리고 정결한 제물' 로 번역된다. 그리고 이 문장에서는 동사가 없기 때문에 우리말 번역을 할 때는 '~이다' 라는 서술어를 넣어주어야 하는데 시제가 미래이기 때문에 '있을 것이다' 로 번역해 주는 것이 적당하다.

כִּי־גָדוֹל שְׁמִי בַּגּוֹיִם 왜냐하면 나의 이름이 민족들 가운데 위대하기 때문이다.

이 문장은 앞의 문장을 그대로 반복한 것으로 왜 예물과 향을 가지고 오는지를 설명하는 구문으로 각 성분에 대한 분석은 앞 문장을 참조하면 된다.

אָמַר יְהוָה צְבָאוֹת׃ 만군의 여호와께서 말씀하셨다.

이 구문은 여호와의 말씀을 선언하는 전형적인 구문으로 אָמַר는 '말하다' 라는 뜻의 칼 완료 3인칭 남성 단수형 동사로 '말씀하셨다' 로 번역되며 יְהוָה צְבָאוֹת에서 צְבָאוֹת는 צָבָא(군대)의 남성 복수형으로 '만군의 여호와' 로 번역이 된다.

▶ 말라기는 구약의 마지막 선지서로 포로에서 돌아온 귀환자 공동체들이 다시 타락하였기 때문에 하나님께서 다시 경고를 주시는 말씀이 말라기이다. 말라기 선지자는 제사를 제대로 지내지 않으면 이제는 예루살렘의 제사는 받지 않으시는 대신에 세상의 다른 민족들이 하나님께 온전한 제사를 드릴 것이라고 경고하시는 것이다.

100. 말라기 4장 2절

וְזָרְחָה לָכֶם יִרְאֵי שְׁמִי שֶׁמֶשׁ צְדָקָה
וּמַרְפֵּא בִּכְנָפֶיהָ
וִיצָאתֶם וּפִשְׁתֶּם כְּעֶגְלֵי מַרְבֵּק׃

나의 이름을 경외하는 너희들에게 의로운 해가 올라올 것이다.
그리고 그것의 날개 안에서 치료가 있을 것이다.
그리고 너희들이 나올 것이고 외양간의 송아지처럼 뛰쳐나올 것이다

וְזָרְחָה לָכֶם יִרְאֵי שְׁמִי שֶׁמֶשׁ צְדָקָה
나의 이름을 경외하는 너희들에게 의로운 해가 올라올 것이다.

וְזָרְחָה는 동사 זָרַח(올라오다)의 바브연속법 칼 완료 3인칭 여성 단수형으로 '그리고 올라올 것이다'로 번역된다. 여기서 주어는 여성명사인 태양이다. לָכֶם은 전치사 לְ(~에게)에 2인칭 남성 복수 대명사 접미를 붙인 형태로 '너희들에게'로 번역된다. 그리고 יִרְאֵי שְׁמִי는 לָכֶם을 수식하는 것이며 יִרְאֵי는 동사 יָרֵא(두려워하다)의 칼 분사 남성 복수 연계형으로 여기서는 형용사적으로 사용되어 '두려워하는'이란 뜻을 갖는다. 그리고 שְׁמִי는 שֵׁם(이름)에 1인칭 단수 대명사 접미를 붙인 것으로 '나의 이름'이다. 그러므로 יִרְאֵי שְׁמִי는 '나의 이름을 경외하는'이며 שְׁמִי가 יִרְאֵי의 목적어처럼 해석이 된다.

שֶׁמֶשׁ צְדָקָה에서 צְדָקָה(의로움)는 שֶׁמֶשׁ(태양)를 꾸며주는 역할을 하는 명사로 번역하면 '의로운 해'이다.

וּמַרְפֵּא בִּכְנָפֶיהָ 그리고 그것의 날개 안에서 치료가 있을 것이다.

이 구문은 동사가 없는 명사 문장으로 וּמַרְפֵּא는 접속사 וְ에 מַרְפֵּא(치료)를 붙인 형태이다. 그리고 בִּכְנָפֶיהָ는 명사 כָּנָף(날개)의 여성 복수형에 3인칭 여성 단수 대명사 접미를 붙인 형태에 전치사 בְּ(~안에)를 붙인 것으로 직역을 하면 '그녀의 날개들 안에'이며 여기서 '그녀'는 '태양'을 가리킨다. 즉, '태양의 날개 안'이란 의미로 여기서는 태양의 따뜻한 빛을 상징적으로 나타내는 것이다. 그렇기 때문에 개역개정에서는 '광선을

비추다' 로 번역을 하였다. 그리고 이 문장은 명사 문장이기 때문에 '~이다' 라는 서술어를 넣어주어야 한다. 그러므로 **וּמַרְפֵּא בִּכְנָפֶיהָ**는 '그리고 그의 날개 안에서 치료가 있을 것이다' 로 번역해야 한다.

וִיצָאתֶם וּפִשְׁתֶּם כְּעֶגְלֵי מַרְבֵּק

그리고 너희들이 나올 것이고 외양간의 송아지처럼 뛰쳐나올 것이다

וִיצָאתֶם는 동사 **יָצָא**(나오다)의 바브연속법 칼 완료 2인칭 남성 복수형으로 '그리고 너희들이 나올 것이다' 로 번역된다. 그리고 **וּפִשְׁתֶּם**는 동사 **פּוּשׁ**(뛰쳐나오다)의 바브연속법 칼 완료 2인칭 남성 복수형으로 '그리고 너희들이 뛰쳐나올 것이다' 로 번역되며 이 구문은 앞의 '나오다' 를 좀 더 강조하기 위해 반복적으로 사용된 구문이다.

כְּעֶגְלֵי מַרְבֵּק에서 **כְּעֶגְלֵי**는 **עֵגֶל**(송아지)의 복수 연계형에 전치사 **כְּ**(~처럼)를 붙인 것이고 **מַרְבֵּק**는 '외양간' 으로 **כְּעֶגְלֵי מַרְבֵּק**를 번역하면 '외양간의 송아지처럼' 이다. 하지만 우리말 번역에서는 이 문장을 해설적으로 번역하였기 때문에 '외양간에서 나온 송아지' 로 번역하였다.

▶ 이 절은 여호와를 경외하는 자들은 악인들이 상처입히고 힘들게 하더라도 여호와께서 그들을 치유하시며 외양간을 탈출하여 신나게 뛰노는 송아지처럼 힘있게 하실 것이라는 것으로 앞 절에 나온 악인에 대한 심판과 대조를 이룬다. 그러므로 현실 세계 속에서 불의한 자들에 의해 상처받고 고통받는 그 모든 상황을 하나님께서 다 보고 계시며 이런 상황 속에서 그를 찾는 자를 하나님께서는 꼭 위로하시며 치유하시고 회복시켜 주신다는 약속의 말씀을 붙잡고 오직 하나님만을 바라보는 믿음을 가져야 한다.

참고문헌

권성달. 「구약성경 히브리어」. 서울: 그리심. 2012.

김정우. 「시편주석I, II, III」. 서울: 총신대출판부. 1998-2010.

「잠언」. 서울: 대한기독교서회. 2007.

데이빗슨, A.B.. 「히브리어 문법 제26판」. 서울: 크리스챤다이제스트 , 1995.

맥콘빌, 고든. 「선지서: 성경이해6」. 서울: 성서유니온출판사. 2009.

박철현. 「출애굽기 산책」. 용인: 목양. 2011.

부쉬, 프레드릭 W.. 「룻기 에스더」. 서울: 솔로몬. 2007.

브루거만, W.. 「사무엘상.하」. 서울: 한국장로교출판사. 2000.

웬암, 고든. 윤상문 & 황수철역. 「창세기 16-50」. 서울 : 솔로몬. 2001.

웬함, 고든. 박영호역.「창세기 1-15」. 서울: 솔로몬 , 2006.

윌리엄스, J. 로날드. 김영욱역. 「윌리엄스 히브리어 구문론 3rd.」. 서울: 그리심. 2012.

주옹-무라오까. 김정우역. 「성서 히브리어 문법」. 서울: 기혼. 2012.

트론트바이트, M.A.. 「에스라-느헤미야」. 서울: 한국장로교출판사. 2001.

Weingreen, J.. 류근상역. 「히브리어 문법」. 서울: 크리스챤 출판사. 2000.

Block, Daniel I.. *Judges, Ruth*. Nashville, Tenn.: Broadman & Holman Publishers. 1999.

Brown, F. and S. R. Driver. and C. A. Briggs. *A Hebrew and English lexicon of the Old Testament*. Oxford: Clarendon. Repr.. Peabody. MA: Hendrickson. 2005.

Gesenius, Friedrich Wilhelm. *Gesenius' Hebrew grammar*. Oxford: The Clarendon press. 1910.

Kohler, Ludwig. *The Hebrew and Aramaic lexicon of the Old Testament*. Boston: Brill, 2001.

Nogalski James D. and Sweeney, Marvin A. editors. *Reading and hearing the book of the Twelve*. Atlanta: Society of Biblical Literature. 2000.

Tigay, Jeffrey H. *Deuteronomy: the traditional Hebrew text with the new JPS translation*. Philadelphia: Jewish Publication Society. 1996.

Waltke, Bruce K. & M. O'Connor. *An introduction to biblical Hebrew syntax*. Winona Lake, Ind.: Eisenbrauns, 1990.

Williams, J. Ronald. revised and expanded by John C. Beckman. *Williams' Hebrew Syntax* 3rd. Toronto: UTP. 2007.